교과 학습의 기본인 독해력을 탄탄하게 키우는
미래엔의 하루한장 독해 프로그램!

독해 기본편
하루한장 독해

학기별 12책 구성

독해 실력편
하루한장 비문학독해
사회편/과학편

각각 학년별 6책 구성

이럴 때 하루한장 비문학독해로 학습하면 확실합니다!

| 기본 독해 후에 난이도 높은 독해 교재를 찾고 있다면 | ✚ | 비문학 지문으로 독해 실력을 업그레이드 해야 한다면 | ✚ | 방학 중 빠르게 관심 분야의 독해에 집중하고 싶다면 |

하루한장 비문학독해의 똑똑한 학습 비법 둘러보기

비법 하나
다양한 매체 자료로
미디어 문해력을 키워요!

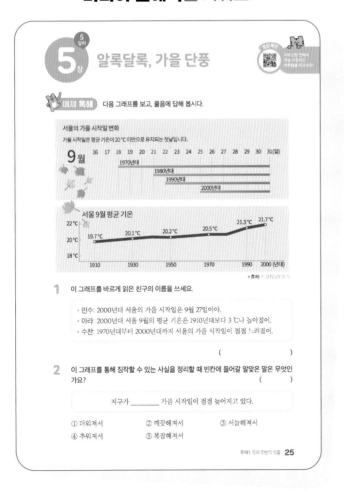

일상생활에서 각종 매체를 통해 제공되는 카드 뉴스, 광고, 그래프 등을 이해하고 해석하는 힘을 키울 수 있습니다.

비법 둘
폭넓은 사회·과학 이야기로
비문학독해력을 키우고 교과 자신감도 길러요!

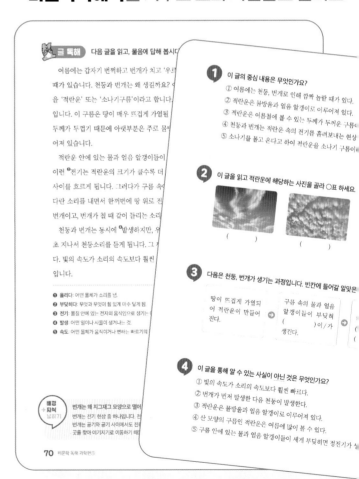

초등 사회, 과학 교과서와 연계하여 선정한 주제의 다양한 글을 수록하였습니다. 글을 읽고 핵심을 파악하는 독해력을 키우고 교과 공부력도 탄탄하게 다질 수 있습니다.

이런 아이에게 하루한장 비문학독해가 효과적입니다!

교과서의 사회·과학 이야기를 알고 싶은 아이 **+** 사회·과학 분야에 호기심과 관심이 많은 아이 **+** 사회·과학의 낯선 용어를 어려워하는 아이

비법 셋
기본 뜻부터 쓰임까지
매일매일 **어휘력**을 키워요!

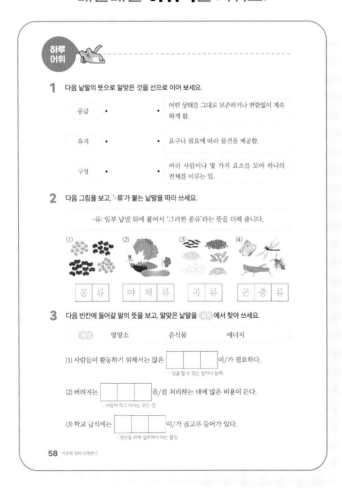

비법 넷
QR코드 스캔으로
배경지식을 넓혀요!

주제3 계절과 날씨

3장 15일자
무서운 천둥과 번개

글 자료

➡ 번개는 왜 지그재그로 칠까?

➡ 번개와 벼락의 차이

영상 자료

➡ 번개가 지그재그 모양으로 치는 까닭

➡ 번개가 생기는 원리

➡ 천둥과 번개

✔ **정답 확인**

➡ 바른답·알찬풀이

새롭게 알게 된 낱말의 기본적인 뜻과 쓰임을 익히고, 이와 관련된 낱말들을 함께 공부함으로써 어휘 실력을 향상시킬 수 있습니다.

교재 속 QR코드를 스캔하면 다양한 자료를 볼 수 있습니다. 스스로 궁금증을 해결하며 깊이 있는 학습을 할 수 있습니다.

하루한장 비문학독해로 독해하면
확! 달라집니다

비문학 독해력
향상
+
탐구 영역의
배경지식 확장
+
사회·과학 교과
자신감 상승

하루한장 비문학독해의
교과 연계 주제 한눈에 보기

사회편

학년군	단계	주제 1	주제 2	주제 3	주제 4	주제 5	주제 6
1~2 학년군	1 단계	작은 사회,학교	계절에 따라 다른 생활 모습	소중한 우리 가족	명절과 세시 풍속	자랑스러운 우리나라	
	2 단계	계절마다 다른 날씨	사회 속의 나	소중한 가족	우리 동네, 우리 고장	세계의 여러 나라	
3~4 학년군	3 단계	우리가 사는 고장	우리나라의 전통	교통과 통신의 발달	다양한 의식주 생활 모습	도구의 변화와 생활 모습	오늘날의 가족 모습
	4 단계	지도 속 세상	사람들이 살아가는 곳	소중한 문화유산	공공 기관과 주민 참여	경제 활동	사회 변화와 생활 속 변화
5~6 학년군	5 단계	우리 국토의 위치와 영역	우리나라의 자연환경	우리나라의 인문 환경	인권을 존중하는 사회	일상생활과 법	
	6 단계	민주 정치의 발전	시장과 경제	세계의 자연환경	세계 여러 지역의 삶의 모습	살기 좋은 지구촌	

과학편

학년군	단계	주제 1	주제 2	주제 3	주제 4	주제 5
1~2 학년군	1 단계	우리 주변의 식물	나의 몸	계절과 날씨	고마운 에너지	소중한 물
	2 단계	우리 주변의 동물	안전한 생활	우리가 사는 지구	소리의 세계	물질의 성질
3~4 학년군	3 단계	동물 이야기	자석 이야기	지구의 모습	지표의 변화	물질의 상태
	4 단계	지구의 변화	물체의 무게	그림자와 거울	식물 이야기	물질의 변화
5~6 학년군	5 단계	다양한 기상 현상	다양한 생물과 환경	신비한 우주	산과 염기 이야기	온도와 열 이야기
	6 단계	전기 이야기	재미있는 기체 이야기	지구의 운동과 달의 운동	식물의 구조와 기능	우리 몸의 구조와 기능

하루 한 장 공부하는 습관을 기르는
학습계획표 10권

* 매일매일 공부할 수 있도록 부모님이 아이와 함께 계획을 세우고, 학습 여부를 확인해 주세요.

읽기 목표	주요 학습 내용	학습 계획일		확인	목표 달성도
1. 글자가 같은 낱말 뜻 파악하며 읽기	• 한 낱말의 여러 가지 뜻 알아보기 • 소리는 같은데 뜻이 다른 낱말의 뜻 구별하기 • 문맥을 고려하여 글자가 같은 낱말의 뜻 짐작하기	월 월 월 월 월	일 일 일 일 일		♡♡♡♡♡
2. 관점의 차이 파악하기	• 신문 기사와 뉴스의 특성 알기 • 신문 기사와 뉴스에서 관점이 드러난 표현 찾기 • 신문 기사와 뉴스에서 서로 다른 관점 비교하기	월 월 월 월 월 월	일 일 일 일 일 일		♡♡♡♡♡
3. 다른 사람이 쓴 글 바르게 고치기	• 다른 사람이 쓴 글을 읽고 고쳐야 하는 부분 파악하기 • 잘못 쓴 낱말이나 문장 바르게 고치기 • 문단이나 글에서 어색한 부분 바르게 고치기	월 월 월 월	일 일 일 일		♡♡♡♡♡
4. 어휘의 적절성 판단하며 글 읽기	• 문맥을 고려하여 어휘의 뜻 짐작하기 • 문맥에 따른 어휘의 적절성 판단하기 • 잘못 사용된 어휘를 바르게 고치기	월 월 월 월 월	일 일 일 일 일		♡♡♡♡♡
5. 사건 전개와 인물의 마음 변화 이해하기	• 사건이 전개되는 내용 파악하기 • 사건에 대한 인물의 말이나 행동 살펴보기 • 사건 전개에 따른 인물의 마음 변화 알기	월 월 월 월 월	일 일 일 일 일		♡♡♡♡♡
6. 문장의 구조 파악하며 읽기	• 기본적인 문장 성분을 통해 문장의 구조 파악하기 • 다양한 문장 구조 이해하기 • 문장 구조를 고려하여 긴 문장 바르게 이해하기	월 월 월 월 월	일 일 일 일 일		♡♡♡♡♡
7. 작품 속 다양한 삶의 모습 이해하기	• 인물이 처한 환경과 갈등 상황 파악하기 • 인물의 말과 행동을 통해 삶의 태도 파악하기 • 인물의 삶의 모습과 비슷한 삶의 모습 찾아보기	월 월 월 월 월	일 일 일 일 일		♡♡♡♡♡
8. 비판적으로 읽기	• 글에 제시된 정보의 정확성 판단하며 읽기 • 주장과 근거의 타당성 판단하며 읽기 • 주장의 실현 가능성 판단하며 읽기	월 월 월 월	일 일 일 일		♡♡♡♡♡
9. 문제 해결 방법 찾으며 읽기	• 글에 제시된 문제와 문제의 원인 파악하기 • 문제를 해결할 여러 가지 방법 찾기 • 문제 해결 방법의 타당성 평가하기	월 월 월 월 월	일 일 일 일 일		♡♡♡♡♡
10. 주제 파악하기	• 전체 내용을 파악하며 글 읽기 • 글의 중심 내용 파악하기 • 중심 내용을 바탕으로 주제 정리하기	월 월 월 월 월	일 일 일 일 일		♡♡♡♡♡

하루 한장 독해

1권 ~ 12권 읽기 목표 한눈에 보기

독해 실력으로 키우는 _____의 **은행나무**

은이름을 쓰세요.

읽기 목표 1
글자가 같은 낱말 뜻
파악하며 읽기

1일차 2일차 3일차

4일차 5일차

읽기 목표 3
다른 사람이 쓴 글 바르게 고치기

12일차 13일차

14일차 15일차

읽기 목표 4
어휘의 적절성 판단하며 글 읽기

16일차 17일차 18일차

19일차 20일차

**책상 앞에 붙여 놓고
은행나무를 키우세요.**

❶ 하루 한 장 학습지 공부를 한 후에
1쪽 아랫부분에 있는 은행잎을 절취
선대로 따라 자릅니다.

❷ 잘라 낸 은행잎을 읽기 목표별 일차
에 맞추어 붙입니다.

읽기 목표 2
관점의 차이 파악하기

6일차 7일차 8일차

9일차 10일차 11일차

읽기 목표 5
사건 전개와 인물의
마음 변화 이해하기

21일차 22일차 23일차

24일차 25일차

읽기 목표 8
비판적으로 읽기

36일차 37일차

38일차 39일차

읽기 목표 7
작품 속 다양한 삶의
모습 이해하기

31일차 32일차 33일차

34일차 35일차

읽기 목표 6
문장의 구조 파악하며 읽기

26일차 27일차 28일차

29일차 30일차

읽기 목표 9
문제 해결 방법 찾으며 읽기

40일차 41일차 42일차

43일차 44일차

읽기 목표 10
주제 파악하기

45일차 46일차 47일차

48일차 49일차 50일차

은행나무를 완성했을 때의
엄마와의 약속

1 글자가 같은 낱말 뜻 파악하며 읽기 ❶

한 낱말의
여러 가지 뜻 알아보기

소리는 같은데 뜻이 다른
낱말의 뜻 구별하기

문맥을 고려하여 글자가
같은 낱말의 뜻 짐작하기

공부한 날   월   일

우리말 중에는 한 낱말이 여러 가지 뜻을 가진 경우가 있습니다. 만화에 나온 '손'처럼, '몸의 일부분'이라는 뜻과 '일손(일할 사람)'이라는 두 가지 이상의 뜻을 가진 낱말이 그 예라 할 수 있지요.

또한 우리말에는 소리는 같은데 뜻이 서로 다른 낱말이 있습니다. 열매의 한 종류인 '배'와 운송 수단인 '배', 사람의 신체의 일부를 가리키는 '배'와 같이 말이지요. 글자의 음만 같을 뿐 의미상 연관성이 없는 완전히 다른 말입니다.

이렇게 글자가 같아도 낱말의 뜻이 다양하므로 글 속에 제시된 상황이나 글의 앞뒤 문맥을 잘 살펴보아야만 어떤 의미인지 알 수 있습니다.

자, 이제 낱말이 가지는 여러 가지 뜻을 생각하며 글을 읽어 볼까요?

다음 그림을 보고, 물음에 답해 봅시다.

1 "우리 집은 먹는 입이 많으니, 음식을 넉넉하게 만들어야겠어."

2 "자, 우리 아가 착하지, 입을 '아' 하고 벌려 보렴. 옳지."

3 "내가 한 입만 먹으라고 했는데, 오빠가 떡갈비를 반이나 먹었어요."

4 "허, 그 사람들 참! 입이 거칠군. 아이들이 들을까 걱정이야."

1 1~4에 공통으로 쓰인 낱말은 무엇인지 쓰세요.

(   )

2 1~4에 쓰인 '입'의 뜻을 찾아 선으로 바르게 이어 보세요.

| 우리 집은 먹는 **입**이 많으니, 음식을 넉넉하게 만들어야겠어. | • | • | 신체의 일부. |

| 자, 우리 아가 착하지, **입**을 '아' 하고 벌려 보렴. 옳지. | • | • | 사람이 하는 말. |

| 내가 한 **입**만 먹으라고 했는데, 오빠가 떡 갈비를 반이나 먹었어요. | • | • | 음식을 먹는 사람의 수. |

| 허, 그 사람들 참, **입**이 거칠군. 아이들이 들을까 걱정이야. | • | • | 한 번에 먹을 만한 음식물의 양. |

3 다음 밑줄 친 '입'과 뜻이 같은 낱말이 쓰인 그림의 번호를 쓰세요.   (   )

아버지께서 해 주신 볶음밥을 한 <u>입</u> 먹어 보았다.

다음 글을 읽고, 물음에 답해 봅시다.

　　우리 ㉠눈은 어두운 곳에서도 간상세포의 도움으로 물체를 볼 수 있습니다. 간상세포는 희미한 빛에서도 볼 수 있도록 시각을 담당하는 감각 세포입니다. 그런데 간상세포가 기능을 다하지 못하면 밝은 곳에서 어두운 곳으로 들어갈 때 적응하지 못하거나, 빛이 부족한 밤에 ㉡눈이 ㉢나빠지는 현상이 나타납니다. 이렇게 밤에 사물이 잘 보이지 않는 증상을 야맹증이라고 합니다.

　　야맹증이 심하면 어두운 곳에서는 주위에 불빛이 있더라도 사물을 잘 보지 못해 생활을 하는 데 어려움을 겪기도 합니다. 저녁 무렵 외출하기가 어려워지거나 밤에 조명이 어두워도 잘 보이지 않고 어두운 터널을 통과할 때 눈이 적응하기 어려울 수 있습니다.

　　야맹증의 원인은 매우 다양합니다. 선천적인 원인 때문에 나타나기도 하고, 비타민 A가 부족하여 나타나기도 합니다. 간상세포 내 비타민 A가 부족하면 로돕신이 합성되지 않아 야맹증이 발생할 수 있습니다. 로돕신은 빛을 감지하여 사물을 볼 수 있게 해 주는 색소 단백질인데, '옵신'과 비타민 A가 결합하여 합성됩니다. 어두운 곳에서 눈이 적응할 때, 비타민 A가 부족하면 로돕신이 원활하게 합성되지 않아 야맹증이 발생하는 것입니다.

4 이 글에서 설명하는 것은 무엇인가요?

① 적응　　　　　　② 로돕신　　　　　　③ 야맹증
④ 간상세포　　　　　⑤ 비타민 A

5 글을 읽으면서 낱말의 뜻을 알 수 있는 방법으로 가장 알맞은 것은 무엇인가요?

① 문장 속에서 다른 뜻으로 쓰인 낱말을 찾는다.
② 낱말의 여러 뜻 중에서 대표적인 의미를 찾는다.
③ 국어사전에서 가장 첫 번째 나온 것이 그 낱말의 뜻이다.
④ 문장과 앞뒤 문맥을 살펴 가장 어울리는 의미를 짐작한다.
⑤ 낱말의 여러 가지 뜻 중에 알고 있는 뜻으로 모든 문장을 해석하면 된다.

6 앞뒤 문맥을 살펴, ㉠과 ㉡의 뜻으로 알맞은 것을 찾아 선으로 바르게 이어 보세요.

㉠ 눈　•　　　　　　　　　•　| 물체를 볼 수 있는 눈의 능력. |

㉡ 눈　•　　　　　　　　　•　| 빛의 자극을 받아 물체를 볼 수 있는 신체 기관. |

7 다음 중, ㉢의 뜻으로 알맞은 것에 ○표 하세요.

| 좋지 아니하다. | 건강에 해롭다. | 도덕적으로 옳지 아니하다. | 마음에 들지 않거나 좋은 느낌이 아니다. |

(　　　　　)　　　(　　　　　)　　　(　　　　　)　　　(　　　　　)

8 다음 중 야맹증이 심한 사람이 겪는 어려움이 <u>아닌</u> 것은 무엇인가요?

① 저녁 무렵에 외출하기 어렵다.

② 밤에 조명이 어두워도 잘 보이지 않을 수 있다.

③ 어두운 터널을 통과할 때 눈이 적응하기 어려울 수 있다.

④ 어두운 곳에서는 주위에 불빛이 있더라도 사물을 잘 보지 못한다.

⑤ 어두운 곳에서 갑자기 밝은 곳으로 나가면 눈이 적응을 하지 못한다.

9 이 글에서 간상세포 내에 비타민 A가 부족하면 어떤 문제가 생긴다고 하였나요?

① 앞을 전혀 보지 못하게 된다.   ② 옵신이 만들어지지 않는다.

③ 간상세포가 만들어지지 않는다.   ④ 낮에도 사물을 잘 보지 못한다.

⑤ 로돕신이 원활하게 합성되지 않아 야맹증이 발생한다.

재미있는 낱말 놀이터 '눈'과 관련된 관용 표현

🍎 그림 속 상황을 잘 살펴보고, 빨간색으로 쓴 부분의 뜻으로 알맞은 것을 찾아 선으로 바르게 이어 보세요.

(1) 동생은 고기가 먹고 싶었는지 갈비찜이 <u>눈에 아른거린</u>다고 했다.

(2) 동생은 식탁에 놓인 갈비찜을 보자, <u>눈에 불을 켜고</u> 달려들었다.

(3) 배가 고팠던 동생은 밥 한 공기를 <u>눈 깜짝할 사이</u>에 먹어 치웠다.

매우 짧은 순간.

몹시 욕심을 내거나 관심을 기울이다.

어떤 사람이나 사물에 관한 기억이 떠오르다.

왜 그럴까?

'빛의 자극을 받아 물체를 볼 수 있는 감각 기관'을 뜻하는 '눈'이 들어간 관용 표현에는 여러 가지가 있습니다. 관용 표현의 뜻을 살펴보고, 각각의 상황에 알맞게 쓸 수 있도록 하세요.

읽기 목표

1 글자가 같은 낱말 뜻 파악하며 읽기 ❷

한 낱말의
여러 가지 뜻 알아보기

소리는 같은데 뜻이 다른
낱말의 뜻 구별하기

문맥을 고려하여 글자가
같은 낱말의 뜻 짐작하기

공부한 날 | 월 | 일

 다음 글을 읽고, 물음에 답해 봅시다.

초록이는 아침부터 학예회 때문에 정신이 없었다. 집을 나서면서 초록이는 오랫동안 준비했던 부채춤을 선보이는 날이니까 9시까지 학교 강당으로 오라고 당부하였다. 초록이가 학교에 간 뒤 식탁을 보니 숟가락이 밥에 그대로 꽂혀 있었다. 초록이가 많이 들뜨긴 했나 보다.

언니와 형부는 바빠서 학예회에 갈 수가 없다며 나보고 대신 가달라고 부탁했다. 초록이는 나라도 와 주면 된다며 부모님이 오지 않는 것을 별로 신경 쓰지 않는 눈치였다. 아직도 내 눈에는 아기 같은데 초록이가 언제 저렇게 훌쩍 자랐을까? 언니는 초록이가 자기주장이 부쩍 늘었다며 '㉠품 안의 자식'이 아니라고 했다.

나는 아침상을 치우고 학교에 갈 채비를 서둘렀다. 공연 동영상을 찍기 위해 배터리가 충분한지 휴대 전화의 상태를 확인하였다. 꽃집에 들러 꽃다발을 사면 얼추 9시까지 학교 강당에 도착할 수 있을 것 같았다.

초록이가 좋아하는 분홍 장미를 한 다발 사서 학교 정문 앞에 도착하니, 학부형들의 차들이 길게 늘어서 있었다. 정문 앞에서는 꽃을 사고파는 사람들로 많이 붐볐다. 운동장에는 흥겨운 동요 소리가 울려 퍼졌다.

1 초록이가 아침부터 들뜬 까닭은 무엇인가요?

① 학예회 날이어서　　　　　　　　　② 아침밥이 너무 맛있어서
③ 이모와 함께 학교에 갈 수 있어서　　④ 부모님이 학교에 오신다고 하셔서
⑤ 친구들과 나눠 먹을 간식을 챙기느라고

2 이 글에서 '나'는 초록이에게 어떤 사람인가요?

① 이모　　　② 고모　　　③ 외숙모　　　④ 큰어머니　　　⑤ 작은어머니

3 다음은 국어사전에서 '품'을 검색한 결과입니다. ㉠ '품'의 뜻으로 알맞은 것에 ○표 하세요.

| 「1」 윗옷의 겨드랑이 밑의 가슴과 등을 두르는 부분의 넓이. ☐ | 「2」 윗옷을 입었을 때 가슴과 옷 사이의 틈. ☐ | 「3」 두 팔을 벌려서 안을 때의 가슴. ☐ | 「4」 따뜻한 보호를 받는 환경을 비유적으로 이르는 말. ☐ |

이어지는 글을 읽고, 물음에 답해 봅시다.

학예회가 시작되었다. 강당 안은 자녀의 모습을 사진이나 동영상으로 찍는 부모님들, 학예회를 관람하는 아이들로 빈자리가 없었다. 초록이는 한복을 곱게 입고 부채를 나풀거리며 춤을 추었다.

나는 초록이의 공연을 보다가 문득 내가 어렸을 때 부채춤을 췄던 기억이 떠올랐다. 20여 년 전이었지만 그때의 기억이 아직도 생생하다. 부채춤 공연을 하루 앞두고 최종 연습을 하던 날, 누군가 내 한복 자락을 밟아 공연 때 입을 한복이 찢어지고 말았다. 집에 돌아와 어머니께 말씀드렸더니 어머니께서는 자신의 한복이라도 입으라고 하셨다. 그런데 어머니의 한복은 나에게는 너무 컸다. 어머니께서는 한복의 치마 길이를 나에게 맞게 줄이시느라고 밤새 바느질을 하셨다.

공연 날 어머니께서 싸 주신 한복을 만지작거리던 나는 결국 입지 않았고, 체육복을 입고 부채춤을 추었다. 정말 부끄러웠다. 어머니께서는 부채춤이 끝난 뒤에 속상해하는 ㉠나를 품에 꼭 안아 주시고 등을 토닥이셨다. 지금에 와서 생각하니 부채춤을 출 때 '   ㉡   ' 하는 후회가 든다.

공연이 끝나고 초록이가 무대에서 내려왔다. 초록이는 한 손으로는 족두리가 이마로 내려오는 것을 막고 다른 손으로는 치마를 당기어 잡고는 아이들이 늘어선 줄을 따라가고 있었다. 부모님들은 부채춤 공연이 끝난 아이들을 붙잡고 사진을 찍고 다정하게 웃고 있었다. 나는 초록이가 부모님이 오지 않아 섭섭할지도 모른다는 생각이 들어 초록이를 ㉢품에 꼭 안아 주었다. 둘이서 활짝 웃으며 사진도 찍었다. 그것도 잠시, 초록이는 줄을 따라 가야 한다며 ㉣바람처럼 사라졌다.

초록이가 급히 가는 ㉤바람에 준비해 온 꽃다발을 주지도 못했다. 어떻게 전해 주어야 할지 고민하다가, 학예회가 끝나면 초록이를 정문에서 만나기로 했던 약속이 생각났다. 초록이를 만나면 예전에 내가 좋아했던 자장면을 사 주어야겠다고 마음을 ㉮먹었다. 내가 부채춤 추었던 날에도 엄마께서 자장면과 탕수육을 사 주셔서 맛있게 ㉯먹었던 기억이 난다.

4 20여 년 전, '나'에게는 어떤 일이 있었나요?

① 체육복을 입고 부채춤 연습을 했다.
② 부채춤 공연 중에 족두리가 이마로 내려왔다.
③ 공연 때 어머니의 한복을 입고 부채춤을 추었다.
④ 부채춤 최종 연습을 하던 날, '나'의 한복이 찢어졌다.
⑤ 공연 날 어머니가 싸 주신 한복마저 찢어져서 공연을 하지 못했다.

5 한복이 찢어졌다고 말하는 '나'에게 어머니께서는 어떻게 해 주셨나요?

① 한복을 새로 사 주셨다.
② 밤새 찢어진 '나'의 한복을 고쳐 주셨다.
③ 어머니의 한복이 크지만 그냥 입으라고 하셨다.
④ 어머니 한복의 치마 길이를 '나'에게 맞게 줄여 주셨다.
⑤ 체육복을 입고 부채춤을 추는 게 좋겠다고 말씀하셨다.

6 어머니께서 ⑦과 같이 하신 까닭은 무엇일까요?

① '나'에게 잘못을 사과하려고
② '나'에게 위로를 받고 싶어서
③ 속상해하는 '나'의 마음을 위로해 주려고
④ 부채춤을 실수 없이 춘 '나'를 칭찬해 주려고
⑤ 부채춤을 춘 뒤 속상해하는 '내'가 한심해 보여서

7 ⓒ에 들어갈 알맞은 말은 어느 것인가요?

① 부채춤을 추지 말 걸
② 새 한복을 사달라고 할 걸
③ 어머니를 오시지 말라고 할 걸
④ 줄여 주신 어머니의 한복을 입을 걸
⑤ 어머니께 한복이 찢어졌다고 말하지 말 걸

8 다음은 국어사전에서 '품'을 검색한 결과입니다. ⓒ '품'의 뜻으로 알맞은 것에 ○표 하세요.

「1」 윗옷의 겨드랑이 밑의 가슴과 등을 두르는 부분의 넓이. ☐	「2」 윗옷을 입었을 때 가슴과 옷 사이의 틈. ☐	「3」 두 팔을 벌려서 안을 때의 가슴. ☐	「4」 따뜻한 보호를 받는 환경을 비유적으로 이르는 말. ☐

9 ②과 ⑩의 뜻으로 알맞은 것을 찾아 선으로 바르게 이어 보세요.

② 바람 •   • 매우 빠름을 이르는 말.

⑩ 바람 •   • 뒷말의 근거나 원인을 나타내는 말.

10 다음 밑줄 친 말이 ㉮의 뜻과 일치하면 ㉮를, ㉯의 뜻과 일치하면 ㉯를 쓰세요.

(1) 엄마의 품에 안긴 아기는 우유를 <u>먹자마자</u> 잠이 들었다. ·· (　　　)

(2) 나는 할머니께 편지와 카네이션을 드리겠다고 마음<u>먹었다.</u> ······································· (　　　)

(3) 사람들 사이에서 자란 애완견은 큰 개를 보자 겁을 잔뜩 <u>먹었다.</u> ···························· (　　　)

(4) 생크림 케이크는 만든 지 하루나 이틀이 지나고 <u>먹어야</u> 더 맛있다. ···························· (　　　)

재미있는 낱말 놀이터

내려가다? 내려오다? 내려놓다?

🍎 그림 속 상황을 잘 살펴보고, (　　　) 안에 들어갈 알맞은 말에 ○표 하세요.

(1) "단상이 꽤 높아서 아래로 (내려가기가 / 내려오기가) 무서워요."

뜻: 높은 곳에서 낮은 곳으로 또는 위에서 아래로 가다.

(2) 위층에 사는 아주머니께서는 종종 음식을 나눠 주기 위해 (내려가시곤 / 내려오시곤) 합니다.

뜻: 높은 곳에서 낮은 곳으로 또는 위에서 아래로 가다.

(3) 짐꾼들은 어깨에 멘 짐을 잠시 (내려오고 / 내려놓고), 그늘에 앉아서 쉬었습니다.

뜻: 위에 있는 것이나 들고 있는 것을 아래로 옮기다.

왜 그럴까?

'내리어(내려)'는 '위쪽에서 아래쪽으로'이라는 의미가 있습니다. 따라서 '내려가다, 내려오다, 내려놓다'에는 위쪽에서 아래쪽 방향으로 움직인다는 의미가 담겨 있습니다. 그중에서 '내려가다', '내려오다'는 말하는 이가 어디에 있느냐에 따라 다르게 쓰입니다. 말하는 이가 높은 곳에 있으면 '내려가다'를, 말하는 이가 낮은 곳에 있으면 '내려오다'를 씁니다. 각각의 상황에서 알맞은 표현을 사용할 수 있도록 하세요.

읽기 목표

1 글자가 같은 낱말 뜻 파악하며 읽기 ❸

한 낱말의
여러 가지 뜻 알아보기

소리는 같은데 뜻이 다른
낱말의 뜻 구별하기

문맥을 고려하여 글자가
같은 낱말의 뜻 짐작하기

공부한 날 | 월 | 일

 다음 글을 읽고, 물음에 답해 봅시다.

> 펫숍의 깨끗한 아크릴 상자에 단장해 놓은 예쁜 강아지들은, 대부분 번식장이라고 하는 공장에서 인위적으로 만들어진 것입니다. 동물을 만들어 내는 공장이 있다는 사실은 우리가 생명을 소모품이나 공산품으로 여긴다는 사실을 보여 주지요. 번식장의 엄마 개들은 따뜻한 햇볕도 촉촉한 흙의 느낌도 전혀 알지 못한답니다. 왜냐고요? '뜬장'이라고 불리는 철창에 갇혀 평생 강아지를 낳는 기계 노릇을 하기 때문이에요. 미물처럼 여기는 풀벌레도 초록 이파리에서 노래할 자유를 갖는데 우리가 사랑하는 그 동물들이 햇볕도 바람도 땅의 느낌도 알지 못한다는 것은 정말 가슴 아픈 일이 아닐 수 없습니다.
>
> 뜬장은 사방으로 구멍이 숭숭 뚫렸기 때문에 아래로는 배설물이 떨어집니다. 청소가 쉽다는 장점이 있지요. ㉠발을 디딜 바닥이 없으니 동물들은 작은 발로 서 있기도 힘들어 다리가 통째로 철망 사이에 끼기도 합니다. 이런 곳에서 강제 임신과 출산을 반복하면서 한평생을 살아가는 것이 강아지 공장의 엄마, 아빠들이지요.
>
> - 이유미, 『10대와 통하는 동물 권리 이야기-강아지 농장? 강아지 공장!』 중에서

1 펫숍에 단장해 놓은 예쁜 강아지들은 어디에서 태어났나요?

① 동물 병원 ② 초록 이파리 ③ 펫숍의 아크릴 상자
④ 따뜻한 햇볕이 드는 집 ⑤ 번식장이라고 하는 공장

2 ㉠의 '발'과 같은 의미로 쓰인 것을 골라 ○표 하세요.

(1) 말은 네 개의 **발**을 가지고 있다. ·· (　　)
(2) 총에는 세 **발**의 총알이 들어 있다. ·· (　　)
(3) 할아버지가 문에 걸어 놓을 **발**을 짜고 계셨다. ·· (　　)

3 다음은 '풀벌레'와 '번식장의 엄마 개'에 대한 글쓴이의 생각입니다. 빈칸에 알맞은 낱말을 써 넣으세요.

풀벌레	번식장의 엄마 개
초록 이파리에서 노래할 　　이/가 있다.	'　　'(이)라고 불리는 　　에 갇혀 햇볕도 바람도 땅의 느낌도 알지 못한다.

정말 가슴이 아프다.

칭찬시다로 자르세요

다음 글을 읽고, 물음에 답해 봅시다.

할머니는 큰솥을 연탄불에 올려놓고, 멸치, 무, 대파, 양파, 황태를 넣어 뭉근하게 육수를 끓였다. 할머니가 끓인 육수는 튀지 않으면서도 은은히 풍기는 감칠맛이 으뜸이었다. 큰 양푼에 육수를 충분히 담고 삶은 면을 ㉠말고, 그 위에 쑥갓, 달걀지단, 호박 등의 고명을 올리면 할머니의 멸치 국수가 완성되었다.

할머니는 어린 시절 배가 고플 때 한 그릇의 국수를 먹고 행복했던 기억 때문에 국수 장사를 하게 되었다고 한다. 국수 값이 200원일 때부터 장사를 해서 현재까지 40년이 넘게 장사를 해 온 것이다. 지금은 소일거리로 국수 장사를 하고 토요일, 일요일에는 가게 문을 닫는다. 여든을 넘겼을 때 장사를 그만두려고 하였는데, 식당에 자주 오는 노숙자들이 있어서 문을 닫을 수 없었다고 하셨다.

할머니는 국수를 2,000원에 팔고 있다. 국수를 2,000원에 팔면 남는 것이 뭐가 있느냐는 사람들의 말을 들을 때면 할머니는,

"내가 장사를 안 하면 모를까. 어찌 더 올리누."

하며 국수 값 이야기는 하지 ㉡말고 국수나 맛있게 먹고 가라고 말씀하신다. 할머니의 국수를 먹으러 오는 사람들은 동네 사람들부터 노인들, 가난한 사람들까지 다양했다. 할머니는 맛있게 국수를 먹는 사람들에게 동그랗게 ㉢말은 소면을 소쿠리에 담아 식탁 위에 올려 주시곤 했다. 면을 얼마든지 더 먹어도 상관없이 가격은 그대로란다.

할머니는 고개를 푹 수그리고 허겁지겁 국수를 먹는 사람들이 있으면 육수에 국수를 말아 한 양푼 더 내주었다. 두 그릇의 국수를 먹고 허기를 달랜 사람들 중에는 실직한 아버지도 있고, 당장 밥을 사 먹을 돈이 없는 사람도 있고, 여러 끼 굶은 사람들도 있단다. 싼 국수 값조차 내지 못하고 줄행랑을 치는 사람도 있지만 누가 놓고 간지 모르는 편지와 함께 큰돈도 받아 보았다고 한다. 한 끼의 국수가 간절했던 사람이 형편이 나아지자 고마웠던 기억을 잊지 않고 보답하였던 것이다.

사람들은 할머니가 말아 주는 멸치 국수를 후루룩 마시면 마음까지 따뜻해진다고 한다. 할머니의 국수는 형편이 어려운 사람들에게는 밥이고, 옛 맛을 기억하는 사람들에게는 추억이다. 나는 소박하면서도 담백하고 따뜻한 국물이 할머니의 마음과 닮았다는 생각을 했다.

 다음 중 할머니가 끓인 육수에 들어가지 않는 재료는 무엇인가요?

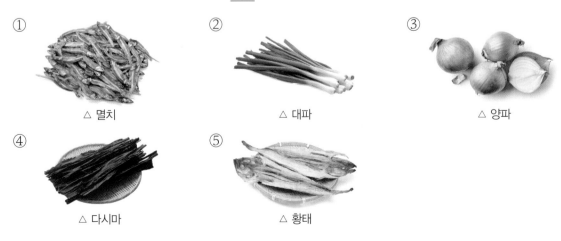

① △ 멸치　② △ 대파　③ △ 양파　④ △ 다시마　⑤ △ 황태

5 할머니는 왜 국수 장사를 시작하게 되었나요?

① 돈을 많이 벌고 싶었기 때문에

② 육수를 끓이는 방법을 알고 있었기 때문에

③ 사람들이 국수 장사를 해 보라고 하였기 때문에

④ 가난한 사람들에게 국수를 먹이고 싶었기 때문에

⑤ 배가 고플 때 한 그릇의 국수를 먹고 행복했던 기억 때문에

6 할머니가 지금까지 국수 장사를 그만두지 못한 까닭은 무엇인가요?

① 국수를 매일 만드는 것이 좋아서

② 그동안 돈을 많이 모아놓지 못해서

③ 식당에 자주 오는 노숙자들이 있어서

④ 아직 장사를 그만 둘 때가 아니라고 생각해서

⑤ 국수를 먹은 사람들이 모두 할머니께 보답을 하여서

7 국수를 파는 할머니의 성품을 알 수 있는 내용이 아닌 것은 무엇인가요?

① 국수를 여전히 2,000원에 팔고 있다.

② 면을 얼마든지 더 먹어도 가격을 더 받지 않는다.

③ 평일에는 국수 장사를 하고 토요일, 일요일에는 문을 닫는다.

④ 허겁지겁 국수를 먹는 사람들에게는 국수를 한 양푼 더 내주신다.

⑤ 맛있게 국수를 먹는 사람들에게 소면이 담긴 소쿠리를 올려 주신다.

8 이 글을 통해 알 수 있는 할머니의 성격으로 알맞은 것은 무엇인가요? (정답 2개)

① 너그럽다.

② 이기적이다.

③ 욕심이 많다.

④ 인정이 많다.

⑤ 남의 일에 참견하기 좋아한다.

9 ㉠~㉢의 뜻으로 알맞은 것을 찾아 선으로 바르게 이어 보세요.

㉠ 말고 •

㉡ 말고 •

㉢ 말은 •

• 어떤 일이나 행동을 하지 않거나 그만두다.

• 밥이나 국수 등을 물이나 국물에 넣어서 풀다.

• 넓적한 물건을 돌돌 감아 원통형으로 겹치게 하다.

 '~품'이 붙는 낱말

🍎 사다리를 타고 내려가 빨간색으로 쓴 낱말의 뜻을 확인해 보세요.

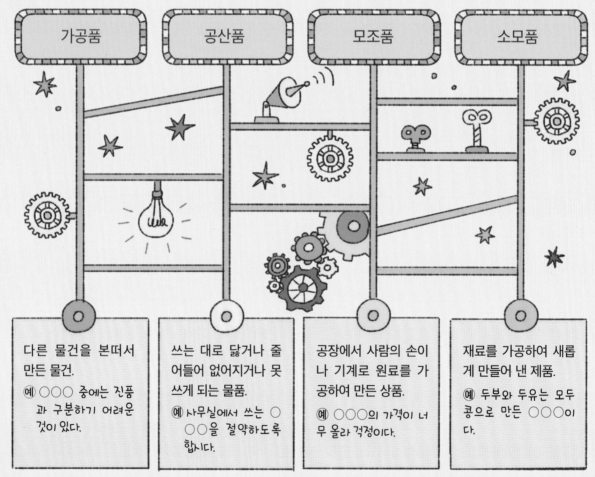

| 가공품 | 공산품 | 모조품 | 소모품 |

다른 물건을 본떠서 만든 물건.
㉮ ○○○ 중에는 진품과 구분하기 어려운 것이 있다.

쓰는 대로 닳거나 줄어들어 없어지거나 못 쓰게 되는 물품.
㉮ 사무실에서 쓰는 ○○○을 절약하도록 합시다.

공장에서 사람의 손이나 기계로 원료를 가공하여 만든 상품.
㉮ ○○○의 가격이 너무 올라 걱정이다.

재료를 가공하여 새롭게 만들어 낸 제품.
㉮ 두부와 두유는 모두 콩으로 만든 ○○○이다.

왜 그럴까?

'가공품', '공산품', '모조품', '소모품' 등과 같은 낱말에 쓰인 '-품'은 일부 낱말 뒤에 붙어 '물품' 또는 '작품'이라는 뜻을 더해 주는 낱말입니다. 각각의 낱말의 뜻을 확인한 뒤, 상황에 따라 알맞은 단어를 쓸 수 있도록 하세요.

읽기 목표

1 글자가 같은 낱말 뜻 파악하며 읽기 ❹

| 한 낱말의 여러 가지 뜻 알아보기 | 소리는 같은데 뜻이 다른 낱말의 뜻 구별하기 | 문맥을 고려하여 글자가 같은 낱말의 뜻 짐작하기 | 공부한 날 | 월 | 일 |

 다음 글을 읽고, 물음에 답해 봅시다.

혹시 보릿고개라고 들어 보셨나요? 옛날에 우리나라가 못살 때 전년 가을에 수확한 쌀이 떨어지고 보리가 미처 여물지 않은 6월까지 먹을 게 없는 매우 어려운 시기를 '보릿고개'라고 불렀어요. 그때 사람들은 산에 가서 나무껍질을 벗기고 풀뿌리를 뽑아서 겨우 ㉠배를 채우며 그 힘든 고비를 넘겼어요.

그런데 라오스라는 나라에는 지금도 그 보릿고개가 있어요. 라오스는 한국에서 비행기로 여섯 시간 정도 떨어진 동남아시아에 있는 나라로, 아시아에서 가난한 나라 중 하나예요.

라오스에서는 보통 11월에 쌀을 추수하는데 가난한 시골 마을에서는 다음 해 2, 3월이면 쌀이 다 떨어져요. 그러면 그때부터 추수를 하는 11월까지 오랜 시간 동안 고통스럽게 살아야 돼요.

나는 이 시기에 제일 가난한 마을을 찾아서 도와주는 일을 했어요. 도움이 필요한 마을에 도착하면 나는 먼저 그 마을의 사정이 어떤지 둘러봐요. 물론 마을 사람들을 모아서 얘기를 나누며 상황을 파악하지만 또 유심히 찾아보는 것이 있어요.

그게 뭐냐고요? 바로 멍멍이들이랍니다. 사람이 먹을 것이 없으면 자연히 개에게 줄 것도 없을 테니까요. 내가 찾아갔던 라오스의 가난한 마을의 개들은 뼈가 앙상하게 드러날 정도로 마른 데다 걸을 힘도 없는지 하루 종일 누워 있었답니다. 그래서 그 마을의 개들만 보고도 마을 사람들의 사정을 금세 파악할 수 있었지요.　　　　- 임형준, 『우리 함께 웃어요! - 먹고살기 위해 목숨을 거는 사람들』 중에서

1 이 글에서 쌀이 떨어지고 보리가 미처 여물지 않은 때까지 먹을 게 없는 시기를 뜻하는 말을 찾아 쓰세요.

(　　　　　　　　　　　)

2 ㉠의 뜻으로 알맞은 것에 ○표 하세요.

| 배¹ 사람이나 동물의 몸에서, 가슴 아래에서 다리 위까지의 부분. | 배² 사람이나 짐 등을 싣고 물 위로 떠다니도록 나무나 쇠 등으로 만든 물건. | 배³ 배나무의 열매. |

3 '내'가 마을의 사정을 알아볼 때 사용하는 방법은 무엇인가요? (정답 2개)

① 개를 유심히 관찰한다.　　　　　　② 식량이 있는 곳을 찾아본다.
③ 마을 사람들과 이야기를 나눈다.　　④ 마을 사람들의 체격을 살펴본다.
⑤ 나무껍질, 풀뿌리가 남아 있는지 살펴본다.

다음 글을 읽고, 물음에 답해 봅시다.

우리 주변을 돌아보면 먹을 것이 널려 있는데, 왜 배고픈 사람들, 굶어 죽는 사람들이 있는 것일까요? 거기에는 여러 이유가 있는데, 하나하나씩 차근차근 설명해 볼게요.

첫 번째는 공급의 불균형 때문이에요. 현재 세계에는 70억 인구를 먹여 살릴 만한 충분한 식량이 있어요. 우리나라만 해도 버리는 음식 쓰레기가 1년에 18조 원이 넘는다고 해요.(3조 원만 있어도 전 세계 가난한 어린이들에게 학교 급식을 제공할 수 있어요.)

이처럼 잘사는 나라에는 식량이 넘치고, 못사는 나라는 하루하루 살아가는 게 고통일 정도로 식량이 부족한 곳이 많아요. 그리고 같은 나라 안에서도 큰 도시에서는 식량을 구하기 쉽지만, 시골에서는 식량을 구하기 어렵거나 또 돈이 없어서 사 먹지 못하는 경우도 많지요.

두 번째는 자연재해 때문이에요. 지금 전 세계에서는 여러 가지 자연재해가 많이 일어나고 있어요. 최근에 일어난 큰 자연재해만 해도, 2004년에 동남아 일대를 강타한 쓰나미, 2005년에 파키스탄 대지진, 2010년에 아이티 대지진과 파키스탄 대홍수, 2011년에 일본 대지진 등이 있었어요. 우리가 잘 몰라서 그렇지 그런 큰 재난 외에도 여러 작은 재난들이 수없이 일어났었지요.

최근 들어 지구에는 지진, 홍수, 태풍, 가뭄이 더욱 자주 일어나고 있어요. 특히 기후 변화로 인해 가뭄이나 홍수가 일어나면 농사에도 큰 피해를 줘요. 농사가 잘 안되면 당연히 우리가 먹을 식량도 부족하게 되지요.

세 번째는 분쟁 때문이에요. 지구촌 곳곳에는 아직도 크고 작은 분쟁 지역이 많답니다. 국가 간에 하는 큰 전쟁은 많이 사라졌지만, 지역 사이에 크고 작은 전쟁이 ㉠벌어지고 있어요. 리비아, 이집트, 시리아, 이라크, 아프가니스탄, 수단 등 지금도 여러 나라에서 편을 나눠 싸움이 벌어지고 있어요. 우리나라도 휴전 중이긴 하지만 남과 북으로 나뉘어 팽팽한 긴장이 계속되고 있지요.

분쟁이 벌어지면, 분쟁 지역에 사는 사람들은 일상생활을 할 수가 없어요. 언제 폭탄이 날아와 집이 부서지거나 사람이 다칠지, 군인들이 쳐들어올지 모르니까요. 수단의 다르푸르 지역도 본래 비가 잘 오고 농사도 ㉡잘되는 곳이었어요. 하지만 분쟁으로 250만 명이 넘는 난민이 발생하면서 많은 사람들이 굶주림의 고통을 겪고 있어요.

네 번째는 2008년에 있었던 것처럼 식량 가격이 갑자기 올라가는 일 때문이에요. 가난한 사람들은 월급의 60~80퍼센트를 먹을 것을 사는 데 ㉢쓰는데, 갑자기 물가가 오르면 큰 곤란을 겪게 되지요.

예를 들어, 우리가 10,000원을 번다고 생각해 봐요. 우리는 10,000원 중에서 8,000원을 먹을 것을 사는 데 쓰고, 나머지 2,000원으로 학교도 가고 병원도 가고 옷도 사고 다른 여러 일을 해야 해요.

그런데 8,000원으로 살 수 있던 식량이 가격이 두 배로 올라서 이제는 16,000원을 주고 사야 한다면 어떨까요? 먹을 것도 제대로 못 사 먹고, 학교도 못 가고, 아파도 병원에도 못 가고, 다른 필요한 곳에 돈을 쓸 수가 없게 되겠죠? 그래서 2008년에 식량 가격이 갑자기 크게 오르면서 세계 곳곳에서 폭력 사태가 발생했고, 굶어 죽는 사람들이 1억 명이나 더 생기게 되었어요.

- 임형준, 『우리 함께 웃어요! - 왜 사람들이 굶어 죽는 거지?』 중에서

4 이 글의 중심 낱말은 무엇인가요?

① 공급   ② 식량   ③ 농사

④ 자연재해   ⑤ 음식 쓰레기

5 이 글을 통해 알게 된 내용으로 알맞지 <u>않은</u> 것은 무엇인가요?

① 전 세계적으로 버려지는 음식 쓰레기가 1년에 18조 원이 넘는다.

② 현재 세계에는 70억 인구를 먹여 살릴 만한 충분한 식량이 있다.

③ 같은 나라 안에서도 시골은 큰 도시보다 식량을 구하기가 어렵다.

④ 잘사는 나라에는 식량이 넘치고, 못사는 나라는 식량이 매우 부족하다.

⑤ 3조 원만 있어도 전 세계 가난한 어린이들에게 학교 급식을 줄 수 있다.

6 이 글에서 분쟁이 벌어졌을 때 굶주리는 사람이 생기는 이유가 무엇이라고 하였나요?

① 폭탄이 떨어진 곳은 흙이 메마르기 때문에

② 싸움이 나면 가난한 사람들을 돌보지 않기 때문에

③ 일상생활을 할 수 없고 농사에 전념할 수 없기 때문에

④ 군인들이 분쟁에 필요한 식량을 모조리 빼앗아 가기 때문에

⑤ 분쟁 지역으로 사람들이 몰려들어 인구에 비해 식량이 부족하기 때문에

7 ㉠과 ㉡의 뜻으로 알맞은 것에 ○표 하세요.

| ㉠ 벌어지다 | (1) 갈라져서 사이가 벌어지다. | |
| | (2) 어떤 일이 일어나거나 진행되다. | |

| ㉡ 잘되다 | (1) 일, 현상, 물건 등이 썩 좋게 이루어지다. | |
| | (2) 일정한 수준이나 정도에 이르다. | |

8 다음 밑줄 친 낱말이 ㉢과 같은 뜻으로 쓰인 것은 어느 것인가요?

① 공책에 이름을 <u>썼다</u>.

② 새로 지은 건물은 창고로 <u>썼다</u>.

③ 그는 노래도 부르고 곡도 <u>썼다</u>.

④ 대표 선수들은 이기기 위해 안간힘을 <u>썼다</u>.

⑤ 아이들의 선물을 사는 데에 많은 돈을 <u>썼다</u>.

9 다음은 이 글의 내용을 정리한 것입니다. 빈칸에 알맞은 말을 차례대로 쓰세요.

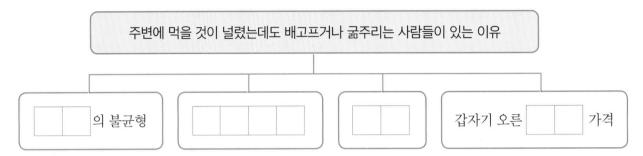

주변에 먹을 것이 널렸는데도 배고프거나 굶주리는 사람들이 있는 이유

| ☐☐ 의 불균형 | ☐☐☐☐ | ☐☐ | 갑자기 오른 ☐☐ 가격 |

부정의 뜻을 더해 주는 말

🍎 친구들의 대화를 잘 읽어 보고, 부정의 뜻을 더해 주는 말인 '부-'와 '불-' 중에 알맞은 것을 골라 ○표 하세요.

왜 그럴까?

'불균형'은 '어느 한쪽으로 기울거나 치우쳐 고르지 아니함.'이라는 뜻이고, '부적절'은 '어떤 일이나 행동 등을 하기에 알맞지 않음.'이라는 뜻입니다. 이처럼 '불-'과 '부-'는 '아니하다'라는 뜻을 더해 주는 말입니다. '부-'는 '부도덕, 부정확, 부적절'과 같이 뒤에 오는 낱말이 자음 'ㄷ'이나 'ㅈ'으로 시작되는 말에 붙고, '불-'은 '불균형, 불공정, 불명예'와 같이 'ㄷ'이나 'ㅈ'으로 시작되는 말 이외의 낱말에 붙습니다.

정리 앞에서 배운 '글자가 같은 낱말 뜻 파악하며 읽기'와 관련하여 다음에 제시된 내용이 맞으면 ○표, 틀리면 ×표 하세요.

모든 낱말은 두 가지 이상의 뜻을 갖고 있어요. ☐

우리말에는 우연히 글자만 같을 뿐 뜻이 서로 다른 낱말이 있어요. ☐

'배(신체의 일부)', '배(운송 수단)', '배(배나무의 열매)'는 우연히 글자가 같을 뿐 뜻이 서로 다른 낱말이에요. ☐

'입'은 '신체의 일부', '사람이 하는 말', '음식을 먹는 사람의 수' 등의 여러 가지 뜻이 있어요. ☐

'눈'은 '신체의 일부', '사물을 보고 판단하는 힘'이란 두 가지 뜻만 가지고 있어요. ☐

두 가지 이상의 뜻을 가진 한 낱말은 국어사전에서 각각 다른 낱말로 풀이되어 있어요. ☐

뜻이 서로 다른 낱말은 국어사전에서 한 낱말 아래에 「1」, 「2」, 「3」…'으로 뜻이 여러 개 풀이되어 있어요. ☐

낱말이 사용된 문맥을 파악하면 낱말의 뜻을 추측할 수 있어요. ☐

글자가 같은 낱말은 문장의 앞뒤 내용을 잘 살펴서 그 뜻을 짐작해야 해요. ☐

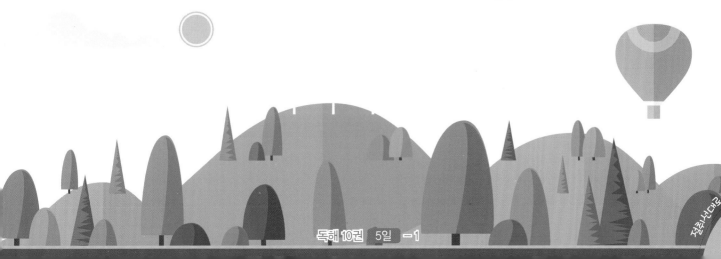

다음 글을 읽고, 물음에 답해 봅시다.

(가) 현존하는 가장 오래된 동물원은 1752년에 설립된 오스트리아 빈의 쇤브룬 동물원입니다. 그 무렵 유럽의 귀족들은 특이한 동물을 가졌다는 것을 자랑으로 여겼지요. 마치 "너희 집에 이런 동물 있니? 나는 갖고 있단다!"라며 특별한 동물로 다른 귀족들의 시선을 사로잡고 싶었던 것입니다. 그래서 진귀한 동식물을 수집해서 자신의 넓은 정원에 전시하기 시작했지요. 너도나도 이런 취미를 갖게 되고 동물들을 훈련해 진기한 서커스까지 시키기에 이르렀지만, 흥행이 극에 달했다가 점점 시시하다고 느끼게 되었습니다. 신기하게 보는 것도 한두 번이지 나중엔 오히려 지겨워지잖아요.

(나) 그래서 독일의 하겐베크는 이동 동물원에   ㉠   까지 전시하기에 이르렀습니다. 그린란드와 태평양 군도와 아프리카 등지에서 토착 원주민들인 '㉡사람 가족'을 데려와 관람객들을 구경시킨 '인간 동물원'을 만든 것입니다. 점점 자극적인 것을 보여 주지 않으면 사람들의 관심이 금방 다른 곳으로 돌아가 버리거든요. 그것이 1870년대의 일입니다.

(다) ㉢인간 동물원의 인간들이 노래하거나 젖 먹이는 모습을 보며 관람객들은 열광했습니다. 저런 미개한 동물들도 ㉣사람 흉내를 낸다고 말이지요. 서로 말이 통하지 않았기 때문에 동물원의 인간들이 무엇을 하는지 행동을 살피며 신기해했답니다. 통역자를 빼고는 원주민들에게 유럽의 말을 못 배우게 하고 현지인과 멀찌감치 떨어져 있도록 했지요. 그래야 공연이 되었으니까요. 당시의 미디어에서는 최고의 교육 기회라고 극찬을 했고 학자들은 전시되었던 사람들을 종족별로 연구해 자료로도 만들어 놓았습니다.

(라) 그런데 인간 동물원은 그리 오래가지 못했습니다. (중략) 저들이 인간이 아니라면 미개한 모습만 보여야 했는데, 우리와 다르지 않은 인간이라는 사실을 깨닫자 왠지 돈을 내고 들어간 것이 아깝다는 생각을 하게 되었지요. 돈이 안 되니 이 사업은 지속될 수 없었고 원주민들도 우리와 다르지 않다는 사실을 자각하고 20세기 중반에야 이런 역사는 막을 내리게 된 것입니다.

(마) 우리나라에도 위와 다르지 않은 동물원이 있습니다. "에잇! 우리나라 동물원은 진짜 동물만 있잖아요! 그거랑 이거랑 어떻게 같아요!" 이렇게 말할 수 있을 것입니다. 그렇다면 그거랑 이거랑 어떻게 같은지 한 번 볼까요?

(바) 우선 같은 점은, 전시된 동물을 우리와는 다른 미개한 종족이라고 여긴다는 점입니다. 또 하나는 미개한 종족이니까 그런 식으로 전시되어도 좋다고 여긴다는 점이고, 그걸 보려고 우리는 돈을 낸다는 점, 그 돈으로 부자가 되는 사람들이 있다는 점 등이 있습니다.

(사) 그렇다면 다른 점도 볼까요? 그때는 스스로 기꺼이 전시되어도 좋다고 여겼던 원주민들이 있었습니다. 그래서 동물원의 관계자와 직접 계약 관계를 맺기도 했지요. 원주민들은 일종의 수입을 챙기고 공연을 했던 셈입니다. 그런데 동물들은 기꺼이 전시되기를 원할까요? 동물들이 돈을 받고 수입을 챙기나요? 그렇지 않습니다. 오히려 동물들은 동물원에서 미쳐 갑니다. 왜냐하면, 본래의 생태 환경에 있어야 하는 동물들을 인간 사회 속에 감금하고 있기 때문이랍니다.

- 이유미, 『10대와 통하는 동물 권리 이야기 - 동물원은 왜 생기게 되었을까?』 중에서

1 ㉠에 들어갈 말로 알맞은 것은 어느 것인가요?

① 귀족   ② 아기   ③ 인간
④ 멸종 위기의 동물   ⑤ 특이하게 생긴 동물

2 ㉡과 ㉣의 뜻을 선으로 바르게 이어 보세요.

「1」 생각할 수 있으며 언어와 도구를 만들어 사용하고 사회를 이루어 사는 존재.

㉡ 사람 •

「2」 일정한 자격이나 인격을 갖춘 존재.

㉣ 사람 •

「3」 인격에서 드러나는 됨됨이나 성질.

3 ㉢의 '인간 동물원'은 어떤 곳을 말하는 것인가요?

① 인간처럼 지능이 높은 동물들을 전시한 곳
② 인간과 동물이 서로 함께 살면서 지내는 곳
③ 인간이 동물 흉내를 내며 동물인 척 하는 곳
④ 인간과 비슷하게 생긴 동물들이 갇혀 있는 곳
⑤ 동물원의 동물처럼 원주민들을 구경할 수 있도록 전시한 곳

4 원주민들에게 유럽의 말을 못 배우게 하고 현지인과 멀찌감치 떨어져 있도록 한 까닭은 무엇일까요?

① 원주민들이 동물원에서 탈출하는 것을 막으려고
② 원주민들이 다른 인간들과 비슷해지는 것을 막으려고
③ 원주민들은 유럽의 말을 배울 능력을 가지고 있지 않아서
④ 원주민들이 유럽의 말을 배우면 돈을 더 요구할 것 같아서
⑤ 원주민들을 도와주려는 유럽인들과 현지인들을 멀리 떼어 놓으려고

5 인간 동물원이 오래가지 못한 까닭은 무엇인가요?

① 동물원에 전시된 인간들의 수명이 짧아서
② 인간 동물원의 입장료가 다른 동물원보다 비싸서
③ 더 특이한 동물들을 전시하는 동물원들이 많아져서
④ 원주민들 스스로 동물원에 전시되는 것을 원하지 않아서
⑤ 원주민들이 자신들과 다르지 않다는 것을 깨닫자 흥미가 떨어져서

6 (바)와 (사)를 읽고, 빈칸에 알맞은 말을 넣어 인간 동물원과 동물원의 차이점과 공통점을 정리해 보세요.

	인간 동물원	동물원
차이점	• 스스로 전시되기를 원하는 원주민들이 있었다. • ☐☐☐ 들은 일종의 ☐☐ 을/를 챙기고 공연을 했다.	• 동물들은 스스로 전시되기를 원하지 않는다. • ☐☐ 들은 수입을 챙기지 않았고, 인간에 의해 ☐☐ 된 것이다.
공통점	• 전시된 대상을 사람과는 다른 ☐☐ 한 종족이라고 여긴다. • 미개하니까 그런 식으로 ☐☐ 되어도 좋다고 여긴다. • 사람들이 ☐ 을/를 내고 구경하고, 그 ☐ 으로 부자가 되는 사람도 있다.	

재미있는 낱말 놀이터

'-자'가 붙는 말

🍎 문장을 잘 읽고, 빈칸에 들어갈 알맞은 낱말을 보기 에서 찾아 쓰세요.

(1) 그 사람은 문화 인류학에 권위 있는 ☐☐ 이다.

뜻: 학문에 능통한 사람. 또는 학문을 연구하는 사람.

(2) 이곳은 ☐☐☐ 외 출입 금지입니다. 들어가지 마십시오.

뜻: 어떤 일에 관련이 있는 사람.

(3) 양국 정상은 ☐☐☐ 가 함께 참석한 가운데, 회담을 시작했다.

뜻: 말이 통하지 않는 사람 사이에서 뜻이 통하도록 말을 옮겨 주는 일을 하는 사람.

보기	기자	학자	관계자	사업자	통역자	투자자

왜 그럴까?

'학자', '관계자', '통역자'와 같은 낱말에 쓰인 '-자'는 일부 낱말 뒤에 붙어 '사람'이라는 뜻을 더하는 낱말입니다. 앞에 붙은 낱말을 통해 어떤 역할이나 일을 하는 사람을 가리키는 낱말인지 확인해 보세요.

2 관점의 차이 파악하기 ❶

　　보통 신문이나 뉴스의 경우 객관적인 정보를 중립적으로 전달하는 매체라고 여길 수 있지만, 실제로 신문이나 인터넷에 실리는 기사나 뉴스 등에는 만든 사람의 관점이 담겨 있습니다. 그날 일어난 여러 사건이나 정보 중에서 중점적으로 보도해야 할 내용을 선택하는 것부터 이미 각 언론사의 관점이 반영된 것이라고 할 수 있지요. 같은 사건을 두고도 서로 다른 관점에서 논평하기도 하고, 관점에 따라 문제를 푸는 해결 방법을 다르게 제시하기도 합니다. 따라서 기사나 뉴스에 나타난 관점의 차이를 살피고, 비판적으로 읽어야만 그 내용을 바르게 판단할 수 있습니다.

　　자, 이제 여러 기사나 뉴스의 관점을 찾고, 그 차이를 비교해 볼까요?

다음 글을 읽고, 물음에 답해 봅시다.

미래 초등학교 학교 신문　　　　　　　　　　　　　　　　　20○○년 9월 16일 금요일

　　지난 9월 14일에 시민 종합 운동장에서 열린 전국 초등학교 육상 경기 대회에서 우리 학교 학생이 준우승을 차지하였습니다. 영광의 준우승을 차지한 사람은 200미터 달리기에 출전한 5학년 김경준 학생입니다. 이는 김경준 학생이 날마다 한 시간 이상씩 연습을 하였기 때문에 가능하였던 일입니다.

　　김경준 학생은 우리 학교 대표 선수로 출전한 지역 육상 대회에서 우승을 차지하여 이번 전국 대회에 출전하게 되었습니다. 비록 우승은 아니지만, 최선을 다한 결과라서 우승 못지않게 의미가 있습니다.

　　더욱이, 우승한 선수와는 0.1초밖에 차이가 나지 않으므로 다음 대회에 다시 도전하여 우승을 기대해도 될 것입니다.

1 이 글의 종류는 무엇인가요?

① 편지　　　　　　　　② 일기　　　　　　　　③ 광고
④ 기사문　　　　　　　⑤ 감상문

2 경준이가 출전한 전국 초등학교 육상 경기 대회는 언제, 어디에서 열렸는지 쓰세요.

　• 언제: _____

　• 어디에서: _____

3 다음 중 이 글을 통해 알 수 있는 내용이 <u>아닌</u> 것은 무엇인가요?

① 김경준 학생은 200미터 달리기에 출전하였다.
② 김경준 학생은 지역 육상 대회에서 우승을 차지했다.
③ 우승한 선수와 준우승한 선수의 기록 차이는 0.1초였다.
④ 김경준 학생이 두 번째 출전한 전국 대회에서 우승을 하였다.
⑤ 전국 초등학교 육상 경기 대회에서 김경준 학생이 준우승을 차지했다.

4 이 글을 쓴 사람의 관점을 생각하며 ㉠에 들어갈 기사의 제목을 쓰세요.

_____

다음 기사를 읽고, 물음에 답해 봅시다.

ㄱ

"과자 포장지를 샀는데 덤으로 안에 과자가 들어 있더라."

제과업체의 과대 포장을 비판한 말이다. 한 소비자 문제 연구소가 과자 포장과 내용물을 비교하여 본 결과, 내용물에 비하여 포장 상자의 크기가 최대 5배나 되는 것으로 나타났다. 이 연구소는 제과업체 과자 20종의 포장 비율을 직접 측정한 결과, 과자의 용량은 포장의 절반에도 못 미쳤다고 밝혔다. 어느 업체의 과자는 포장 상자 부피의 16.8퍼센트에 불과하였다. 이 밖에 빈 공간이 60퍼센트가 넘는 제품도 많았다. 한 관계자는 "과자가 부서지지 않게 한다는 이유로 포장을 부풀리는 사례가 많다. 제과업체의 양심이 필요하다."라고 말하였다.

글쓴이: ○○○ 기자 ○○월 ○○일

5 이 기사에서 제기한 문제는 무엇인가요?

① 과자의 유통 과정 문제　　② 과자 공장의 매연 문제　　③ 과자의 과대 포장 문제
④ 과자 포장의 안전성 문제　　⑤ 과자에 들어가는 재료 문제

6 이 기사에서 제시한 소비자 문제 연구소의 연구 결과에 대한 설명으로 알맞지 <u>않은</u> 것은 무엇인가요?

① 여러 과자의 포장과 용량을 비교한 것이다.
② 과자의 용량은 포장의 절반에도 못 미쳤다.
③ 빈 공간이 60퍼센트가 넘는 제품도 많았다.
④ 제과업체 과자 20종의 포장 비율을 직접 측정하였다.
⑤ 내용물에 비하여 포장 상자의 크기가 평균 5배나 컸다.

7 이 기사에서 한 관계자는 제과업체 쪽에서 과대 포장을 하는 이유를 무엇이라고 말한다고 하였나요?

① 선물하기 좋게 하기 위해서　　　② 과자를 더 많이 넣기 위해서
③ 과자가 부서지지 않게 하기 위해서　　④ 포장지 회사의 매출을 올려 주기 위해서
⑤ 대용량의 과자를 새롭게 선보이기 위해서

8 ㉠에 들어갈 이 기사의 제목으로 알맞은 것에 ○표 하세요.

제과업체의 과자, 과대 포장 점점 심해진다	포장 상자를 사면, 과자 포장 무료로 해 준다	포장 상태에 따라 과자를 선택하는 소비자 점점 늘어
( )	( )	( )

상황에 어울리는 속담 찾기

🍎 그림의 상황과 뜻을 잘 살펴보고, 보기 에서 알맞은 속담을 찾아 (   ) 안에 써 넣으세요.

(   )고, 매일 그렇게 열심히 하더니 경준이가 전국 초등학교 육상 경기 대회에서 준우승을 차지했구나!

뜻: 작은 힘이라도 꾸준히 계속하면 큰일을 이룰 수 있음을 비유적으로 이르는 말.

(   )식으로 소비자를 속일 것이 아니라, 제과업체는 양심에 따라 행동해야 한다.

뜻: 얕은수로 남을 속이려 한다는 말.

(   )라고, 포장을 다 뜯고 보니, 과자는 얼마 안 들었네.

뜻: 겉보기에는 먹음직스러운 빛깔을 띠고 있지만 맛은 없는 개살구라는 뜻으로, 겉만 그럴듯하고 실속이 없는 경우를 비유적으로 이르는 말.

보기

눈 가리고 아웅   빛 좋은 개살구   낙숫물이 댓돌을 뚫는다

왜 그럴까?

'낙숫물이 댓돌을 뚫는다'라는 속담은 '작은 힘이라도 꾸준히 계속하면 큰일을 이룰 수 있다'라는 뜻으로 노력한 사람이 큰일을 이루었을 때 비유적으로 쓸 수 있는 속담입니다. '눈 가리고 아웅'은 상대방이 뻔히 알고 있는 일을 어설프고 얕팍한 행동으로 속이려 할 때 쓸 수 있는 속담입니다. '빛 좋은 개살구'에서 '개살구'는 살구보다 더 샛노란 빛깔이지만, 정작 먹어 보면 시큼털털하여 맛이 없다고 합니다. 이를 빗대어 '빛 좋은 개살구'는 별 볼 일 없이 겉만 번드르르하여 알찬 내용이나 실속이 없을 때 쓸 수 있는 속담입니다.

 다음 기사를 읽고, 물음에 답해 봅시다.

미래 초등학교 학교 신문　　　　　　　　　　　20○○년 9월 20일 화요일

| ㉠ | —제목 |

조회 수 욕심에 그릇된 동영상 제작하는 어린이 늘어, 이용 교육 필요해 —㉡

직접 동영상을 촬영·제작하여 생산하는 초등학생 중에는 인기가 높은 동영상을 모방하여 자극적인 콘텐츠를 만들어 조회수를 올리려고 하는 경우가 있어 대책 마련이 시급하다. ─요약문

초등학생들이 단순히 동영상을 보는 것을 넘어 직접 동영상을 촬영하고, 제작하는 일이 유행처럼 번지고 있다. 그런데 조회수를 올리려는 과도한 욕심으로 인기 있는 동영상을 모방하면서 그 내용이 점차 자극적인 것으로 채워지고 있다. 이에 따라 부모님들의 우려도 커지고 있다.

전문가들은 아이들이 그릇된 콘텐츠를 만들더라도, 무작정 '나쁜 짓'이라고 몰아세워서는 안 된다고 말한다. 윤리적인 고민 없이 단순히 재미있게 만들어 내기 위한 목적으로 그런 행동을 하는 것이기 때문이다. 가정과 학교, 제도적 차원에서의 해결책이 필요한 시점이다.

상담사 최○○은 "연령별 특성에 맞는 이용 교육이 이루어질 수 있도록 하루 빨리 제도가 마련돼야 한다."고 강조했다.　　　　　　　　　　　　　　　　　　　○○○ 기자

─㉢

1 ㉠에 들어갈 기사의 제목으로 가장 알맞은 것에 ○표 하세요.

| 디지털 이용 교육 전문가 활동 기대돼 ☐ | 자극적인 콘텐츠를 제작하는 초등생 증가 ☐ | 동영상 제작업체들 어린이 동영상 제작 부추겨 ☐ |

2 신문 기사를 구성하는 요소 중 ㉡과 ㉢은 무엇에 해당하는지 보기 에서 찾아 쓰세요.

보기　　　　제목　　소제목　　본문　　요약문

• ㉡: _____　　　• ㉢: _____

3 이 기사에 나타난 부모님들의 우려가 무엇인지 (　　) 안에 알맞은 말을 차례대로 쓰세요.

조회 수를 올리려는 과도한 (　　　　　)(으)로 인해 인기 있는 동영상을 (　　　　　)하여 그 내용이 점차 (　　　　　)인 것으로 채워지는 것

다음 뉴스를 읽고, 물음에 답해 봅시다.

척추 옆굽음증 환자 10대 절반 …… 조기 발견 중요

진행자의 도입

허리뼈가 휘는 척추 옆굽음증 환자가 해마다 늘고 있습니다. 이 가운데 절반을 10대가 차지하는데요. 아이들의 성장 발육에 지장을 주기 때문에 일찍 발견하는 게 중요하다고 합니다.

○○○ 기자가 보도합니다.

기자의 보도

열두 살 여자 어린이가 허리를 굽히자 오른쪽 등만 위로 튀어나옵니다. 바로 서면 멀쩡해 보이지만, 엑스레이를 찍어 보면 등뼈가 오른쪽으로 30도나 휘어져 있습니다.

5만 4천 명
20% 증가
4만 5천 명
2006년 2010년

10대 47퍼센트
기타
20대 14퍼센트

자료: 건강보험심사평가원

ⓐ

이런 10대 환자가 지난 5년간 20퍼센트나 늘고, 전체 척추 옆굽음증 환자 가운데 차지하는 비율도 절반에 가까운 것으로 나타났습니다.

면담 자료

○○○(△△대 의대 정형외과 교수): 요새 아이들이 책상에서 많이 보내고 상대적으로 운동하는 시간이 짧다 보니까 허리 근육이나 관절이 약해져서 허리가 휘는 현상이 더 많이 생기는 게 아닌가 …….

기자의 마무리

척추가 옆으로 굽은 증상이 심할 경우에 아이들의 성장에도 방해가 될 수 있어 이른 발견이 무엇보다 중요합니다. □□□ 뉴스 ○○○입니다.

– KBS 한국방송공사, 「뉴스 9」 중에서

4 이 뉴스에서 보도한 내용으로 알맞지 <u>않은</u> 것은 무엇인가요?

① 척추 옆굽음증 환자의 절반이 초등학생이다.

② 10대 척추 옆굽음증 환자가 해마다 늘고 있다.

③ 10대 척추 옆굽음증 환자가 지난 5년간 20퍼센트나 늘었다.

④ 아이들의 척추 옆굽음증 증상은 빨리 발견하는 것이 중요하다.

⑤ 척추가 옆으로 굽은 증상이 심할 경우에 아이들의 성장에 방해가 될 수 있다.

5 이 뉴스를 보도할 때 등장하는 사람이 <u>아닌</u> 것에 ×표 하세요.

전문가	일반 시민	취재 기자	뉴스 진행자
( )	( )	( )	( )

6 ㉠에 들어갈 말로 알맞은 것에 ○표 하세요.

자막	통계 자료	면담 자료	현장 사진
( )	( )	( )	( )

7 **6** 에서 답한 자료를 뉴스에서 보여 주는 까닭은 무엇인가요?

① 뉴스에 재미를 주기 위해서
② 소식을 빨리 전하기 위해서
③ 뉴스에 여러 사람을 등장시키기 위해서
④ 뉴스를 이해하는 데 도움을 주기 위해서
⑤ 뉴스를 보는 사람들에게 긴장감을 주기 위해서

8 다음은 이 뉴스를 보고 텔레비전 뉴스의 짜임에 대해 설명한 것입니다. 빈칸에 들어갈 알맞은 말을 보기 에서 찾아 써 넣으세요.

| 보기 | 도입 | 면담 | 보도 | 통계 | 마무리 | 진행자 |

성미: 텔레비전 뉴스는 '☐☐의 도입 - 기자의 ☐☐ - 기자의 마무리'로 구성돼.

상호: 텔레비전 뉴스에서 '진행자의 ☐☐'은/는 뉴스의 핵심 내용을 요약하여 안내하는 역할을 해.

상희: '기자의 ☐☐'은/는 뉴스 진행자가 안내한 내용을 기자가 자세히 보도하는 역할을 해.

윤우: 텔레비전 뉴스에서 '기자의 보도' 부분에 보는 사람들이 뉴스를 이해하는 데 도움을 주기 위해 일반

　　시민이나 전문가와의 ☐☐ 자료나 ☐☐ 자료가 포함되기도 해.

예송: '기자의 ☐☐☐'는 뉴스 내용을 끝맺는 역할을 해.

9 이 뉴스의 보도 내용과 관점이 잘 드러나는 자막이 <u>아닌</u> 것에 ×표 하세요.

허리 휘는 10대 급증	척추 옆굽음증 환자 10대 절반	쉽게 허리가 튼튼해지는 길, 맨손 체조 열풍 부나
( )	( )	( )

재미있는 낱말 놀이터 — 반대의 의미를 가진 낱말

🍎 서로 반대되는 뜻을 가진 낱말을 찾아 '⟷' 모양의 선으로 이어 보고, 아래에 제시된 기자의 보도 내용에 들어갈 알맞은 낱말을 찾아 빈칸에 써 보세요.

 증가　　 도입　　 포함　　 풍족

 부족　　 마무리　　 감소　　 제외

아프리카 후원 🌐 나눔 운동
희망전화 080-0123-4567
NEW

식량 ☐☐ (으)로 어려움을 겪고 있는 아프리카 아이들을 위한 나눔 운동이 성공적으로 ☐☐☐ 되었습니다. 올해는 작년보다 후원 금액이 ☐☐ 하여 더 많은 아이들에게 따뜻한 온정을 나누어 줄 수 있게 되었습니다. 후원금은 이 자리에 모인 시민들의 성금과 온라인을 통해 모금한 성금이 ☐☐ 되었습니다.

왜 그럴까?
'짧다', '길다'와 같이 그 뜻이 서로 정반대인 관계에 있는 낱말을 '반의어'라고 합니다. 반의어를 생각하며 기사문이나 뉴스를 보면, 그 내용을 더욱 명확하게 이해할 수 있습니다.

2 관점의 차이 파악하기 ❸

| 신문 기사와 뉴스의 특성 알기 | 신문 기사와 뉴스에서 관점이 드러난 표현 찾기 | 신문 기사와 뉴스에서 서로 다른 관점 비교하기 | 공부한 날 | 월 | 일 |

 다음 기사를 읽고, 물음에 답해 봅시다.

가 20○○년 10월 2일, △△ 체육관에서 열린 행복시 초등학교 발야구 경기에서 민국초등학교 발야구팀이 대한초등학교 발야구팀에 8 대 9로 아깝게 패하였습니다. 민국초등학교는 경기 초반에 공격을 모두 성공하며 대한초등학교에게 2점을 앞섰으나, 경기 후반 수비에 실패하여 대한초등학교에게 3점을 내주고 말았습니다. 민국초등학교 발야구팀 주장은 "이번 경기의 실패 원인을 분석하여 다음 경기에서는 반드시 승리하겠다."라고 말했습니다.

나 20○○년 10월 2일, △△체육관에서 열린 행복시 초등학교 발야구 경기에서 대한초등학교 발야구팀이 민국초등학교 발야구팀에 9 대 8로 짜릿한 승리를 거두었습니다. △△체육관에서 열린 행복시 초등학교 발야구 경기에서 대한초등학교는 경기 초반 민국초등학교에게 2점씩 줄곧 뒤지고 있었습니다. 그러나 대한초등학교 발야구팀은 끝까지 포기하지 않고 끈질기게 민국초등학교를 따라붙었고, 경기 후반에 공격에 성공하며 극적인 역전승을 거둘 수 있었습니다. 대한초등학교 발야구팀 주장은 "다음 경기에도 최선을 다하여 멋진 경기를 펼치겠다."라며 앞으로의 계획을 밝혔습니다.

1 **가**와 **나** 기사문은 각각 누구의 입장에서 쓴 것인지 선으로 바르게 이어 보세요.

(1) **가** 기사문 • • 대한초등학교 발야구팀

(2) **나** 기사문 • • 민국초등학교 발야구팀

2 **가** 기사문에서 글쓴이의 관점을 알 수 있는 표현은 무엇인가요?

① 20○○년 10월 2일 ② △△ 체육관에서 열린 ③ 발야구 경기에서
④ 경기 초반에 ⑤ 아깝게 패하였습니다.

3 **나** 기사문의 관점을 알 수 있는 표현은 무엇인가요? (정답 2개)

① 9 대 8로 ② 짜릿한 승리를 거두었습니다.
③ 줄곧 뒤지고 있었습니다. ④ 대한초등학교 발야구팀 주장은
⑤ 극적인 역전승을 거둘 수 있었습니다.

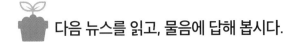 다음 뉴스를 읽고, 물음에 답해 봅시다.

가 행복 방송사 - 행복시 어린이 도서관 이용자 중심으로 새롭게 태어나다

진행자의 도입　행복시 어린이 도서관이 그동안의 공사를 마치고 다시 문을 열었습니다. 이번 공사로 낡고 오래된 기존 도서관은 이용자 중심의 도서관으로 새롭게 태어났습니다. △△△ 기자가 보도합니다.

기자의 보도

영하 10도 아래로 떨어진 추운 날씨에도 불구하고 ⊙무려 200명이나 되는 시민이 행복시 어린이 도서관 재개관을 축하하기 위하여 모였습니다. 제 뒤에 있는 건물이 바로 새롭게 단장한 행복시 어린이 도서관입니다. 1층부터 3층까지 낡고 오래되어 소리가 나는 시설물들을 새로이 교체하는 한편, 어린이들이 책을 쉽게 찾을 수 있도록 서가의 높이와 위치를 조정하였고 디자인도 아름답게 바꾸어 미적인 측면도 강화하였습니다. 1층 가족실의 규모도 대폭 확대하였고 서가 정리 방식도 주제별 표기를 함께 써서 이용자의 편의를 높였습니다.

면담 자료

□□□ (행복시 관계자): 기존보다 열람실 좌석 수가 줄어든 문제점은 앞으로 예산이 확보되는 대로 검토하겠습니다. 가족실을 확대하여 더 많은 시민들이 도서관을 편리하게 이용할 수 있을 것입니다.

기자의 마무리　행복시 어린이 도서관에서는 이달 말까지 재개관을 기념하여 영화 상영, 어린이 풍선 아트 체험 등 다양한 행사가 열립니다. 행복시 어린이 도서관 누리집에서 행사 참가 신청서를 내려받아 제출하면 누구나 참가 가능합니다. 행복 뉴스 △△△입니다.

나 희망 방송사 - 　　　　　　⑦

진행자의 도입　행복시 어린이 도서관이 시설 재배치 공사를 마치고 다시 문을 열었다는 소식입니다. 그런데 일부 시민들은 추가 공사를 해야 한다며 강하게 주장하고 있습니다. ○○○ 기자가 보도합니다.

기자의 보도

어린이 도서관 재개관을 축하하기 위하여 ⓒ200명 남짓한 시민이 모였습니다. 가족 독서 문화를 장려하기 위해 1층에 있는 가족실이 확대되었고 중앙 도서관 서가의 높이와 위치도 이용자의 편의를 위해 조정되었습니다. 그러나 이번 공사를 통해 칸막이 열람실이 모두 없어지고 좌석 수도 200석이나 줄어들어 도서관 열람실을 이용하던 시민들이 불편을 호소하며 반발하고 있습니다.

면담 자료

◇◇◇ (행복시 시민): 열람실 좌석 확대는 시민들이 계속 요구해 온 것인데 시에서 이를 반영하지 않았습니다. 좌석이 부족해 앞으로 많은 이용자들이 어려움을 겪을 것 같습니다.

기자의 마무리　열람실 확대를 요구해 온 시민들은 도서관 열람실 확장 공사를 위한 추가 예산 편성을 계속 요구할 예정이라고 밝혔습니다. 희망 뉴스 ○○○입니다.

4 행복 방송사와 희망 방송사에서 공통적으로 보도하는 내용은 무엇인가요?

① 어린이날 행사 ② 도서 대출 방법 ③ 도서관 공사 과정
④ 어린이 도서관 재개관 ⑤ 어린이 도서관 누리집

5 가의 행복 방송사에서 보도한 내용이 <u>아닌</u> 것은 무엇인가요?

① 서가의 높이와 위치 조정
② 계속된 시민들의 열람실 좌석 확대 요구
③ 낡고 오래되어 소리가 나던 시설물 새로 교체
④ 어린이 도서관에서 여는 행사에 참가하는 방법
⑤ 영화 상영, 어린이 풍선 아트 체험 등 어린이 도서관에서 열리고 있는 행사 소개

6 나의 희망 방송사에서 면담한 사람은 누구인가요?

① 건축가 ② 도서관장 ③ 일반 시민
④ 시 관계자 ⑤ 공사업체 관계자

7 ㉮에 들어갈 희망 방송사 뉴스에 어울리는 자막으로 알맞은 것은 무엇인가요?

① 행복시 어린이 도서관 성황리에 재개관
② 행복시 어린이 도서관 이용자 중심 설계
③ 행복시 어린이 도서관 다양한 재개관 기념 행사 열려
④ 행복시 어린이 도서관 재개관 행사, 수많은 시민 참여
⑤ 행복시 어린이 도서관, 시민들의 요구를 미반영한 채 재개관

8 행복 방송사와 희망 방송사에서 각각 사용한 표현인 ㉠과 ㉡에 담긴 생각을 선으로 바르게 이어 보세요.

뉴스의 표현		표현에 담긴 생각
㉠ 무려 200명이나 되는 시민	• •	참석한 사람이 예상보다 적었다.
㉡ 200명 남짓한 시민	• •	참석한 사람이 예상보다 많았다.

9 행복 방송사와 희망 방송사의 관점을 알 수 있는 표현을 보기 에서 찾아 번호를 쓰세요.

• 행복 방송사: _____   • 희망 방송사: _____

> 보기
> (1) 열람실, 좌석, 가족실, 주제별   (2) 불편, 반발, 부족, 어려움
> (3) 도서관, 공사, 높이, 열람실   (4) 새롭게, 강화, 편의, 편리

'역-'이 붙는 낱말

재미있는 낱말 놀이터

🍎 그림을 잘 살펴보고, 밑줄 친 낱말의 뜻을 선으로 바르게 이어 보세요.

| 우리 팀이 짜릿한 역전승을 거두었다. | 상대 팀의 홈런으로 인해 역전패했다. | 기차 여행을 할 때 역방향 좌석에 앉았다. | 좋은 음식도 너무 많이 먹으면 역효과를 가져온다. |

| 기대한 것과 반대되는 효과. | 일정한 방향에 대하여 그와 반대되는 방향. | 경기 등에서 지고 있다가 형세가 뒤바뀌어 이김. | 경기 등에서 이기고 있다가 형세가 뒤바뀌어 짐. |

왜 그럴까?

운동 경기 결과에 대한 뉴스나 기사를 보면, '짜릿한 역전승', '아쉬운 역전패'와 같이 '역-'이 붙은 낱말이 나옵니다. 이때 '역(逆_거스를 역)-'은 일부 낱말 앞에 붙어서 '반대되는' 또는 '차례나 방법이 뒤바뀐'의 뜻을 더하는 낱말입니다. '역-'이 붙은 낱말의 뜻을 잘 살펴보고, 상황에 맞게 쓰도록 합니다.

읽기 목표

2 관점의 차이 파악하기 ❹

신문 기사와 뉴스의
특성 알기

신문 기사와 뉴스에서
관점이 드러난 표현 찾기

신문 기사와 뉴스에서
서로 다른 관점 비교하기

공부한 날   월   일

 다음 기사를 읽고, 물음에 답해 봅시다.

가 성황리에 마친 알뜰 장터

지난 10월 15일, 미소초등학교 운동장에서 알뜰 장터가 열렸다. 학부모들과 학생들이 불우 이웃을 돕기 위하여 마련한 행사였다. 이 행사에는 함께 뜻을 모은 마을 주민들이 필요한 물건을 사러 왔고, 그 결과 물건이 모두 팔리며 알뜰 장터는 성공적으로 마무리되었다. 이날 모인 알뜰 장터 수익금은 불우 이웃을 돕는 단체에 전액 기부될 예정이다. 미소초등학교 전교 회장 김지영 학생은 "우리가 모은 정성이 불우 이웃에게 희망이 될 수 있다는 생각에 기쁜 마음으로 준비했습니다. 장터 물건이 모두 팔려 더욱 행복합니다."라고 말했다.

나 숙제 남긴 알뜰 장터

지난 10월 15일 미소초등학교 운동장에서 알뜰 장터가 열렸다. 이번 행사는 학부모들과 학생들이 불우 이웃을 돕기 위하여 마련하였으며 많은 이들이 참가하였다. 내놓은 물건은 모두 팔렸으나 특정 장소에 사람들이 한꺼번에 모이게 되면서 일부 사람들이 밀려 넘어지는 사고도 있었다. 이번 행사는 질서 유지 도우미들의 수가 많이 부족했고, 장터를 찾은 주민들의 질서 의식이 미숙했다. 또한 행사가 끝난 뒤 쓰레기를 치우느라 학생들의 귀가 시간이 늦어지기도 했다. 불우 이웃을 위해 마련된 알뜰 장터가 향후 더 나은 행사로 진행되려면 이번에 아쉬웠던 부분을 해결할 필요가 있다.

1 가와 나 기사의 관점이 드러나는 표현을 찾아 선으로 바르게 이어 보세요.

가   나

| 행복 | 사고 | 부족 | 미숙 | 성황리 | 성공적 |

2 다음 내용은 가와 나 중, 어떤 기사에 대한 내용을 쓴 것인지 기호를 쓰세요.

| 알뜰 장터에 대하여 부정적인 관점에서 쓴 기사이다. | 알뜰 장터에 대하여 긍정적인 관점에서 쓴 기사이다. |

다음 뉴스를 읽고, 물음에 답해 봅시다.

가 꿈의 북극 항로, 개척의 닻 올린다

진행자: 꿈의 항로로 불리는 북극 항로가 과연 열릴 수 있을까요? 최근 지구 온난화에 따른 해빙으로 5~10년 사이에 북극 항로가 열릴 것으로 예상되면서 다시 주목을 받고 있습니다. 보도에 ○○○ 기자입니다.

기자: 최근 민간 기업에 이어 정부도 북극 항로 추진에 적극적으로 나선다는 방침이어서 관심이 급격히 고조되고 있습니다. 북극 항로가 열릴 경우, 부산-로테르담 항로는 기존 부산-수에즈 운하-로테르담 간의 항로인 2만  100킬로미터 구간(24일 소요)에 비하여 부산-북극해-로테르담 간의 항로는 1만 2,700킬로미터(14일 소요)로 크게 단축됩니다. 운항 기간이 크게

부산 – 로테르담 항로 비교

단축되는 만큼 화물을 인도받는 기간이 짧아지고 물류비용도 대폭 줄어듭니다. 정부와 업계가 공통으로 북극 항로에 관심을 가지는 것도 이 항로로 인한 경제적 이익 때문입니다.

그러나 국토해양부는 단기간에 북극 항로 개척을 기대하는 것은 성급한 일이라며 중·장기적 사업을 설정하고 추진하겠다는 입장입니다. 상선 업계의 이익을 대변하는 한국선주협회도 "북극 항로가 경제성이 돋보이는 것은 사실이지만 선박 안전 대책이 먼저 확보되어야 한다."라는 반응을 보였습니다.
　　　　　　　　　　　　　　　　　　　　　　　　- 이주환, 송영신, 「부산 일보」 2008년 3월 17일자 기사

나 북극 항로 개척, 좋은 일만은 아니야

진행자: 북극해의 빙하가 빠르게 녹아내리면서 유럽과 아시아를 오갈 수 있는 북극 항로가 열리고 있다고 합니다. 북극 항로가 열린 것이 꼭 좋기만 할까요? 보도에 ○  ○○ 기자입니다.

기자: 지난 7월 영국 『파이낸셜타임스』는 북극해의 빙하가 빠르게 녹아 내리면서 유럽과 아시아를 오갈 수 있는 북극 항로가 열리고 있다고 보도하였습니다. ⓐ과거에 북극 항로가 완전히 열렸을 때는 2007년

북극 항로 개척, 좋은 일만은 아니야

으로, 빙하 면적이 가장 많이 줄어들었던 시기입니다. 전문가들은 빙하가 계속 줄어들고 있으며, 2037년에 이르면 북극의 빙하는 사라질 것이라고 예상하고 있습니다.

이런 상황에 대하여 걱정은커녕 쾌재를 부르는 이들도 있습니다. 미국지질조사국이 최근 캐나다와 덴마크, 러시아 등 외국 과학자들과 공동으로 ⓑ연구한 결과 보고에 따르면, 북극해에 매장되어 있는 석유가 전 세계의 약 13%, 천연가스는 전 세계의 약 30%에 달할 것이라고 합니다. 이에 따라 많은 국가와 기업이 북극 항로의 경제적 가치를 따져 보고 있습니다.

그러나 지구 온난화로 인한 ⓒ피해도 매우 클 것으로 예상됩니다. 지금도 북극 지역 야생 동물인 북극곰과 물개, 바다표범 등은 ⓓ멸종 위기에 처해 있습니다. 이들의 생존이 어렵게 되면 그 지역 원주민들의 삶도 함께 ⓔ힘들어질 수밖에 없습니다.

세계자연기금은 북극의 얼음이 모두 녹아 버리면 바닷물 수위가 높아져 지구촌 인구의 4분의 1이 홍수 피해를 입게 될 것이라고 경고하였습니다.
　　　　　　　　　　　　　　　　　　　　　　　　- 조명희, 「뉴스 한국」 2009년 9월 3일자 기사

3 🗾 뉴스에서 보도하는 내용이 **아닌** 것은 무엇인가요?

① 민간 기업과 정부가 북극 항로 추진에 나설 예정이다.
② 정부는 단기적으로 북극 항로 개척을 추진할 예정이다.
③ 북극 항로 추진 시 운항 기간이 짧아지고 물류비용이 줄어든다.
④ 한국선주협회는 선박 안전 대책이 먼저 확보되어야 한다는 입장이다.
⑤ 지구 온난화에 따른 해빙으로 5~10년 사이에 북극 항로가 열릴 것이다.

4 🗾 뉴스의 관점을 알 수 있는 표현을 **잘못** 말한 친구는 누구인지 쓰세요.

> **현수:** 뉴스 제목에 나온 '꿈', '닻 올린다'와 같은 표현에서 희망에 찬 느낌과 기대감이 느껴져.

> **정연:** '꿈', '단축', '이익'과 같은 밝고 긍정적인 표현을 사용하였어.

> **강혁:** 자연 보호 단체 사람들을 면담하여 환경 파괴에 대해 경고하는 표현을 사용하였어.

(   )

5 🗾 뉴스에서 보도한 내용으로 알맞은 것은 어느 것인가요?

① 2027년 북극의 빙하가 완전히 사라질 것이다.
② 남극해의 빙하가 녹아내리면서 남극 항로가 열리고 있다.
③ 북극 지역 야생 동물이 멸종되어도 그 지역 원주민들은 생존이 가능하다.
④ 북극의 얼음이 모두 녹아 버리면 지구촌 인구의 4분의 1은 홍수를 피할 수 있다.
⑤ 항로로 인한 경제적 이익을 기대하는 업계에서는 북극 항로가 열리는 것을 반기고 있다.

6 ㉠~㉤ 중에서 🗾 뉴스의 보도 관점이 잘 드러난 표현을 모두 고르세요. (정답 3개)

① ㉠   ② ㉡   ③ ㉢   ④ ㉣   ⑤ ㉤

7 다음은 북극 항로 개척에 대한 🗾 뉴스와 🗾 뉴스의 관점을 정리한 것입니다. 빈칸에 들어갈 말로 알맞은 말을 보기 에서 찾아 쓰세요.

보기	긍정적	부정적	희망적	이상하게	걱정스럽게

🗾 뉴스의 관점: (   ), (   )(으)로 보는 관점
🗾 뉴스의 관점: (   ), (   ) 보는 관점

8 텔레비전 뉴스에서 관점을 찾는 방법에 대해 <u>잘못</u> 말한 친구는 누구인지 쓰세요.

> 경애: 어떤 느낌의 표현을 주로 사용하였는지 살펴봐야 해.
> 수혁: 면담 대상자가 어떤 태도를 취하고 있는지 살펴봐야 해.
> 영미: 뉴스 자막에서 강조하는 내용이 무엇인지 주의 깊게 살펴봐야 해.
> 대호: 문화 관련 뉴스는 긍정적인 표현만, 사회 관련 뉴스는 부정적인 표현만 살펴봐야 해.

(   )

'은커녕'과 '는커녕' 중 무엇을 쓸까?

🍎 제시된 상황을 설명하는 문장을 잘 읽고, 빈칸에 '은커녕' 또는 '는커녕' 중 알맞은 말을 써 넣으세요.

(1) 목이 아파서 죽(　　　　) 물도 삼키기 힘들다.

(2) 돈을 다 써서, 천 원(　　　　) 백 원도 없다.

(3) 오랜만에 만난 친구는 인사(　　　　) 알은체도 하지 않고 지나갔다.

(4) 형은 청소를 도와주기(　　　　) 방해를 하는 것 같았다.

왜 그럴까?

'이런 상황에 대하여 걱정<u>은커녕</u> 쾌재를 부르는 이들도 있습니다.'에서 '은커녕'은 앞말을 지정하여 어떤 사실을 부정하는 뜻을 나타냅니다. 앞말에 받침 있는 낱말이 올 경우에는 '은커녕'을, 받침이 없는 낱말이 올 경우에는 '는커녕'을 붙여 씁니다.

2 관점의 차이 파악하기 ❺

신문 기사와 뉴스의 특성 알기 | 신문 기사와 뉴스에서 관점이 드러난 표현 찾기 | 신문 기사와 뉴스에서 서로 다른 관점 비교하기

공부한 날 　월　일

 다음 기사를 읽고, 물음에 답해 봅시다.

가 사랑과 우정 전하는 다양한 행사 열려

　다가올 11월 기념일을 맞아 여러 제과 회사에서는 사랑과 우정을 전하는 행사를 기획하고 있다. 휴대 전화 문자나 메신저 등에 익숙해져 직접 마음을 전하는 방법에 어려움을 느꼈던 사람들에게 부담 없는 가격의 과자를 나누며 마음을 전하자는 것이다.

　□□ 제과 회사는 누리집에 댓글을 달면 친구에게 과자 쿠폰을 보내 주는 행사를 마련했다. □□ 제과 회사 관계자는 "가까운 이들에게 과자를 나눠 주며 마음을 전하면 삭막한 일상에 작은 활력을 되찾는 기회가 될 것이다."라고 밝혔다. 한편, △△ 제과 회사는 과자를 사고 친구와 사진을 찍어 누리집에 올리면 추첨을 통해 놀이공원 이용권을 제공하는 행사를 마련했다. △△ 제과 회사 관계자는 "친구와 과자를 주고받으며 평소 표현하지 못했던 마음을 자연스럽게 전하는 날이 되기를 기대한다."라고 말했다.

나 청소년들 절반 이상 "각종 기념일 부담스러워"

　청소년들의 과반수가 밸런타인데이, 화이트데이 등 각종 기념일을 부담스럽게 여기는 것으로 조사됐다. ○○ 청소년 상담 센터에서 전국 초중고 학생 500명을 대상으로 '기념일에 느끼는 부담'에 대해 설문 조사를 실시한 결과 학생들의 60퍼센트가 각종 기념일이 다가올 때마다 부담을 느끼고 있다고 대답하였다. 부담을 느끼는 원인으로는 '용돈 부족'이라는 답변이 가장 많이 나왔고, '친구들로부터 소외되는 문제'가 두 번째로 나왔다. 설문 조사를 진행한 ○○ 청소년 상담 센터 대표는 "마음을 전하는 데에 특정 상품을 사용하자는 기업의 과도한 홍보 전략에 청소년들이 멍든다."라고 말했다.

1 가와 나 기사에서 각각 누구의 면담 자료를 실었는지 찾아 쓰세요.

· 가 : ＿＿＿＿＿＿＿＿＿＿＿　　· 나 : ＿＿＿＿＿＿＿＿＿＿＿

2 가와 나 기사의 관점을 알 수 있는 표현과 각 기사의 관점을 찾아 선으로 바르게 이어 보세요.

가 ·　· 부담, 부족, 소외, 과도한, 멍든다. ·　· 기념일을 찬성하는 관점

나 ·　· 사랑, 우정, 활력, 기회, 기대한다. ·　· 기념일을 반대하는 관점

다음 뉴스를 읽고, 물음에 답해 봅시다.

가 ⟨㉮⟩

진행자의 도입

　스마트폰에서 가능했던 음성 인식 기술과 인공 지능 기술이 합쳐져 사용자가 말로 명령하면 명령을 수행하는 인공 지능 비서 서비스가 주목받고 있습니다. 보도에 ○○○ 기자입니다.

기자의 보도

　"음악을 틀어 줘."라고 말로 명령을 내리면 인공 지능 비서가 음악을 틀어 줍니다. 날씨를 알려 주거나, 피자를 주문해 주기도 합니다. 인공 지능 비서 서비스를 통해 텔레비전, 에어컨과 같은 가전 기기를 제어할 뿐만 아니라 스마트폰과 연동하여 일정 관리도 해 줍니다.

면담 자료

사용자 김○○: 버튼을 누르지 않고 말만 하면 집안의 가전 기기를 간편하게 제어할 수 있어서 편리해요.

기술자 정○○: 현재 또박또박 발음해야만 명령을 인식하는 등의 기술적 한계가 있지만, 데이터베이스를 축적하면 이 문제를 해결하는 것은 시간문제라고 생각합니다. 앞으로 인공 지능 기술은 더욱 진화할 것입니다.

기자의 마무리　　향후 인공 지능 비서 서비스는 금융, 의료, 교육 등 모든 분야를 관리해 주는 개인 비서 역할을 톡톡히 해낼 것으로 기대됩니다.

나 ⟨㉯⟩

진행자의 도입

　한 소셜 네트워크 서비스 업체의 개인 정보 유출 파문이 커지는 가운데 폭발적인 ㉠속도로 늘어나고 있는 인공 지능 비서 서비스의 개인 정보 보안 신뢰성에 대한 소비자들의 ㉡의문 또한 커지고 있습니다. 보도에 ○○○ 기자입니다.

기자의 보도

　말만 하면 알아서 척척 다 해 주는 인공 지능 비서 기술을 이용해 사용자가 내린 명령이나 이용 내역을 통해 관심사를 파악하고 이를 광고에 이용할 수 있는 기술이 개발 중입니다. 특정 낱말을 쓸 경우 경고 메시지를 보내는 ㉢기능도 있습니다.

면담 자료

비영리 소비자 단체 대표 윤○○: 최근 개발되고 있는 기술 중에는 인공 지능 서비스가 감시 시스템이 되는 것이 아닌가 하는 걱정이 듭니다.

기자의 마무리　　서비스 제공 업체는 이용자의 명령 내역은 저장되지 않는다고 설명하지만 인공 지능 비서가 개인 정보를 악용할 가능성에 대한 ㉣우려가 점점 커지고 있습니다. 전문가들은 편리한 기술을 개인 정보가 유출될 우려 없이 안심하고 이용할 수 있는 대책 마련이 시급하다고 ㉤입을 모읍니다.

3 가와 나 뉴스에서 공통적으로 보도하고 있는 것은 무엇인가요?

① 가상현실 　　　② 스마트폰 　　　③ 가전 기기
④ 소셜 네트워크 　　　⑤ 인공 지능 비서 서비스

4 가 뉴스에서 보도한 내용이 <u>아닌</u> 것은 무엇인가요?

① 인공 지능 비서가 일정 관리도 해 준다.
② 인공 지능 기술은 앞으로 더욱 진화할 것이다.
③ 인공 지능 비서는 음악을 틀고, 피자를 주문해 줄 수도 있다.
④ 인공 지능 비서 서비스로 텔레비전, 에어컨과 같은 가전 기기를 제어할 수 있다.
⑤ 인공 지능 비서 서비스는 또박또박 발음하지 않아도 음성을 인식하는 수준까지 발달했다.

5 ㉠~㉤ 중, 나 뉴스의 관점을 알 수 있는 표현을 모두 고르세요. (정답 2개)

① ㉠ 　　　② ㉡ 　　　③ ㉢ 　　　④ ㉣ 　　　⑤ ㉤

6 ㉮와 ㉯에 들어갈 뉴스의 제목으로 알맞은 것을 골라 번호를 쓰세요.

• ㉮: _____ 　　　• ㉯: _____

(1) 당신의 인공 지능 비서, 믿을 수 있습니까?
(2) 말만 하면 척척, 스스로 진화하는 인공 지능 비서
(3) 마음을 읽는 인공 지능 비서, 뇌 신호 전달 기술 도입
(4) 소셜 네트워크 서비스 업체의 개인 정보 유출 파문 일파만파

7 다음은 뉴스를 본 사람들의 생각을 정리한 것입니다. 각각 가와 나 중 어떤 뉴스를 보고 나서 한 생각인지 기호를 쓰세요.

(1) 개인 정보 보안 문제가 해결될 때까지 인공 지능 서비스를 이용하는 것은 더 고민해 봐야겠군. ·················(　　　)

(2) 인공 지능 비서 서비스로 정말 많은 것을 할 수 있어 편리하겠구나. 나도 이용해 보고 싶은 생각이 드는 걸. ·················(　　　)

8 '인공 지능 비서' 문제에 대한 가와 나 뉴스의 관점 차이를 바르게 비교한 친구는 누구인지 ○표 하세요.

> 혁이: 가 뉴스는 인공 지능 비서 서비스를 긍정적 관점에서 소개하고 있고, 나 뉴스는 인공 지능 비서 서비스를 부정적인 관점에서 소개하고 있습니다.

(   )

> 별이: 가 뉴스는 인공 지능 비서 도입을 반대하는 관점이고, 나 뉴스는 인공 지능 비서의 편리함을 소개하며 찬성하는 관점입니다.

(   )

 재미있는 낱말 놀이터

우리말로 다듬기

🍎 외국에서 들어온 다음 낱말들과 바꾸어 쓸 수 있는 우리말을 찾아 선으로 바르게 이어 보세요.

버튼	스마트폰	쿠폰	소셜 네트워크 서비스(SNS)

교환권	똑똑(손)전화	누름 쇠	누리 소통망 서비스
어떠한 서비스나 상품을 무료로 제공받을 수 있는 표.	휴대 전화에 컴퓨터의 여러 기능을 추가한 지능형 단말기.	전기 장치에 전류를 끊거나 이어 주거나 하며 기기를 조작하는 장치.	다른 사람들과 교류할 수 있도록 응용 프로그램이나 누리집 등을 관리하는 서비스.

왜 그럴까?

'사이버 공간에서 활동하는 사람'을 뜻하는 '네티즌'은 '누리꾼', '인터넷에 오른 원문에 대하여 짧막하게 답하여 올리는 글'을 뜻하는 '리플'은 '댓글'이라는 우리말로 바꾸어 쓰듯이, '소셜 네트워크 서비스(SNS)'와 같이 낯선 외래어를 우리말로 바꾸어 쓰면 낱말을 보다 쉽게 이해할 수 있고, 아름다운 우리말도 지킬 수 있습니다. 여러분도 일상생활에서 자주 사용하는 외래어를 우리말로 바꿔 써 보세요.

읽기 목표

2 관점의 차이 파악하기 ⑥

신문 기사와 뉴스의 특성 알기

신문 기사와 뉴스에서 관점이 드러난 표현 찾기

신문 기사와 뉴스에서 서로 다른 관점 비교하기

공부한 날 월 일

 정리 앞에서 배운 신문 기사와 뉴스에 드러난 '관점의 차이 파악하기'와 관련하여 다음에 제시된 내용이 맞으면 ○표, 틀리면 ×표 하세요.

기사문은 제목, 소제목, 요약문, 본문의 짜임으로 구성되어 있어요.

텔레비전 뉴스는 '기자의 보도 - 진행자의 도입 - 기자의 마무리' 순서로 구성돼요.

텔레비전 뉴스에서 진행자는 먼저 뉴스의 핵심 내용을 요약하여 안내하는 역할을 해요.

텔레비전 뉴스에서 기자는 자세한 내용을 보도하고 뉴스를 마무리하는 역할을 해요.

신문 기사나 텔레비전 뉴스에서 제시하는 면담 자료나 통계 자료는 보는 사람들이 내용을 이해하는 데 도움을 주기 위해 사용돼요.

중요한 뉴스의 경우 방송사마다 판단하는 기준이나 뉴스의 보도 순서가 모두 같아요.

신문 기사, 텔레비전 뉴스에 반영된 관점을 찾을 때에는 어떤 사람의 의견을 주로 취재하였는지도 살펴봐야 해요.

뉴스에 반영된 관점을 찾을 때, 문화 관련 내용은 긍정적 느낌의 표현을 찾고, 사회 관련 내용은 부정적 느낌의 표현을 찾아야 해요.

신문 기사나 텔레비전 뉴스에 반영된 관점을 찾을 때에는 제목에서 강조하는 내용을 주의 깊게 살펴봐야 해요.

가 전교생 아침 운동으로 학교 폭력 없는 즐거운 학교를 만들어요.
대한초등학교 아침 운동, 학교 폭력 감소 효과

진행자의 도입　연이어 발생하는 학교 폭력 소식에 학부모들이 불안에 떠는 요즈음, 아침 운동을 실시하여 학교 폭력을 줄인 학교가 있어 화제입니다. 보도에 권○○기자입니다.

기자의 보도　대한초등학교는 아이들 사이의 사소한 다툼이나 갈등이 학교 폭력으로 커지는 원인이 아이들에게 공부만 강요하고 마음껏 뛰어놀지 못하게 한 데 있다고 보았습니다. 그래서 3년 전부터 전교생에게 아침 운동을 권장하였고, 자율 참여임에도 불구하고 지금은 95퍼센트 이상의 학생들이 피구, 발야구, 줄넘기 등 다양한 종목을 골라 활발하게 참여하고 있습니다.

면담 자료

대한초등학교 교무 부장 박○○ 교사: 아이들이 아침 운동을 하면 에너지를 발산할 수 있는 기회가 됩니다. 또, 아침 운동을 하는 것은 규칙을 준수하는 습관을 몸에 익히게 해 주고, 아이들이 친구들과 서로에 대한 이해의 폭을 넓히는 계기가 되는 등 긍정적인 효과가 있습니다. 실제로 대한초등학교의 학교 폭력 발생 건수는 전교생 아침 운동을 시작한 이래로 줄곧 줄어들어 3년 전과 비교했을 때 10퍼센트 이상 감소하였습니다.

기자의 마무리　늘 뛰어놀고 싶어 하는 아이들의 욕구를 해소해 주면 불필요한 다툼이나 싸움이 일어나지 않는다고 합니다. 학교 폭력을 해결하고자 고민한 초등학교의 노력이 조금씩 빛을 발하고 있습니다. 희망 뉴스 권○○ 기자입니다.

나

⊙ 학교 폭력, 학교 전담 경찰관과 함께 해결해요
ⓛ 학교 전담 경찰관 활동 범위 확대

ⓒ 심각해져 가는 학교 폭력 문제를 해결하기 위해 도입된 학교 전담 경찰관의 활동이 앞으로 더욱 활발해질 것으로 보인다. 경찰은 앞으로 대안 학교 및 위기 청소년 관리, 청소년 사각지대까지 학교 전담 경찰관의 활동 범위를 확대할 계획이라고 밝혔다.

2011년 대구 중학생 학교 폭력 피해 사건을 계기로 탄생한 학교 전담 경찰관 제도는 점차 확대되어 현재 전국 모든 학교에 학교 전담 경찰관이 배치되어 활동하고 있다.

그간 학교 전담 경찰관은 학교 폭력이 없는 안전한 학교를 만들기 위해 등하굣길 순찰, 범죄 예방 교육, 학교 폭력 예방 연극 등의 활동을 전개해 왔다. 앞으로는 폭력 모임, 범죄에 노출될 우려가 있는 위기 청소년 관리까지 활동 범위를 더욱 확대할 예정이다.

ⓒ 학교 전담 경찰관 제도 도입 이후 학교 폭력 피해를 입었다는 학생의 비율은 실제로 갈수록 낮아지고 있어 도입 효과가 매우 긍정적이라는 평가를 받고 있다. 학교 전담 경찰관 이○○ 씨는 "갈수록 다양한 양상을 보이는 학교 폭력 문제를 학교에서 모두 맡아 해결하는 것보다 학교 전담 경찰관과 함께 여러 각도에서 바라보고 학교 안팎으로 협조, 지원하는 시스템이 자리잡을 수 있도록 하는 것이 필요하다."라고 말했다.

1 가 뉴스 내용을 시청자에게 직접 전달하는 역할을 하는 사람은 누구인가요? (정답 2개)

① 기자　　　　　　　② 진행자　　　　　　　③ 촬영 기사

④ 방송 작가　　　　　⑤ 방송사 사장

2 가 뉴스에서 보도한 내용이 <u>아닌</u> 것은 무엇인가요?

① 대한초등학교는 3년 전부터 전교생에게 아침 운동을 권장하였다.
② 대한초등학교의 95퍼센트 이상의 학생들이 아침 운동에 참가한다.
③ 대한초등학교의 학생들은 의무가 아닌 자율적으로 아침 운동에 참여한다.
④ 대한초등학교의 학교 폭력 발생 건수가 3년 전보다 10퍼센트 이상 감소하였다.
⑤ 대한초등학교 학생들은 아침 운동으로 피구와 발야구 중 하나를 선택할 수 있다.

3 나 기사에서 ㉠~㉣은 기사문의 짜임 중 각각 무엇에 해당하는지 선으로 바르게 이어 보세요.

㉠　•　　　　　•　제목

㉡　•　　　　　•　본문

㉢　•　　　　　•　소제목

㉣　•　　　　　•　요약문

4 나 기사에서 보도한 내용이 <u>아닌</u> 것은 무엇인가요?

① 앞으로 학교 전담 경찰관의 활동 범위가 더욱 확대될 예정이다.
② 현재 일부 지역 학교에서만 학교 전담 경찰관이 배치되어 활동하고 있다.
③ 학교 전담 경찰관은 범죄 예방 교육, 학교 폭력 예방 연극 등의 활동을 전개해 왔다.
④ 학교 전담 경찰관 제도 도입 이후 학교 폭력 피해 학생의 비율은 갈수록 낮아지고 있다.
⑤ 학교 전담 경찰관 제도는 2011년 대구 중학생 학교 폭력 피해 사건을 계기로 탄생하였다.

5 가 뉴스와 나 기사의 관점에 대하여 바르게 말한 것에 ○표 하세요.

(1) '즐거운, 활발하게, 긍정적' 등의 표현을 사용한 것으로 보아, 가 뉴스는 '아침 운동'에 대해 긍정적인 관점을 갖고 있음을 알 수 있어. ……………………………………………………………… (　　　)

(2) 나 기사에 쓰인 '활발, 확대, 매우 긍정적' 등의 표현으로 보아, '학교 전담 경찰관 활동'에 대해 긍정적이고 희망적인 관점에서 쓴 것임을 알 수 있어. …………………………………… (　　　)

(3) 가 뉴스와 나 기사 모두 면담 자료가 제시되었는데, 면담 대상자가 부정적인 의견을 제시하고 있어. 따라서 가 뉴스와 나 기사 모두 부정적인 관점이라는 것을 알 수 있어. ………………………… (　　　)

6 다음은 **가** 뉴스와 **나** 기사의 관점의 차이를 비교한 내용입니다. 빈칸에 알맞은 낱말을 차례대로 쓰세요.

> 민호: **가** 뉴스는 ☐☐ ☐☐ 문제에 대해 학교 차원에서 고민하고 해결 방안을 찾아낸 결과를 보도하였어.
>
> 수지: **나** 기사는 학교 폭력 문제를 학교에서 모두 해결하기보다 ☐☐ ☐☐ 과/와 함께 여러 각도에서 문제를 바라보고 협조하며 풀어 나가는 방안을 보도하였어.
>
> 동현: **가**와 **나**는 모두 학교 폭력 문제에 대해 다루고 있지만, 서로 다른 해결 방안을 제시하였어. 그리고 **가**와 **나** 모두 학교 폭력을 해결하는 방안에 대해 ☐☐ 으로 바라보는 관점이야.

'사각지대'는 어떤 뜻일까?

🍎 밑줄 친 낱말이 ❶과 ❷ 가운데 어떤 뜻으로 쓰였는지 빈칸에 알맞은 숫자를 써 보세요.

운전을 할 때는 보이지 않는 <u>사각지대</u>가 있으므로 늘 조심해야 한다. ....

아이들이 노는 놀이기구에 보호 시설물이 설치되지 않아 안전의 <u>사각지대</u>처럼 보인다. ....

정부는 복지 <u>사각지대</u>에 놓인 취약 계층을 돕기 위한 계획을 수립하였다. ....

영철이는 선생님의 눈에 띄지 않는 <u>사각지대</u>에 숨어서 딴짓을 하곤 했다. ....

❶ 어느 위치에서 사물이 눈에 보이지 않게 되는 각도.　　　❷ 관심이나 영향이 미치지 못하는 곳.

 그럴까?

'사각지대'란 '어느 위치에서 사물이 눈에 보이지 않는 영역'이란 뜻으로, '관심이나 영향이 미치지 못하는 곳'이란 뜻으로도 사용됩니다. 각각의 상황에서 '사각지대'라는 말이 어떤 뜻으로도 사용되었는지 확인하고, 상황에 맞게 사용할 수 있도록 하세요.

3 다른 사람이 쓴 글 바르게 고치기 ❶

다른 사람이 쓴 글을 읽고
고쳐야 하는 부분 파악하기

잘못 쓴 낱말이나
문장 바르게 고치기

문단이나 글에서 어색한
부분 바르게 고치기

공부한 날   월   일

　　문장 안에서 앞에 어떤 말이 나오면 거기에 대응하는 적절한 말이 따라오는 것을 호응이라고 합니다. 문장 성분 사이에 호응 관계가 맞지 않으면 잘못된 문장이 되거나, 글쓴이가 의도한 바가 잘못 전달될 수도 있습니다.

　　따라서 글을 쓸 때, 호응 관계에 맞게 써야만 자신의 의도를 구체적이고 명확하게 전달할 수 있습니다. 특히, 주어와 서술어의 호응, 높임의 대상을 나타내는 말과 서술어의 호응, 시간을 나타내는 말과 서술어의 호응, 꾸며 주는 말과 서술어의 호응 등을 잘 살펴보아야 합니다.

　　자, 이제 글을 읽어 보고, 어색한 부분이 있다면 바르게 고쳐 써 볼까요?

다음 글을 읽고, 물음에 답해 봅시다.

> 동물이란, 생물계의 두 갈래 가운데 먹이로 영양분을 얻고 자유롭게 몸을 움직일 수 있는 생물을 말합니다.
>
> 동물을 분류하는 기준은 여러 가지입니다. 동물은 번식하는 방법에 따라 새끼를 낳는 동물과 알을 낳는 동물입니다. 개, 고양이, 토끼 등은 새끼를 낳아서 기르는 동물입니다. 그리고 뱀, 독수리, 까치, 거북 등은 알을 낳는 동물입니다. 대체로 파충류나 조류는 알을 낳아서 기릅니다. 그런데 박쥐는 비록 조류처럼 날개가 있고 새끼를 낳아 기릅니다.

1 이 글에서 동물을 분류한 기준은 무엇인가요?

① 먹이의 종류 ② 척추의 개수 ③ 날개의 모양
④ 숨 쉬는 방법 ⑤ 번식하는 방법

2 다음 동물들은 어떤 분류에 속하는지 선으로 바르게 이어 보세요.

독수리, 까치 •

개, 고양이, 토끼 •   • 알을 낳는 동물

뱀, 거북 •   • 새끼를 낳는 동물

박쥐 •

3 이 글에 나온 다음 문장 중에서 호응 관계가 알맞지 <u>않은</u> 것을 모두 고르세요. (정답 2개)

① 동물을 분류하는 기준은 여러 가지입니다.
② 뱀, 독수리, 까치, 거북 등은 알을 낳는 동물입니다.
③ 개, 고양이, 토끼 등은 새끼를 낳아서 기르는 동물입니다.
④ 박쥐는 비록 조류처럼 날개가 있고 새끼를 낳아 기릅니다.
⑤ 동물은 번식하는 방법에 따라 새끼를 낳는 동물과 알을 낳는 동물입니다.

4 **3**에서 고른 문장이 어색한 까닭을 알맞게 답한 친구를 찾아 ○표 하세요.

채윤: 시간 표현을 바르게 하지 않았기 때문이야.	준수: 문장 성분 사이의 호응 관계가 맞지 않기 때문이야.

(   )   (   )

다음은 영수가 누리사랑방에 올린 글입니다. 글을 읽고, 물음에 답해 봅시다.

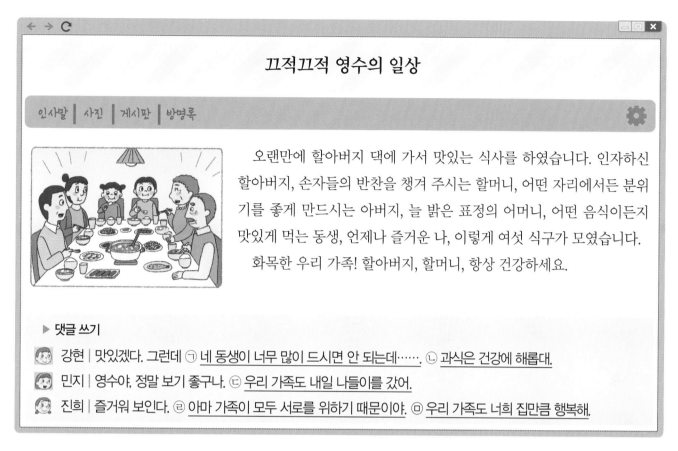

끄적끄적 영수의 일상

인사말 | 사진 | 게시판 | 방명록

오랜만에 할아버지 댁에 가서 맛있는 식사를 하였습니다. 인자하신 할아버지, 손자들의 반찬을 챙겨 주시는 할머니, 어떤 자리에서든 분위기를 좋게 만드시는 아버지, 늘 밝은 표정의 어머니, 어떤 음식이든지 맛있게 먹는 동생, 언제나 즐거운 나, 이렇게 여섯 식구가 모였습니다.
화목한 우리 가족! 할아버지, 할머니, 항상 건강하세요.

▶ 댓글 쓰기

강현 | 맛있겠다. 그런데 ㉠ 네 동생이 너무 많이 드시면 안 되는데……. ㉡ 과식은 건강에 해롭대.

민지 | 영수야, 정말 보기 좋구나. ㉢ 우리 가족도 내일 나들이를 갔어.

진희 | 즐거워 보인다. ㉣ 아마 가족이 모두 서로를 위하기 때문이야. ㉤ 우리 가족도 너희 집만큼 행복해.

---

5 할아버지 댁에 모인 영수의 가족은 모두 몇 명인가요?

① 3명 ② 4명 ③ 5명
④ 6명 ⑤ 7명

6 친구들이 쓴 댓글을 보고, (   ) 안에 들어갈 알맞은 말을 쓰세요.

(1) 강현이는 댓글에서 (   )에게 충고를 해 주고 있습니다.
(2) 민지네 가족은 (   ) 나들이를 갈 예정입니다.
(3) 진희는 추측의 뜻을 나타내기 위하여 (   )라는 말을 사용하였습니다.

7 ㉠~㉤ 중, 다음과 같은 방법으로 고쳐 써야 하는 문장의 기호를 쓰세요.

(1) 시간 표현과 서술어가 호응이 되도록 고칩니다.	
(2) 높임의 대상과 서술어가 호응이 되도록 고칩니다.	
(3) 꾸며 주는 말과 꾸밈을 받는 서술어가 호응이 되도록 고칩니다.	

8 ⓱ 의 방법에 따라 밑줄 친 부분을 바르게 고쳐 쓰세요.

네 동생이 너무 많이 <u>드시면</u> 안 되는데……. ➡ 네 동생이 너무 많이 _____ 안 되는데…….

우리 가족도 내일 나들이를 <u>갔어</u>. ➡ 우리 가족도 내일 나들이를 _____.

아마 가족이 모두 서로를 위하기 <u>때문이야</u>. ➡ 아마 가족이 모두 서로를 위하기 _____.

재미있는 낱말 놀이터

적절한 호응 관계 알기

🍎 그림의 상황을 잘 살펴보고, 짝을 이루었을 때 자연스러운 문장이 되도록 선으로 바르게 이어 보세요.

 결코 •

• 거짓말을 하게 될 거야.

• 거짓말은 하지 않을 거야.

 비록 •

• 달리기는 못해도, 응원은 할 수 있어.

• 달리기도 잘하고, 응원도 할 수 있어.

 마치 •

• 달리기 선수처럼 빨리 뛰었다.

• 달리기 선수라면 빨리 뛸 텐데.

왜 그럴까?

문장을 쓸 때에는 꾸며 주는 말과 꾸밈을 받는 서술어가 호응이 되어야 합니다. '결코'는 '어떤 경우에도 절대로'라는 뜻을 가진 말로, '아니다, 없다, 못하다'와 같은 부정의 뜻을 가진 서술어와 함께 쓰입니다. '비록'은 '아무리 그러하더라도'라는 뜻을 가진 말로 '-(으)ㄹ지라도, -지마는'과 같은 말이 붙는 서술어와 함께 쓰입니다. '마치'는 '거의 비슷하게'라는 뜻을 가진 말로, '-처럼, -듯이' 등과 같은 말이 붙은 낱말이나 '같다' 등과 같은 서술어와 함께 쓰입니다.

3 다른 사람이 쓴 글 바르게 고치기 ❷

다른 사람이 쓴 글을 읽고 고쳐야 하는 부분 파악하기　잘못 쓴 낱말이나 문장 바르게 고치기　문단이나 글에서 어색한 부분 바르게 고치기

공부한날　월　일

 다음 일기를 읽고, 물음에 답해 봅시다.

20○○년 10월 6일 수요일	날씨: 맑음

　온가족이 산으로 가을 소풍을 갔다. 미새먼지로 뿌연 하늘만 보다가 모처럼 파란 하늘을 보니 상쾌했다. 산에서 맑은 공기도 마음껏 마셨다. 자연과 하나가 된 것 같아 기분이 정말 좋았다.

　자리를 잡고 가족 모두 함께 준비한 도시락을 꺼냈다. 아침에 각자 자기가 먹고 싶은 것으로 도시락을 싸 왔다. 엄마는 멸치를 넣은 김밥을, 아빠는 명난젓을 넣은 주먹밥을 싸 오셨다. 난 내가 좋아하는 소고기 김밥을 평소보다 조금 많이 넣어 왔다. 동생 준이는 아침에 엄마가 끓여 주신 된장찌게를 많이 먹어서 배부르다며 김밥은 조금만 싸고, 과자만 싸 왔다. 그러더니 배가 고프다며 내 김밥을 빼앗아 먹기 시작했다. 요즈음 부쩍 키가 컸다고, 내 허락도 받지 않고 내 김밥을 먹은 준이가 괴씸했다. ㉠그래도 아직은 내가 동생보다 키와 몸무게가 더 무겁다. 나는 준이에게 내 김밥을 조금만 나눠 주고 나머지는 얼른 다 먹었다. 산에서 내려올 때 문득 준이에게 미안한 마음이 들었다.

1 빨간색으로 쓴 낱말을 바르게 고쳐 쓰세요.

(1) 미새먼지 ➡ [　　　]　　(2) 명난젓 ➡ [　　　]

(3) 된장찌게 ➡ [　　　]　　(4) 괴씸했다. ➡ [　　　]

2 ㉠을 바르게 고친 문장에 ○표 하세요.

(1) 그래도 아직은 내가 동생보다 키와 몸무게가 더 많다. ·· (　　)

(2) 그래도 아직은 내가 동생보다 키가 크고 몸무게가 더 무겁다. ······························· (　　)

(3) 그래도 아직은 내가 동생보다 키가 무겁고 몸무게가 더 크다. ······························· (　　)

(가) 지민이에게

　안녕! 지민아, 나는 재희야.

　너에게 화를 낸 것에 대하여 사과할게. 아까 학교에서 네가 "청소하고 가!"라고 하면서 붙잡을 때, ㉠그제야 내가 청소 당번이라는 것이 생각날 거야. 미안해.

(나) 그런데 네가 나를 나쁜 아이로 취급하고, 책가방을 잡아당기니까 순간적으로 기분이 상했어. ㉡비록 오래된 가방이라서 아버지께서 생일 선물로 사 주신 것이기 때문에 화가 났던 거야.

(다) 게다가 오늘은 어머니와 안과에 가기로 약속한 날이라 나도 모르게 급히 나오려고 했던 거야. ㉢어머니께 수업을 마치고 바로 나간다고 말했거든. 그래도 네가 붙잡은 덕분에 청소를 다 하고 나오니까 기분은 좋았어.

(라) 그런데 네게 사과도 못 하고 와 버렸네. 청소 당번인지 모르고 그냥 가려고 했던 것과 네게 화를 낸 것 모두 사과할게. ㉣앞으로 나는 너와 더욱 친하게 지냈어.

○○월 ○○일

친구 재희가

3 언제 어떤 일에 대하여 쓴 글인지 빈칸에 알맞은 말을 차례대로 쓰세요.

> 수업이 끝난 뒤 [   ] 시간에 [   ] 가 [   ] 이에게 화를 낸 일에 대하여 쓴 편지이다.

4 재희가 수업을 마치고 급히 나가려고 한 까닭은 무엇인가요?

① 선생님과 상담이 있어서　　　　　② 모둠 숙제를 함께 해야 해서
③ 어머니와 안과에 가기로 해서　　　④ 잃어버린 신발을 찾으러 가야 해서
⑤ 청소 당번이라 청소 도구를 가지러 가기 위해서

5 (가)~(라)는 각각 어떤 의도로 쓴 것인지 선으로 바르게 이어 보세요.

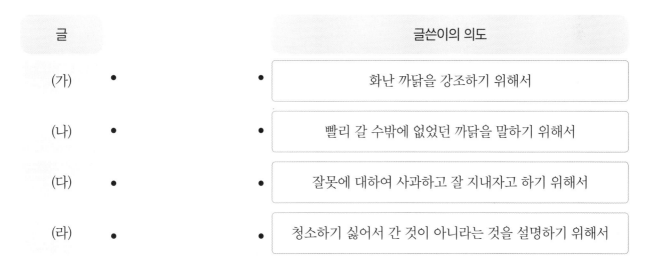

글		글쓴이의 의도
(가) •	•	화난 까닭을 강조하기 위해서
(나) •	•	빨리 갈 수밖에 없었던 까닭을 말하기 위해서
(다) •	•	잘못에 대하여 사과하고 잘 지내자고 하기 위해서
(라) •	•	청소하기 싫어서 간 것이 아니라는 것을 설명하기 위해서

6 ㉠~㉣과 짝을 이루는 말을 찾아 선으로 이어 본 뒤에 바르게 고쳐 쓰세요.

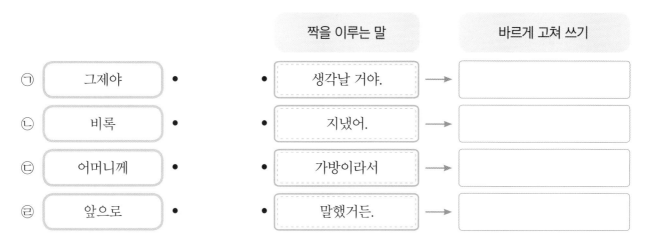

		짝을 이루는 말	바르게 고쳐 쓰기
㉠ 그제야 •	•	생각날 거야. →	
㉡ 비록 •	•	지냈어. →	
㉢ 어머니께 •	•	가방이라서 →	
㉣ 앞으로 •	•	말했거든. →	

 문장이나 낱말 수준에서 글을 고치는 방법에 대해 잘못 설명한 것은 무엇인가요?

① 맞춤법에 맞게 고친다.

② 생략된 표현은 없는지 살펴본다.

③ 시간의 표현이 올바른지 살펴본다.

④ 문장의 호응 관계가 알맞도록 고친다.

⑤ 글의 흐름에 맞게 문단의 순서를 조정한다.

 재미있는 낱말 놀이터

음식 이름 바르게 쓰기

🍎 다음 그림의 식당 차림표를 보고, 음식 이름을 잘못 적은 것을 찾아 바르게 고쳐 쓰세요.

산아래 식당 차림표

육계장	9,000원
설농탕	10,000원
김치찌게(2인분)	12,000원
계란마리	5,000원

육계장 → ☐ 설농탕 → ☐

김치찌게 → ☐ 계란마리 → ☐

왜 그럴까?

'쇠고기를 삶아서 알맞게 뜯어 넣고, 얼큰하게 갖은 양념을 하여 끓인 국'인 '육개장'을 '육계장'으로 잘못 표기하는 경우가 종종 있습니다. 육개장은 고기를 뜻하는 '육(肉)'과 여러 가지 양념, 채소와 함께 끓인 국을 의미하는 '개장'이 합쳐진 말입니다. 이처럼 우리가 자주 접하는 음식 이름의 바른 표기를 알고 쓸 수 있도록 합니다.

3 다른 사람이 쓴 글 바르게 고치기 ❸

다른 사람이 쓴 글을 읽고
고쳐야 하는 부분 파악하기

잘못 쓴 낱말이나
문장 바르게 고치기

문단이나 글에서 어색한
부분 바르게 고치기

공부한 날   월   일

파이팅!
14일

🎁 **다음 글을 읽고, 물음에 답해 봅시다.**

> 나는 어려서부터 야구를 좋아하였다. 우리 아버지께서는 나를 데리고 자주 야구장에 다니셨다. 야구장에서 경기를 보다가 아버지와 대화를 나누기도 하였다.
> _____ ㉠ _____ 아버지께서는 항상 무뚝뚝하셨지만 야구장에서는 말씀을 많이 하셨다. ㉡요즈음에는 사람들이 쓰레기를 많이 버려서 야구장에서 냄새가 나기도 한다. 나는 결코 아버지와 함께 야구장에 갔던 기억을 잊을 수 없다.

1 다음은 글쓴이가 이 글을 쓰기 전에 생각한 내용입니다. 글의 목적을 생각하여 빈칸에 들어갈 알맞은 말을 쓰세요.

> 아버지와 야구장에 가서 응원하고
> 대화를 나누었던 경험과 (   )께
> 감사한 마음을 표현하는 글을 써야겠어.

2 ㉠에 다음 문장이 들어가면 내용적으로 어떤 점이 좋아질지 보기 에서 알맞은 말을 찾아 빈칸에 쓰세요.

> 아버지께서는 야구 규칙을 많이 알려 주셔서 내가 재미있게 야구를 볼 수 있게 해 주셨다.

보기	고민	기억	결과	까닭	방법

→ (아버지 덕분에 야구를 좋아하게 된 ☐☐이/가 잘 드러나게 된다.   )

3 ㉡을 고치는 방법을 바르게 말한 친구는 누구인지 쓰세요.   (   )

현정: 맞춤법에 어긋난 부분을 고쳐야겠어.	재민: 시간 표현에 어울리는 서술어로 고쳐 써야 해.	종우: 글의 전체적인 내용과 관련 없는 문장이므로 삭제해야 해.

다음 누리집 게시판의 글을 읽고, 물음에 답해 봅시다.

제목 | 안녕하세요, 동화 작가 서혜인입니다.　　　　　　　　　　　　**| 글쓴이 |** 서혜인

(가) 여러분과 이렇게 　⊙　 (으)로 만나게 되어 반갑습니다. 제 경험이 여러분의 꿈을 이루는 데 도움이 되기를 바라면서 글을 시작하겠습니다.

(나) 제가 겪은 어려움이 여러분이 겪을 어려움과 다를지라도 제가 여러분에게 하고 싶은 말은 "자신과 타인의 저작물을 소중히 하고, 어려움이 있어도 포기하지 말자."입니다. 여러분 모두 올바르게 꿈을 키워 나가시기 바랍니다.

(다) 제가 작가라는 꿈을 가지게 된 것은 초등학교 4학년 때 선생님께서 격려해 주신 덕분이었습니다. 제 글을 보신 선생님께서 "혜인이는 나중에 멋진 동화 작가가 될 거야."라고 하셨고, 저는 그 말씀에 힘입어 작가가 되기 위하여 노력하였습니다.

(라) (ⓛ) 아무리 열심히 글을 써도 제 책이 인터넷을 통하여 공유가 되는 바람에 많이 힘들어졌습니다. 그래서 글쓰기를 그만두고 싶었지만 제 글을 사랑하는 사람들과 선생님의 믿음을 저버릴 수 없었기에 더 좋은 글을 쓰고자 노력하였습니다. (ⓒ) 다행히 사람들의 저작권 의식이 점점 높아져서 이제는 저작자의 권리를 차츰 찾아 가고 있습니다. (ⓔ)

4 글쓴이가 이 글을 쓴 목적은 무엇인가요?

① 정보를 전달하기 위해　　　　　　　② 읽은 책을 소개하기 위해
③ 읽는 이를 설득하기 위해　　　　　　④ 하루의 일과를 기록하기 위해
⑤ 언어의 아름다움을 감상하기 위해

5 글쓴이의 직업은 무엇인가요?

① 의사　　　　　　② 선생님　　　　　　③ 동화 작가
④ 서점 주인　　　　⑤ 게시판 운영자

6 ⊙에 들어갈 매체로 알맞은 것은 무엇인가요?

① 책　　　　　　　② 신문　　　　　　③ 인터넷
④ 라디오　　　　　⑤ 텔레비전

7 글쓴이가 겪은 어려움은 무엇인지 빈칸에 들어갈 알맞은 말을 쓰세요.

사람들의 (　　　　　　　　　) 의식이 낮아서 자신의 책이 인터넷을 통하여 공유가 된 것

8 이 글의 문단별 주요 내용을 찾아 선으로 바르게 이어 보세요.

(가) •

(나) •

(다) •

(라) •

• 사람들의 낮은 저작권 의식 때문에 큰 어려움을 겪었다.

• 꿈을 이루고자 하는 이들에게 자신의 경험이 도움이 되기를 바란다.

• 초등학생 때 선생님의 격려 덕분에 동화 작가의 꿈을 가졌고 꿈을 이루기 위해 노력하였다.

• 자신과 타인의 저작물을 소중히 하고, 어려움이 있어도 포기하지 말자.

9 글의 흐름에 맞게 문단의 순서를 고치려고 합니다. 고치는 방법을 바르게 말한 친구는 누구인지 쓰세요.

시우: (나) 문단으로 시작하는 것이 흐름상 자연스러우므로 '(나)-(라)-(가)-(다)'의 순서로 고치는 것이 좋겠어.

현진: (다) 문단으로 시작하는 것이 내용상 더 자연스럽기 때문에 '(다)-(나)-(가)-(라)'의 순서가 적절해.

재경: (가) 문단으로 시작하고, (나) 문단으로 마무리하는 것이 자연스러우므로 '(가)-(다)-(라)-(나)'의 순서가 적절해.

(   )

10 ㉡~㉣ 중에서 다음 문장이 들어가기에 알맞은 곳은 어디인지 기호를 쓰세요.

그런데 저에게 가장 큰 어려움은 사람들의 낮은 저작권 의식이었습니다.

(   )

11 글쓴이가 이 글을 통하여 하고 싶은 말은 무엇인지 찾아 ○표 하세요.

(1) 누구나 동화 작가가 될 수 있다. ……………………………………………………… (   )
(2) 꿈을 이루기 위해 열심히 노력하자. ………………………………………………… (   )
(3) 저작물을 소중히 하고 어려움이 있어도 포기하지 말자. ………………………… (   )

12 문단 수준에서 글을 고쳐 쓰는 방법으로 알맞지 <u>않은</u> 것은 무엇인가요?

① 문단의 길이가 적절한지 살펴본다.

② 문단과 문단의 연결이 자연스러운지 살펴본다.

③ 글 전체가 하나의 주제로 통일되었는지 살펴본다.

④ 문단별로 중심 문장, 뒷받침 문장이 적절한지 살펴본다.

⑤ 한 문단에 하나의 중심 생각이 들어가 있는지 살펴본다.

재미있는 낱말 놀이터

겹말 고쳐 쓰기

🍎 그림의 상황을 잘 살펴보고, 같은 뜻의 말이 겹쳐서 된 겹말을 바르게 고쳐 써 보세요.

역전앞 ➡

약숫물 ➡

생일날 ➡

해변가 ➡

왜 그럴까?

'고목나무'는 '여러 해 자라 더 크지 않을 정도로 오래된 나무'를 뜻하는 '고목(古_옛 고, 木_나무 목)'에 '나무'를 붙인 말로, 겹말에 해당됩니다. 겹말은 '같은 뜻의 말들이 겹쳐서 된 말'을 뜻합니다. 습관적으로 쓰다가 굳어진 말인데, 주로 한자어나 외국어와 토박이말이 합쳐진 경우가 많습니다. 이와 같은 겹말은 오랫동안 사용되어 굳어졌지만, 의미가 중복되므로 바르게 고쳐 써야 합니다.

3 다른 사람이 쓴 글 바르게 고치기 ④

마무리~

15일

다른 사람이 쓴 글을 읽고
고쳐야 하는 부분 파악하기

잘못 쓴 낱말이나
문장 바르게 고치기

문단이나 글에서 어색한
부분 바르게 고치기

공부한 날 | 월 | 일

🎁정리 다음은 앞에서 배운 '다른 사람이 쓴 글 바르게 고치기'와 관련된 내용을 정리한 것입니다. 빈칸에 알맞은 말을 보기 에서 찾아 쓰세요.

☐ 수준에서
고치기

- 글의 내용에 어울리는 ☐☐ 인지 살펴보고 알맞게 고쳐야 해요.
- 글의 ☐☐ 에 알맞은 내용인지 판단해야 해요.
- 글 전체가 하나의 ☐☐ 로 통일되었는지 살펴봐야 해요.

☐☐ 수준에서
고치기

- 한 문단에 하나의 ☐☐☐ 이/가 들어가 있는지 살펴야 해요.
- 문단의 중심 생각이 중심 문장으로 잘 표현되었는지 확인해야 해요.
- 중심 문장을 뒷받침하는 문장이 적절한지 살펴야 해요.
- 문단과 문단의 ☐☐ 이/가 자연스러운지 살펴야 해요.
- 적절하지 않은 내용은 ☐☐ 하고, 보충해야 할 자료나 내용이 있는지 찾아봐야 해요.
- 문단의 ☐☐ 이/가 적절한지 확인해야 해요.

☐☐ · 낱말
수준에서 고치기

- 꾸며 주는 말과 꾸밈을 받는 말이 어울리는지 살펴봐야 해요.
- 높임의 대상을 나타내는 말과 ☐☐☐ 을/를 맞추어야 해요.
- 문장의 ☐☐ 관계가 알맞도록 바르게 고쳐야 해요.
- 맞춤법과 ☐☐☐☐ 을/를 확인하고 알맞게 고쳐야 해요.
- 의미가 중복되거나 불필요한 ☐☐ 은/는 빼야 해요.

보기 글 길이 낱말 문단 주제 삭제 연결 제목 짜임 호응 문장 서술어 중심 생각 띄어쓰기

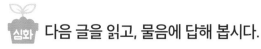

가 　오늘은 한글날에 대하여 알려 드리려고 합니다. 한글날은 세종 대왕의 한글 반포를 기념하고 한글의 연구와 보급을 장려하기 위하여 정한 기념일이다.

　한글날은 10월 9일입니다. 한글날을 전후한 주간에 정부, 학교, 민간단체 등에서 세종 대왕의 높은 뜻과 업적을 기리고 한글의 제정을 경축하는 각종 기념행사를 거행합니다. 지난해에는 한글날 문화 행사로 한글날 경축식, 세종대왕문해상 수상자 초청, 한글 글꼴전 등을 하겠습니다.

　우리도 집집마다 태극기를 달고 아름다운 한글을 만들기 위하여 노력한 분들께 감사하는 마음을 가져야 하겠습니다. 비록 짧은 시간에 한글을 만드신 분들을 기억하고 한글을 사랑하는 마음을 가지는 어린이가 되었으면 좋겠습니다.

나  ⓐ

(가) 특이하게도 곤충을 잡아먹는 식물도 있다. 이러한 식물은 주로 습지와 같은 영양분이 부족한 땅에서 자라기 때문에 그 땅에서 얻을 수 없는 주요 영양분을 곤충을 통하여 보충한다. 예를 들어, 끈끈이주걱은 끈적끈적한 액채를 이용하여 곤충을 잡는다. 또, 파리지옥은 잎을 이용하여 곤충을 잡는다.

(나) 식물은 곤충이 자기를 먹으려고 하는 것을 여러 가지 방법으로 막는다. 장미와 같은 식물은 가시를 만들어 곤충이 접근하는 것을 막는다. 제라늄처럼 독특한 향기를 뿜어 곤충을 막는 식물도 있다. 그리고 몸에 독성 물질을 만들어 곤충이 먹지 못하게 하는 식물도 있다. 식물과 곤충을 많이 관찰하려면 경기도 물향기 식물원에 가면 좋다.

(다) 하지만 어떤 식물은 번식할 때가 되면 곤충을 유인한다. 곤충들이 꽃가루를 옮겨 번식이 이루어지도록 하기 위해서이다. 가장 많이 사용하는 방법은 꿀을 이용하여 곤충을 유인하는 것이다. 꽃의 온도를 높여 야행성 곤충이 따뜻한 꽃으로 모이도록 유인하는 식물도 있다.

△ 파리지옥이 곤충을 잡는 모습.

△ 꽃가루를 옮겨주는 벌.

1 **가**를 읽고, 지난해 한글날 기념행사로 진행된 것이 아닌 것에 ×표 하세요.

한글날 경축식	한글 글꼴전	세종 대왕 초상화 그리기	세종대왕문해상 수상자 초청
☐	☐	☐	☐

2 **가**를 읽고, 친구들이 누리집에 초록색으로 쓴 낱말을 문장의 호응 관계에 맞게 고치고 그 까닭과 함께 올렸습니다. 잘못 고친 친구의 이름을 쓰세요. ( )

영진: 기념일이다. → 기념일입니다.
  ↳ 여러 사람에게 말할 때에는 상대방을 높이는 표현을 사용해야 합니다.

- -

시우: 하겠습니다. → 할 것입니다.
  ↳ 시간 표현 '지난해에는'과 어울리는 서술어를 사용하여야 합니다.

주현: 노력한 → 노력하신
  ↳ 높임말이 사용된 문장에서는 높임의 대상과 서술어가 호응되도록 높임 표현을 사용하여야 합니다.

현서: 시간에 → 시간이더라도
  ↳ '비록'과 같이 꾸며 주는 말이 사용될 때에는 꾸며 주는 말과 꾸밈을 받는 서술어와의 호응 관계를 살펴야 합니다.

3 **나**를 쓴 목적은 무엇인가요?

① 안부를 전하기 위해서
② 정보를 전달하기 위해서
③ 다른 사람을 설득하기 위해서
④ 재미와 즐거움을 주기 위해서
⑤ 여행하면서 보고 듣고 느낀 것을 기록하기 위해서

4 ㉠에 들어갈 **나**의 제목으로 가장 알맞은 것은 무엇인가요?

① 곤충의 집
② 곤충의 먹이
③ 천연 기념물
④ 곤충과 식물의 관계
⑤ 곤충과 식물의 사계절

5 **나**에 나오는 빨간색으로 쓴 낱말 중 잘못 쓴 것을 찾아 바르게 고쳐 쓰세요.

( ) → ( )

6 글의 흐름에 맞게 (가)~(다) 문단의 순서를 바르게 나열한 것에 ○표 하세요.

(1) (가) - (다) - (나) ·························· ( )
(2) (나) - (다) - (가) ·························· ( )
(3) (다) - (나) - (가) ·························· ( )

나의 문단 (가)~(다) 중에서 다음과 같은 방법으로 고쳐야 하는 것의 기호를 쓰세요.

> 전체적인 내용과 관계없는 문장을 삭제한다.

( )

 **호응 관계에 알맞게 고쳐 쓰기**

🍎 주어진 도움말을 참고하여 빨간색으로 쓴 낱말을 바르게 고쳐 쓰세요.

| 지난 토요일에 친구의 생일 잔치가 열린다. | 한참 산에 오르자, 저 멀리 바다가 보았다. | 공부를 아무리 하자 성적이 오르지 않았다. | 할아버지께서 생일 선물로 사 준 운동화가 마음에 들었다. |

⇒　　　⇒　　　⇒　　　⇒

 과거를 나타내는 말에 어울리는 서술어를 사용해야 해요.

 주어에 어울리는 서술어를 사용해야 해요.

 짝을 이루었을 때 자연스러운 서술어를 사용해야 해요.

 상대방을 높이는 서술어를 사용해야 해요.

도움말 1　　도움말 2　　도움말 3　　도움말 4

왜 그럴까?

문장이 적절한지 알아보기 위해서는 문장의 호응 관계를 살펴봐야 합니다. 시간을 나타내는 말과 서술어의 호응, 높임의 대상을 나타내는 말과 서술어의 호응, 주어와 서술어의 호응, 꾸며 주는 말과 꾸밈을 받는 서술어의 호응입니다. 평소에도 이를 확인하며 문장을 알맞게 쓸 수 있도록 하세요.

4 어휘의 적절성 판단하며 글 읽기 ❶

문맥을 고려하여
어휘의 뜻 짐작하기

문맥에 따른
어휘의 적절성 판단하기

잘못 사용된 어휘를
바르게 고치기

공부한 날   월   일

여러 어휘들이 모여 문장을 이룹니다. 그렇기 때문에 어휘의 뜻을 알면, 문장의 뜻을 알 수 있습니다. 만약 문장을 통해 전달하려는 바와 다른 의미의 어휘를 쓴다면 읽는 이에게 명확한 의미를 전달하기 어렵게 됩니다.

그러므로 글을 쓸 때는 알맞은 어휘를 선택하는 것이 매우 중요합니다. 적절하지 않은 어휘를 사용하면 읽는 이가 문장의 뜻을 이해하기 어렵고, 나아가 글 전체 내용을 이해하기도 힘들기 때문입니다.

자, 이제 알맞은 어휘가 사용되었는지를 판단하며 글을 읽어 볼까요?

정답은 다음 쪽에 자르세요

다음 그림을 보고, 물음에 답해 봅시다.

 '밭치다'　　　　 '받치다'　　　　 '바치다'

1 다음 낱말의 뜻을 선으로 바르게 이어 보세요.

밭치다　•

받치다　•

바치다　•

•　신이나 웃어른에게 정중하게 드리다.

•　물건의 밑이나 옆에 다른 물체를 대다.

•　구멍이 뚫린 물건 위에 올려 물기를 빼다.

2 다음 (　　　) 안에 들어갈 알맞은 낱말에 ○표 하세요.

(1) 삶은 국수를 찬물에 헹군 뒤 체에 (바쳤다, 받쳤다, 밭쳤다).
(2) 뱃사람들은 인당수에서 건져 올린 큰 연꽃을 임금님에게 (바쳤다, 받쳤다, 밭쳤다).
(3) 어른들께 음식을 내어 갈 때에는 쟁반을 (바쳐야, 받쳐야, 밭쳐야) 한다.

3 다음 문장을 고치는 방법으로 알맞은 것을 찾아 ○표 하세요.

효녀 심청은 아버지를 위해 자신을 제물로 받쳤다.

제물은 제사를 지낼 때 바치는 물건이나
짐승 등을 가리키는 말이므로,

'받쳤다' 대신 '바쳤다'를 써야 한다.

'받쳤다' 대신 '밭쳤다'를 써야 한다.

주위에 있는 사람이 나에게 말을 걸거나 손짓을 하여도 그것을 전혀 알아차릴 수 없을 만큼 하던 일에 푹 빠져 본 경험이 다들 있을 것이다. 우리는 그 순간을 일에 '몰입했다'라고 한다. '몰입'은 지금 자신이 하고 있는 일에 푹 빠져 주변에서 일어나는 모든 일에 전혀 신경 쓰지 않고 오로지 그 일에만 몰두하는 상태를 뜻하는 말이다. 현재 하고 있는 일에 심취한 상태일 때 인간은 행복감을 느낀다. 이것을 '몰입 이론'이라고 한다.

　　몰입 이론을 만든 미하이 칙센트미하이 교수는 '몰입'을 무언가에 흠뻑 빠져 있는 심리적 상태라고 하였다. 따라서 몰입을 하면 다른 생각이나 주변의 방해물을 모두 차단하고 자신의 생각을 원하는 한 곳에 집중할 수 있게 된다.

　　몰입은 노력을 통해 이루어질 수 있다. 분명한 목표를 세우고 나에게 주어진 문제가 무엇인지를 파악한 뒤 몰입할 수 있는 환경을 마련하여 주어진 문제를 곰곰이 생각하는 연습을 매일 한다면 몰입하는 경험을 얻을 수 있다.

　　우리는 흔히 일을 하지 않고 쉬거나 놀 때 더 행복함을 느낀다고 생각하기 쉽다. 하지만 몰입 이론을 주장한 미하이 칙센트미하이 교수의 설명은 이것과는 ㉠다르다. 그는 사람들은 놀거나 쉴 때보다 일을 하거나 공부를 하면서 몰입할 때 더 행복감을 느낀다고 말한다. 왜냐하면 일을 하거나 공부를 하는 것이 놀거나 쉬는 것보다 목표가 더 분명하기 때문에 사람들의 몰입이 잘 일어난다는 것이다.

　　어떤 일이 하기 싫어서 시간이 가기만을 기다려 본 적이 있을 것이다. 그럴 때, 세상 그 어떤 일을 할 때보다 더 몰입해 보자. 몰입의 순간 여러분은 행복감을 느낄 수 있을 것이다. 행복은 　㉡　 이 아니라 일상 속에서 나를 기다리고 있을 것이다.

 '몰입 이론'에 대한 설명으로 바르지 <u>않은</u> 것은 무엇인가요?

① 몰입은 자신이 하는 일에 집중하는 것을 말한다.
② 몰입을 하는 순간 사람들은 행복감을 느낄 수 있다.
③ 몰입은 노력보다는 선천적인 재능에 의해서 발휘된다.
④ 놀거나 쉴 때보다 공부나 일을 할 때 몰입이 더 잘 일어난다.
⑤ 몰입을 하면 다른 생각이나 주변의 방해물을 모두 차단할 수 있다.

5 몰입을 하는 방법으로 알맞지 <u>않은</u> 것은 무엇인가요?

① 내가 해결할 문제가 무엇인지를 명확하게 이해한다.
② 다른 것에 정신이 흐트러지지 않는 환경을 마련한다.
③ 내가 도달하고자 하는 분명한 목표를 확실하게 정한다.
④ 내가 해결해야 할 문제를 곰곰이 생각하는 연습을 매일 한다.
⑤ 문제를 해결했을 때 자신에게 주어지는 보상이 무엇인지 떠올린다.

6 ㉠에 대해 바르게 판단한 것을 골라 ○표 하세요.

사람들의 일반적인 생각과 칙센트미하이 교수의 생각이 일치하지 않는다는 것을 전하려는 것이므로,

사실에 맞지 않는다 뜻의 '틀리다'가 적절하다.	☐
남보다 월등히 훌륭하다는 뜻의 '뛰어나다'가 적절하다.	☐
'두 대상이 같지 않다'라는 뜻의 '다르다'가 적절하게 사용되었다.	☐

7 ㉡에 들어갈 말을 바르게 유추한 것에 ○표 하세요.

'일상 속'이라는 말과 대비되는 '특별한 곳'이라는 말이 들어가야 할 것 같아.	일반적이라는 뜻을 가진 '보통'이라는 말이 들어가야 할 것 같아.	행복은 매우 짧은 시간에 일어나지 않는다는 의미의 문장이므로 '순간'이라는 말을 써야 할 것 같아.
( )	( )	( )

재미있는 낱말 놀이터 '다르다'일까 '틀리다'일까?

🥄 제시된 상황을 잘 살펴보고, '다르다'와 '틀리다' 중 적절한 낱말에 ○표 하세요.

(1) 형과 나는 좋아하는 음식이 (틀리다 / 다르다).

(2) 우리는 형제이지만 (다르게 / 틀리게) 생겼다.

(3) 딴생각을 하다가 그만 계산이 (달랐다 / 틀렸다).

(4) 나의 생각은 형의 생각과 확실하게 (틀렸다 / 달랐다).

왜 그럴까?

우리는 종종 '다르다'를 '틀리다'로 잘못 쓰는 경우가 있습니다. 그런데 '다르다'는 비교되는 두 대상이 서로 같지 않을 때 사용합니다. 반면 '틀리다'는 사실이나 정답, 계산 등이 잘못되거나 맞지 않았을 때 씁니다. '다르다'와 '틀리다'의 뜻을 알고, 상황에 맞게 바꿔 쓸 수 있도록 합니다.

읽기 목표
4 어휘의 적절성 판단하며 글 읽기 ❷

파이팅!

17일

문맥을 고려하여
어휘의 뜻 짐작하기

문맥에 따른
어휘의 적절성 판단하기

잘못 사용된 어휘를
바르게 고치기

공부한 날   월   일

 다음 글을 읽고, 물음에 답해 봅시다.

오늘 점심 급식으로 내가 가장 좋아하는 미역국이 나왔다. 그래서 배식 받은 미역국을 뚝딱 먹고, 미역국을 더 받으러 나갔다. 욕심을 부려 많이 퍼 온 것 같기는 하였지만 다 먹을 자신이 있었다.

그런데 미역국을 받아서 자리로 돌아가는 길에 지효의 책상 다리에 발이 걸려 넘어지고 말았다. 미역국은 그대로 내 옷에 엎질러졌고, 떨어지는 식판을 잡으려다가 지효 가방에도 미역국이 엎질러졌다. 주변 친구들도 소리를 지르며 안쓰럽다는 표정을 지었다.

나는 미처 지효에게 미안하다는 말도 못 하고   ㉠   처럼 서 있었다. 그때 지효가 자리에서 일어났다. 지효는 내 옷과 자기 가방에 붙은 미역들을 ㉡덜어 내더니 재빨리 가방에서 꺼낸 물휴지로 물기를 닦았다. 그리고 이렇게 말하였다.

"내 가방은 물휴지로 이렇게 닦으면 금세 깨끗해져. 걱정하지 마. 그리고 너는 옷을 말려야겠다."

순식간에 일어난 일이라 나는 지효가 하는 것을 지켜보고만 있었다. 지금 생각해 보니 지효에게 정말 고맙다. 지효야, 고마워.

1 오늘 '나'에게 일어난 일은 무엇인가요?

① 점심시간에 미역국을 엎질렀다. ② 지효가 '나'의 옷에 미역국을 엎질렀다.

③ 미역국을 더 먹겠다고 친구와 싸웠다. ④ 점심시간에 미역국을 두 그릇이나 먹었다.

⑤ 지효가 물휴지로 자신의 가방을 깨끗하게 닦았다.

2 ㉠에 들어갈 낱말로 가장 알맞은 것은 무엇인가요?

① 꽃   ② 벌   ③ 나비   ④ 바람   ⑤ 얼음

3 ㉡에 대해 바르게 판단한 것에 ◯표 하세요.

| 소이: 붙어 있는 미역을 떨어지게 하는 것이므로 '떼어 내더니'가 적절하다. ☐ | 아진: 미역의 양을 적게 하는 것이므로, '덜어 내더니'가 적절하게 사용되었다. ☐ | 정후: 가방에 붙어 있는 미역의 흔적을 없애는 것이므로 '지우더니'가 적절하다. ☐ |

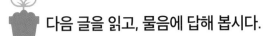

'어린이는 우리의 미래입니다.'라는 말이 있어요. 어린이들은 아직 어려서 지금 당장은 큰일을 할 수 없지만 장차 어른이 되면 우리 사회를 이끌어 갈 중요한 사람입니다. 따라서 어린이들이 어떤 꿈을 가지고 성장하느냐에 따라 당연히 우리 사회의 모습도 달라지겠지요? 우리 사회의 미래가 어린이들의 손에 달려 있는 셈이지요. 그래서 어른들은 어린이들이 잘 성장하게 도와줄 책임과 의무가 있습니다.

유엔 아동 기금은 그런 생각에서 출발한 단체예요. 유엔 아동 기금은 유엔의 산하 기구 중 하나로, 세계의 어린이들을 위해 만들어진 국제기구랍니다. 영문 약자인 'UNICEF(유니세프)'로 알려져 있어요.

이 기구가 만들어진 원래 목적은 제2차 세계 대전의 피해를 ㉠입은 나라들의 어린이를 구제하는 것이었어요. 그래서 이름도 '유엔 국제 아동 긴급 기금(United Nations International Children's Emergency Fund)'이었지요. '유니세프'는 이때의 이름에서 유래된 거예요. 1953년에 현재의 이름인 '유엔 아동 기금'으로 바뀌었지만 예전 이름의 약자인 유니세프를 그대로 사용하고 있어요.

이 기구는 1950년 이후부터는 전쟁 피해를 입은 어린이뿐만 아니라 위급 상황에 ㉡처해 있는 어린이들과 저개발국 어린이들의 복지에 ㉢눈을 돌렸어요. 그래서 기구의 명칭도 '유엔 아동 기금'으로 바꾼 거예요.

유니세프는 현재 190여 국의 가난한 나라 어린이들을 위해 활동하고 있어요. 이 어린이들의 질병 치료와 예방은 물론이고 식량을 주고, 어린이들의 생활과 환경을 개선하고 교육하는 데 노력을 기울이고 있어요. 이런 노력 덕분에 1965년에는 노벨 평화상을 수상했어요.

유니세프의 설립 정신은 국적이나 이념, 종교 등의 차별 없이 어린이를 구호한다는 뜻을 담아 '차별 없는 구호'예요. 그래서 제2차 세계 대전이 끝난 뒤, 승전국이나 패전국을 가리지 않고 어려움에 처한 어린이들을 돕기 시작했어요.

유니세프는 각 나라에 개발 도상국형 기구인 대표 사무소와 선진국형 기구인 국가 위원회를 두고 있어요. 개발 도상국에 설치되어 있는 대표 사무소는 그 나라의 어린이를 돕기 위한 각종 지원 사업을 해요. 선진국에 설치된 국가 위원회는 이러한 사업을 펼치는 데 필요한 기금을 마련하고, 자국 국민들에게 세계의 어린이 문제를 널리 홍보하는 역할을 하지요.

유니세프의 모든 활동은 각국 정부의 지원금과 개인의 자발적인 기부금으로 운영해요. 주로 국가 위원회가 설치된 선진국들이 앞장서서 지원금을 모금하지요. 또 유명한 사람들을 친선 대사로 임명하여 각종 홍보 활동과 기금 마련에 도움을 받고 있답니다.

우리나라는 1950년 3월에 정식으로 가입하였는데, 1993년까지 많은 도움을 받았어요. 우리나라는 1988년에는 집행 이사국이 되었고, 1994년 1월에 한국 유니세프 대표 사무소가 유니세프 한국 위원회로 바뀌면서 지원을 받는 나라에서 지원을 하는 나라로 바뀌었어요.

 유니세프의 이름이 어떻게 바뀌었는지 이 글에서 찾아 써 보세요.

과거		현재
	→	
	1953년 변경	

5 빨간색으로 쓴 '어린이는 우리의 미래입니다'.라는 말에 담긴 뜻으로 알맞은 것은 무엇인가요?

① 우리 사회의 미래가 어린이들에게 달려 있다.

② 어린이들은 아직 어려서 아무것도 할 수 없다.

③ 어린이를 통해서 우리는 앞으로 어떤 일이 일어날 것인지 예측할 수 있다.

④ 어린이들이 꿈을 이루려고 노력해야 앞으로 우리나라가 선진국이 될 수 있다.

⑤ 어린이들은 어른의 행동을 보고 그대로 따라 하기 때문에 어른이 모범이 되어야 한다.

6 유니세프에 대한 설명으로 바르지 <u>않은</u> 것은 어느 것인가요?

① 유엔에 소속된 기구 중에 하나이다.

② 유니세프의 모든 활동은 개인의 자발적인 기부금으로만 운영되고 있다.

③ 이름은 바뀌었지만, 예전 이름의 약자인 '유니세프'를 그대로 사용하고 있다.

④ 제2차 세계 대전의 피해를 입은 나라들의 어린이를 구제하기 위해 만들어졌다.

⑤ 국적이나 이념, 종교 등의 차별 없이 어린이를 구호한다는 설립 정신을 갖고 있다.

7 ㉠~㉢의 뜻으로 알맞은 것을 찾아 선으로 바르게 이어 보세요.

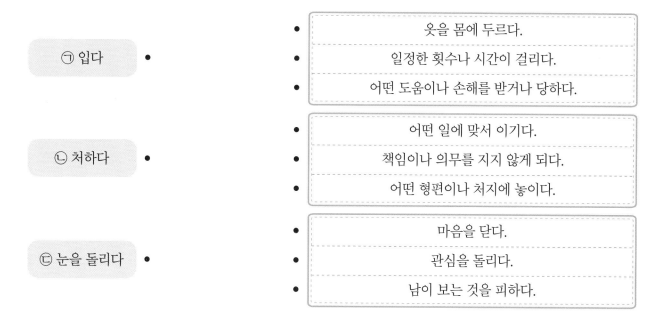

㉠ 입다

- 옷을 몸에 두르다.
- 일정한 횟수나 시간이 걸리다.
- 어떤 도움이나 손해를 받거나 당하다.

㉡ 처하다

- 어떤 일에 맞서 이기다.
- 책임이나 의무를 지지 않게 되다.
- 어떤 형편이나 처지에 놓이다.

㉢ 눈을 돌리다

- 마음을 닫다.
- 관심을 돌리다.
- 남이 보는 것을 피하다.

8 다음은 유니세프의 구성과 역할을 정리한 표입니다. 빈칸에 알맞은 말을 차례대로 쓰세요.

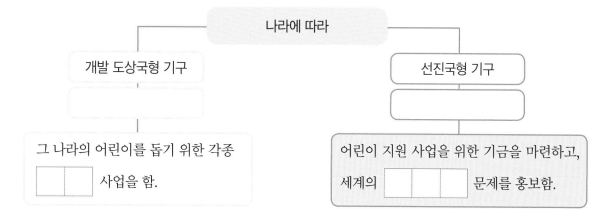

나라에 따라

개발 도상국형 기구 → 그 나라의 어린이를 돕기 위한 각종 ☐☐ 사업을 함.

선진국형 기구 → 어린이 지원 사업을 위한 기금을 마련하고, 세계의 ☐☐ 문제를 홍보함.

우리나라의 유니세프 활동에 대하여 바르게 말한 것은 어느 것인가요?

① 우리나라는 아직까지 유니세프의 도움을 받는 나라이다.

② 1950년 3월, 우리나라는 유니세프에 정식으로 가입하였다.

③ 현재 우리나라에는 한국 유니세프 대표 사무소가 설치되어 있다.

④ 우리나라는 1993년에 집행 이사국이 되어 다른 나라에 도움을 주기 시작했다.

⑤ 우리나라는 1988년까지 유니세프의 도움을 받았고, 그 이후부터는 유니세프를 탈퇴하였다.

재미있는 낱말 놀이터 '쉬다'의 여러 가지 뜻

🍎 제시된 상황을 잘 살펴보고, 각 문장에 쓰인 '쉬다'의 뜻을 선으로 바르게 이어 보세요.

(1) 저 기계는 <u>쉬지</u> 않고 돌아가는구나!

(2) 음식이 <u>쉬어</u> 도저히 먹을 수 없었다.

(3) 어제 노래 연습을 너무 많이 해서 목이 <u>쉬었다</u>.

| 목청에 탈이 나서 목소리가 거칠고 맑지 않다. | 물체나 물질 따위가 움직임을 멈추다. | 음식 등이 상하여 맛이 시큼하게 변하다. |

왜 그럴까?

'쉬다'는 '피로를 풀려고 몸을 편안히 두다.'라는 뜻 이외에도 다양한 뜻을 갖고 있습니다. 이처럼 소리는 같지만 뜻이 다른 낱말을 '동음이의어'라고 합니다. 각각의 상황에서 '쉬다'가 어떤 뜻으로 쓰였는지 구분하여 이해하고 적절하게 사용할 수 있어야 합니다.

읽기 목표

4 어휘의 적절성 판단하며 글 읽기 ❸

| 문맥을 고려하여 어휘의 뜻 짐작하기 | 문맥에 따른 어휘의 적절성 판단하기 | 잘못 사용된 어휘를 바르게 고치기 | 공부한 날 | 월 | 일 |

 다음 글을 읽고, 물음에 답해 봅시다.

봄이 되면 거리를 화사하게 만들어 주는 벚꽃은 벚나무에 피는 꽃입니다. 연분홍색이나 흰색의 벚꽃은 그 자체로도 아름답기 때문에 벚나무는 가로수로 사랑받고 있습니다. 꽃잎이 떨어지는 모습이 마치 눈이 내리는 것과 같아서 벚꽃이 필 무렵에는 전국에 다양한 축제가 열리고, 많은 사람들이 벚꽃을 보기 위해 거리로 ㉠나섭니다.

여러분은 이렇게 아름다운 벚꽃을 피우는 벚나무가 예로부터 다양하게 사용되었다는 것을 알고 있나요?

벚나무 껍질은 '각궁'을 만드는 데 사용되었습니다. 각궁은 우리나라 전통 활로, 물소의 뿔과 소의 힘줄을 이용하여 ㉡만듭니다. 각궁을 만들 때 벚나무 껍질을 한 겹씩 활에 ㉢부치는데, 이것은 활 안쪽 부분에 습기가 생기는 것을 ㉣막기 위해서입니다. 벚나무 껍질은 각궁을 만들 때 사용되었기 때문에 국가가 세금처럼 거두는 ㉤품목 중의 하나였다고 합니다.

우리나라 벚나무 자생종(씨앗을 뿌리지 않았는데 저절로 자란 종류) 중 하나인 산벚나무는 팔만대장경을 만드는 데 사용되었습니다. 산벚나무는 우리나라 어디에서나 쉽게 잘 자라고 나무가 너무 단단하거나 무르지 않아 글자를 새기기에 아주 좋았다고 합니다.

1 이 글을 통해 알 수 있는 사실로 알맞지 <u>않은</u> 것은 무엇인가요?

① 벚나무는 가로수로 사랑받고 있다.
② 봄에는 흰색이나 연분홍색의 벚꽃이 핀다.
③ 벚나무 껍질은 우리나라 전통 활을 만드는 데 쓰였다.
④ 벚나무 껍질은 옛날에 국가가 세금처럼 거두는 품목 중 하나에 속했다.
⑤ 팔만대장경을 만드는 데 쓰인 산벚나무는 무른 편이라 글자를 새기기에 좋았다.

2 ㉠~㉤이 문맥에 맞게 쓰였는지를 판단한 내용으로 적절하지 <u>않은</u> 것은 무엇인가요?

① 벚꽃을 보기 위해 거리로 나온다는 뜻이므로 ㉠은 적절하다.
② 목적하는 사물을 만든다는 뜻이므로 ㉡은 적절하다.
③ 두 물체를 서로 맞닿게 하여 떨어지지 않도록 한다는 뜻이므로 ㉢은 적절하다.
④ 햇빛 등이 대상에 미치지 못하도록 한다는 뜻이므로 ㉣은 적절하다.
⑤ 나라에서 거두던 물품 종류의 이름이라는 뜻이므로, ㉤은 적절하다.

　　정보화 사회의 첨단 정보 통신 기술은 민주주의에 큰 도움이 됩니다. 정보 혁명으로 직접 민주주의 요소가 강화되어 민주주의의 본래적 의미에 우리 사회가 한발 더 다가설 수 있게 된 것이지요. 국민이 주권을 행사하는 민주주의의 본래 의미는 직접 민주주의에서 가장 잘 실현될 수 있지만 현대 사회에서는 현실적으로 불가능하기 때문에 국회의원 선거처럼 국민의 대표를 뽑아 국민의 의견을 반영하는 간접 민주주의가 일반화되어 있습니다.

　　그런데 정보화 사회에선 국민이 직접 정치에 참여해 권력이 잘 사용되는지, ㉠남용되지는 않는지 ㉡감시할 수 있습니다. 정부가 벌이는 일들이 모두 인터넷을 통해 ㉢공개되고, 전자 투표나 정부 누리집에 글을 올려 의견을 밝히는 것 같이 시간적·공간적 어려움 없이 비용도 ㉣절약하며 정치에 참여할 수 있게 된 것이죠. 젊은 사람들이 정치에 관심이 없어지는 것을 걱정하던 시대를 지나, 인터넷에 익숙한 어린 세대가 정치에 높은 관심을 보이는 것도 정보화 사회가 가져다준 변화입니다. 정보화 사회는 우리가 민주주의에 더 가까이 갈 수 있도록 ㉤유혹하고 있는 것입니다.

　　하지만 정보화 사회에서 문제가 없는 것은 아닙니다. 정보화 사회의 문제점은 정보를 생산하고, 생산한 정보를 모은 뒤에 이를 활용하는 과정에서 나타납니다. 다양한 데이터가 유용한 정보로 활용되기 위해서는 정보의 대량 축적이 필요합니다. 우리가 컴퓨터에 입력하는 개인 신상 정보는 물론, 휴대 전화와 통화 기록, 신용 카드 사용 정보와 같이 헤아릴 수 없이 다양한 정보가 우리가 모르는 사이에 어딘가에 축적되고 있습니다. 그리고 이렇게 축적된 정보들은 다양한 목적으로 사용됩니다. 우리는 금융 회사나 온라인 마켓에서 몇 만 명에 달하는 개인 정보가 유출되었다는 뉴스를 자주 접하고 있습니다. 누군가에게 우리의 중요한 개인 정보가 헐값에 넘겨져 상품을 판매하는데 사용되고, 더 나아가 보이스 피싱이나 금융 사기 같은 범죄에 이용되어 심각한 문제를 낳는 것이 지금의 현실입니다.

　　만약 모든 개인 정보가 자신의 이익만을 생각하는 거대한 권력이나 기업에 집중된다면, 그 막강한 힘 앞에 개개인은 무력할 수밖에 없습니다. 내가 누구를 만나 어떤 영화를 보고 어느 식당에 가서 어떤 음식을 먹었는지, 어디를 들렀다 집으로 갔는지 누군가 지금이라도 신용 카드나 교통 카드를 조금만 추적하면 금방 알 수 있습니다. 거리에 설치된 수많은 시시 티브이(CCTV) 역시 범죄를 예방할 수도 있지만 또다른 감시망이 될 수도 있고요. 즉, 우리에게 편리함을 주는 정보 시스템은 누가 어떤 의도로 이용하느냐에 따라 세상의 어떤 비밀 경찰보다 더 철저하고 은밀한 감시의 도구로 변할 수 있고, 특정한 활동을 추적하거나 사전에 봉쇄할 수 있는 도구가 될 수 있는 것입니다.

　　결국 정보화 사회는 정보 통신 기술의 발달로 손쉽게 개인을 감시하고 사생활을 침해할 수 있는 가능성이 열려 있기 때문에 언론의 자유, 사상의 자유를 침해하고 민주주의를 위협하는 결과를 가져올 수 있습니다. 이처럼 정보화 사회에서는 개인의 정보가 다양하게 축적되고 관리되기 때문에 그것을 누가 어떤 의도로 이용하느냐에 따라 개인은 철저하게 통제된 틀 안에 갇힌 무력한 존재로 전락할 수 있습니다.

3 다음 행동들이 직접 민주주의와 간접 민주주의 중 어디에 해당하는지 찾아 선으로 바르게 이어 보세요.

투표를 하는 것	•
국회의원을 뽑아 국민의 의견을 반영하는 것	•
정부가 하는 일에 직접 의견을 다는 것	•
정책의 방향에 대해 의견을 직접 제시하는 것	•

• 직접 민주주의

• 간접 민주주의

4 정보화 사회가 민주주의에 가져다준 변화가 <u>아닌</u> 것은 무엇인가요?

① 정부가 하는 일이 모든 인터넷으로 공개되는 것
② 국가 기관이 하는 일을 감시하는 데 큰 비용을 들이는 것
③ 국민이 직접 정치에 참여해 권력 남용을 감시할 수 있는 것
④ 나이가 어린 세대가 인터넷을 통해 정치에 관심을 갖게 된 것
⑤ 정부 누리집에 글을 올려 의견을 밝히는 것처럼 정치에 참여할 수 있게 된 것

5 축적된 개인 정보가 자신의 이익만을 생각하는 기업에 넘겨졌을 때, 일어날 수 있는 일을 바르게 추측한 것은 무엇인가요?

① 기업이 개인의 정보를 이용하여 이익을 채운다.
② 프로그램을 개발하여 개인 정보 유출을 막는다.
③ 기업이 축적된 개인 정보를 보호하기 위해 노력한다.
④ 개인이 자신의 개인 정보가 팔리지 않도록 삭제할 수 있다.
⑤ 보이스 피싱이나 금융 사기와 같은 범죄로부터 개인을 보호한다.

6 ㉠~㉤에 대한 설명으로 알맞은 것은 무엇인가요?

① ㉠ 남용: 권력이 함부로 사용된다는 의미를 가져야 하기 때문에 '사용'으로 바꿔야 한다.
② ㉡ 감시: 국민이 권력이 잘 사용되는지를 살펴야 한다는 뜻을 담아야 하기 때문에 '전망'으로 바꿔야 한다.
③ ㉢ 공개: 여러 사람들에게 보여 준다는 의미를 담아야 하기 때문에 '개봉'으로 바꿔야 한다.
④ ㉣ 절약: 비용을 아낄 수 있다는 의미를 담아야 하기 때문에 '절제'라고 바꿔야 한다.
⑤ ㉤ 유혹: 더 가까이 갈 수 있도록 도와준다는 의미를 담아야 하기 때문에 '유도'라고 바꿔야 한다.

다음은 정보화 사회의 첨단 정보 통신 발달로 인한 변화를 정리한 것입니다. 장점에 해당하는 것에는 '장', 단점에 해당하는 것에는 '단'을 쓰세요.

(1) 사람들을 감시하는 도구로 사용될 수 있다.	
(2) 한 개인에 대한 모든 정보가 노출될 수 있다.	
(3) 국민의 의견을 직접 들을 수 있어 정책 결정에 도움이 된다.	
(4) 국민이 정치에 직접 참여하여 나라가 더 좋은 방향으로 발전할 수 있다.	

 정보화 사회에서 첨단 정보 통신 발달로 인한 문제가 발생하지 않도록 하기 위한 자신의 생각을 한 가지 쓰세요.

 재미있는 낱말 놀이터 속담에 담긴 뜻 알기

🍎 제시된 상황을 잘 살펴보고, 속담의 뜻을 선으로 바르게 이어 보세요.

쉽고 작은 일도 해낼 수 없으면서 어렵고 큰 일을 하려고 나섬을 이르는 말.

세상의 온갖 것이 한번 번성하면 다시 쇠하기 마련이라는 말.

아무리 급해도 순서를 밟아서 일해야 함을 비유적으로 이르는 말.

왜 그럴까?

대개 문장의 형태로 표현되는 속담은, 예로부터 전해지는 조상들의 지혜와 삶의 교훈을 전달하는 내용을 담고 있습니다. 따라서 속담에 담긴 뜻을 알고 상황에 맞게 적절하게 사용할 수 있어야 합니다.

읽기 목표

4 어휘의 적절성 판단하며 글 읽기 ❹

| 문맥을 고려하여 어휘의 뜻 짐작하기 | 문맥에 따른 어휘의 적절성 판단하기 | 잘못 사용된 어휘를 바르게 고치기 | 공부한 날 | 월 | 일 |

 다음 글을 읽고, 물음에 답해 봅시다.

　　사람들이 바쁜 일상에서 잠시 여유를 찾기 위해 가장 손쉽게 할 수 있는 일은 바로 영화 감상입니다. 우리는 영화를 보면서 감동적인 이야기에 눈물을 흘리기도 하고, 화면 속 풍경에 감탄을 하기도 합니다. 오늘날에는 촬영 기술과 영상 기술이 발달하여 상상 속에서나 가능했던 장면들을 영화로 만들어 낼 수 있게 되었습니다. 그래서 관객들은 눈앞에 펼쳐지는 장면을 보며 놀라움을 금치 못할 때가 있습니다. 그렇다면 이러한 영화는 어떻게 만들어졌을까요?

　　영화는 '움직이는 대상을 담아낸 그림'이란 뜻입니다. 실제로 영화로 상영되는 영상은 순간순간의 장면들을 이어서 만든 것인데, 이를 가능하게 한 사람이 바로 에디슨과 딕슨입니다. 이들은 사진을 찍은 필름을 연속적으로 제시하면, 움직이는 그림처럼 보일 수 있다는 사실에 주목하였습니다. 그래서 활동사진 영사기를 ㉠발견하였습니다.

　　하지만 지금의 영화와 같은 형태는 뤼미에르 형제 덕분에 가능해졌습니다. 이들은 원래 사진을 찍는 일을 하고 있었고, 에디슨과 딕슨이 만든 활동사진 영사기의 화면을 보며 움직이는 그림에 관심을 갖게 되었습니다. 그래서 이들은 자신들이 직접 '시네마토그라프'라는 기계를 만들었습니다. 이 기계는 카메라이면서 동시에 영사기 역할도 하였는데, 각각의 사진이 정확한 속도로 화면에 비춰지도록 하였습니다. 또 이것은 필름이 연속적으로 돌아가면서 스크린을 통해 볼 수 있다는 장점이 있었고, 에디슨과 딕슨이 만든 영사기에 비해 크기가 작아서 야외에서도 촬영이 가능했습니다. 영화나 영화관을 뜻하는 '시네마(cinema)'라는 말도 '시네마토그라프'에서 비롯되었다고 합니다.

1　'영화'에 대한 설명으로 알맞지 <u>않은</u> 것은 무엇인가요?

① '움직이는 대상을 담아낸 그림'이라는 뜻을 갖고 있다.
② 뤼미에르 형제 덕분에 지금의 영화와 같은 형태가 가능하게 되었다.
③ 뤼미에르 형제가 만든 기계의 이름을 따서 '시네마'라는 말이 만들어졌다.
④ 에디슨과 딕슨이 사진을 움직이는 장면처럼 보이도록 하는 장치를 만들었다.
⑤ 뤼미에르 형제가 만든 기계는 에디슨과 딕슨이 만든 것보다 성능이 좋지 않았다.

2　문맥을 고려하였을 때, ㉠의 적절성을 가장 바르게 판단한 것은 무엇인가요?

① 원래 없었던 물건을 새롭게 만든 것이므로, ㉠은 적절하다.
② 어떤 일이나 사물이 생겨났으므로, '발생'이라는 말이 더 적절하다.
③ 전에 없던 것을 처음으로 만들었다는 뜻의 '창조'라는 말이 더 적절하다.
④ 아직까지 없던 물건을 새로 만들어 낸 것이므로, '발명'이라는 말이 더 적절하다.
⑤ 움직이는 활동사진 영사기를 어떻게 하였다는 말이므로, '조제'라는 말이 더 적절하다.

알라딘은 지니가 만든 융단 위에 탔다. 융단이 땅 위에서 떠오르더니 엄청난 속도로 밤하늘을 가르며 날았다. 알라딘의 집 앞에 이르자 융단은 땅 위로 사뿐히 내려앉았다.

"주인님, 다 왔습니다. 그럼 이제 ㉠진짜 기적을 보여 드릴까요? 오랫동안 제대로 실력 발휘를 하지 못했거든요. 아주 근사한 방이 오십 개 딸린 하얀 대리석 궁전에 시르카시아 지방의 노예 백 명, 경주마가 가득한 마구간, 그리고 온통 다이아몬드로 장식한 드레스는 어떻습니까? 진짜 부유한 귀족이 되고 싶지 않으십니까? 아니면 왕자 비는 어떨까요?"

"난 왕자 비 같은 건 되고 싶지 않아요. 그리고 귀족들도 영 맘에 들지 않는다고요. 그 사람들은 자기밖에 몰라요. 오직 자신들의 쾌락과 사치를 위해 가난한 사람들을 억압하고 착취할 뿐이죠."

알라딘은 천천히 고개를 흔들며 말했다.

"나 원, 세상 물정을 도통 모르시네. 그런 성인군자 같은 생각으로 뭘 하게요? 전에 모셨던 주인님들은 한결같이 왕궁이나 노예, 아니면 귀족들이 누리는 특권 같은 것을 원했는데."

"난 좀 더 쓸모 있는 것을 원해요. 우선 전쟁을 없애 버리고 싶어요. 이 나라는 물론 주변 국가들에 있는 무기들을 모조리 사라지게 해 주세요. 그렇게 되면 사람들이 더 이상 싸우거나 다른 사람을 위협하고 괴롭히지 못하게 될 거예요."

지니는 놀란 눈으로 대답했다.

"난 그런 일에는 익숙하지 않아요. 이전의 주인들은 항상 적을 죽이거나 그들을 충실한 사냥개처럼 만들어 주길 원했죠. 평화는 내 전공이 아니라고요."

"그래요? ㉡당신에게 그럴 능력이 없다면······."

"그런 식으로 말하지 마세요. 꼬마 주인님! 이 몸은 램프의 요정 지니란 말입니다. 난 뭐든지 할 수 있어요."

지니는 두 주먹을 불끈 쥐고 눈을 질끈 감았다 뜨면서 '부드득' 소리가 날 정도로 이를 갈며 입술에 힘을 주었다.

"자, 다 됐습니다. 주인님!"

- 바버라 G.워커 글, 박혜란 옮김, 『흑설 공주 이야기-알라딘과 신기한 램프』 중에서

 지니가 알라딘에게 보여 주고 싶었던 자신의 실력은 무엇이었을까요?

① 융단이 자신의 말대로 잘 따르는 것
② 자신이 세상에서 가장 힘이 세다는 것
③ 부유하게 살면서 부자로서의 특권을 누리게 해 주는 것
④ 자신에게는 무엇이든지 이룰 수 있는 능력이 있다는 것
⑤ 세상 모든 사람들의 마음을 순수하고 아름답게 바꾸는 것

4 알라딘은 지니에게 '귀족'에 대해 어떻게 말했나요?

① 불쌍하고 어려운 사람들을 위해 자신을 희생할 줄 아는 사람
② 충분한 돈이 있으면서도 더 많은 돈을 모으기 위해 노력하는 사람
③ 자신의 지위를 이용해 불쌍하고 어려운 사람을 억압하고 착취하는 사람
④ 자신의 꿈이 무엇인지 명확하게 알고 자신의 꿈을 이루기 위해 노력하는 사람
⑤ 아름다움은 본질적으로 마음에서 비롯된다는 것을 알고 자신을 열심히 수양하는 사람

5 이 이야기에 나오는 지니와 알라딘이 생각하는 ㉠의 의미를 찾아 선으로 바르게 이어 보세요.

진짜
기적
　　　지니　•
　　　알라딘　•

•　전쟁과 무기를 없애 버리는 것

•　부유한 귀족이나 왕자 비가 되는 것

6 알라딘이 보기 처럼 말하지 않고 ㉡과 같이 말하여 얻게 된 결과로 가장 알맞은 것은 무엇인가요?

> 보기　당신에게 그럴 **마음**이 없다면…….

① 알라딘과 지니의 관계가 더욱 친밀해지게 되었다.
② 알라딘을 돕고 싶어 했던 지니의 마음을 바꾸었다.
③ 알라딘을 대하는 지니의 태도를 더욱 거만하게 만들었다.
④ 말끝을 흐리며 제대로 요구하지 않는 자신에 대한 지니의 불만을 커지게 하였다.
⑤ 지니가 자신의 능력을 의심하는 알라딘에게 발끈하여 자신이 할 수 있다는 것을 보여 주었다.

7 이전의 주인들과 알라딘이 각각 지니에게 바란 것을 선으로 바르게 이어 보세요.

　　　알라딘　•

•　적을 죽이거나 적들을 충실한 사냥개처럼 만들어 달라.

　　　이전의 주인들　•

•　전쟁과 무기를 없애 사람들이 다른 사람을 위협하거나 싸우지 않게 해 달라.

8 지니는 알라딘에 대해 어떻게 생각하고 있나요?

① 주인이라고 나를 무시하고 함부로 대하는구나.
② 다른 사람의 이익을 더 중요시하는 어리석은 사람이구나.
③ 부와 명예가 얼마나 좋은데, 세상 물정을 너무 모르는구나.
④ 아직 어리지만 세상을 바라보는 눈이 날카롭고, 협상을 잘하는 사람이구나.
⑤ 나에게 자꾸 엉뚱한 일을 시키고, 그것에서 즐거움을 느끼는 이상한 사람이구나.

9 만약 알라딘처럼 신기한 램프를 얻게 된다면, 지니에게 부탁하고 싶은 소원을 한 가지 써 보세요.

재미있는 낱말 놀이터

'~을 금치 못하다'

🌱 제시된 상황을 잘 살펴보고, 빈칸에 알맞은 말을 보기 에서 찾아 써 보세요.

오늘 본 영화가 너무 슬퍼서 (   )을/를 금치 못했다.

독도를 일본 영토라고 우기다니 정말 (   )을/를 금치 못하겠다.

세상에! 물을 무서워하던 네가 다이빙을 하다니 (   )을/를 금치 못하겠다.

보기	눈물	분노	소망	영광	놀라움

왜 그럴까?

뜻밖의 일로 도저히 믿을 수 없을 만큼 크게 놀랄 때 '~경악을 금치 못하다'와 같이 표현합니다. 이때 '~을 금치 못하다'에서 '금치'는 '금하지'를 줄여 쓴 말로, 뒤에 오는 '~못하다'와 결합하여 '감정 등을 억누르거나 참지 못하다.'라는 뜻을 가집니다. 각각의 상황에서 어떤 낱말과 결합하여 쓰이는지 살펴보고, 알맞은 낱말을 넣어 적절하게 표현할 수 있도록 하세요.

4 어휘의 적절성 판단하며 글 읽기 ⑤

문맥을 고려하여
어휘의 뜻 짐작하기

문맥에 따른
어휘의 적절성 판단하기

잘못 사용된 어휘를
바르게 고치기

공부한 날 월 일

정리 앞에서 배운 '어휘의 적절성을 판단하며 글 읽기'와 관련하여 아래와 같이 정리하였습니다. 빈칸에 들어갈 알맞은 말을 보기 에서 찾아 쓰세요.

글의 내용을 더 잘 ☐☐ 하기 위하여

글에 쓰인 여러 가지 ☐☐ 혹은 ☐☐

목적

판단할 대상

어휘의 적절성 판단하며 읽기

판단 방법

판단하며 읽어야
하는 까닭

어휘의 정확한 ☐ 이/가 무엇인지 생각해요.

문장에서 드러내려고 하는 ☐☐ 이/가 무엇인지 생각해요.

☐☐ 에 따라 어휘가 적절하게 사용되었는지 판단해요.

해당 어휘가 자주 쓰이는 일반적인 ☐☐ 혹은 ☐ 등을 떠올려 보고, 낱말이 적절하게 사용되었는지 평가해요.

뜻이 비슷한 낱말이라도 조금씩 다르기 때문에 사용한 어휘에 따라 글의 ☐☐ 도 달라질 수 있기 때문이에요.

| 보기 | 뜻 | 예 | 낱말 | 문맥 | 상황 | 어휘 | 의미 | 이해 |

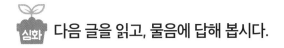

나와 아버지는 장터에 모처럼 선 서커스 공연을 보기 위하여 매표소에 줄을 섰다. 우리 앞에는 아이가 여덟이나 있는 가족이 서 있었다.

그들은 부자로 보이지는 않았지만 입고 있는 옷은 단정했고, 아이들은 예의 바르게 행동했다. 아이들의 얼굴은 환했고 곧 구경하게 될 어릿광대와 코끼리, 그리고 줄타기 등의 온갖 재미있는 곡예 이야기를 하며 들떠 있었다.

아이들의 아버지와 어머니는 손을 잡고 다정하게 서로를 바라보고 있었다. ㉠두 사람은 정말 서로를 사랑하고 존경하는 사이로 보였다.

매표소의 직원이 물었다.

"표를 몇 장 드릴까요?"

그 남자는 목소리에 힘을 주어 자랑하듯이 말했다.

"우리 가족 모두가 서커스 구경을 할 수 있도록 어린이 표 여덟 장과 어른 표 두 장을 주세요."

여직원이 입장료를 말했다. 그 순간 ㉡아이들의 어머니는 잡고 있던 남편의 손을 놓고 고개를 떨구었다. 남자의 입술이 가늘게 떨렸다. 남자는 매표소 창구 앞에서 고개를 숙이고 떨리는 목소리로 다시 물었다.

"방금 얼마라고 했지요?"

매표소 여직원이 다시 금액을 말했다. 남자의 표정은 더욱 어두워졌고 힘없이 뒤를 돌아보며 한숨을 쉬었다. 아이들은 여전히 들뜬 표정으로 서커스에 대하여 이야기하고 있었다. 아이들은 조금도 ㉢아버지의 어려움을 알지 못하는 듯했다.

그때 나의 아버지가 말없이 주머니에 손을 넣더니 20달러 지폐를 꺼내 바닥에 떨어뜨렸다. 그런 다음 아버지는 몸을 굽혀 그 돈을 주워 들고는 그 남자의 어깨를 두드렸다.

"실례합니다. 방금 이것을 떨어뜨리셨어요."

그 남자는 잠시 멈칫하더니 아버지의 눈을 똑바로 쳐다보면서 아버지의 손을 꼭 잡았다. 그리고 돈을 받으며 떨리는 목소리로 말했다.

"고맙습니다. 정말 고맙습니다. 이것은 저와 우리 가족에게 정말로 큰 ㉣선물입니다."

남자의 눈에는 눈물이 가득했다. 남자는 몇 번이나 고개를 숙이고는 표를 사서 가족을 데리고 서커스장 안으로 들어갔다.

그 모습을 지켜보던 아버지는 웃으며 나에게 말했다.

㉤"괜찮겠니?"

나도 웃으며 대답했다.

"그럼요."

우리는 서커스 구경을 하지 못하고 집으로 돌아와야 했다. 그러나 마음은 조금도 허전하지 않았다.

- 댄 클라크 글, 류시화 옮김, 『마음을 열어 주는 101가지 이야기 1: 서커스』 중에서

1 '나'가 장터에 가서 본 것은 무엇인가요?

① 매표소 앞에서 줄타기 곡예를 하고 있었다.
② '나'의 앞에 서 있던 가족의 아버지가 돈을 떨어뜨렸다.
③ '나'의 앞에 서 있던 가족의 아버지와 어머니가 싸우고 있었다.
④ 서커스 공연을 보려고 매표소 앞에 많은 사람들이 줄을 서 있었다.
⑤ 여덟 명의 아이가 있는 가족이 아이를 잃어버려 당황해하는 것을 보았다.

2 ㉠의 의미로 가장 알맞은 것은 무엇인가요?

① 아버지와 어머니가 꼭 붙어 있었다.
② 아버지와 어머니의 관계가 매우 좋아 보였다.
③ 아버지와 어머니는 시간적 여유가 많아 보였다.
④ 아버지와 어머니는 아이들의 가운데에 서 있었다.
⑤ 아버지와 어머니가 매표소 앞에서 표를 사기 위해 분주하였다.

3 여직원의 말을 듣고 아이들의 어머니가 ㉡과 같이 행동한 까닭은 무엇인가요?

① 생각했던 것보다 표의 가격이 비쌌기 때문에
② 가족의 수가 너무 많아 들어갈 수 없었기 때문에
③ 갑자기 불어온 바람 때문에 몸이 차가워졌기 때문에
④ 뒤에 서 있는 '나'와 아버지를 보기가 민망했기 때문에
⑤ 아이들의 아버지가 표를 산다고 어머니의 손을 놓았기 때문에

4 앞뒤 내용을 고려할 때, ㉢이 뜻하는 것은 무엇인가요?

① 서커스가 취소되었다는 것   ② 어머니가 자신의 손을 놓은 것
③ 갑자기 입술이 마구 떨리는 것   ④ 여직원의 말이 잘 들리지 않는 것
⑤ 가족 모두가 들어갈 표를 살 돈이 부족하다는 것

5 '나'의 아버지가 가지고 있던 지폐를 바닥에 떨어뜨린 까닭은 무엇일까요?

① 아버지가 돈을 순순히 주기가 아까웠기 때문에
② 남자에게 돈이 있다는 것을 보여 주고 싶었기 때문에
③ 아버지가 주려던 지폐가 바람에 날려 바닥에 떨어졌기 때문에
④ 도움을 받는 사람이 부끄러워하지 않게 배려하고 싶었기 때문에
⑤ 매표소 직원에게는 돈을 주었다는 것을 알려서는 안 되기 때문에

6 이 글의 내용으로 보아, ㉣과 바꾸어 쓸 수 있는 적절한 어휘를 써 보세요.

(   )

7 ⓜ에 담긴 뜻은 무엇일까요?

① 집으로 돌아가는 길이 무척 먼데 괜찮겠니?

② 저 가족에게 말도 하지 않고 도와주었는데, 괜찮겠니?

③ 이제 앞으로 서커스를 영영 보지 못하게 될 것 같은데, 괜찮겠니?

④ 서커스를 못 보게 된 것을 아무에게도 말하면 안 되는데, 괜찮겠니?

⑤ 저 가족을 도와주어 지금 서커스 구경을 하지 못하게 되었는데, 괜찮겠니?

8 이 글의 내용으로 보아, '나'의 아버지는 어떤 사람인가요?

① 자신의 아들보다 자신의 기분이 중요한 사람

② 아들의 꿈을 위해 자신을 희생할 줄 아는 사람

③ 다른 사람의 입장을 이해하고 배려하는 마음이 깊은 사람

④ 가진 것이 없지만 다른 사람 앞에서 기죽는 것이 싫은 허풍이 센 사람

⑤ 다른 사람에게는 한없이 베푸는 사람이지만 자신의 가족에게는 인색한 사람

무슨 뜻일까?

🍎 상황을 살펴보고, 말풍선에 빨간 색으로 쓴 부분이 각각 어떤 뜻으로 쓰였는지 선으로 바르게 이어 보세요.

우리 사이에 이런 수고는 아무 것도 아니야.

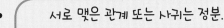
서로 맺은 관계 또는 사귀는 정분.

두 사람이 떨어진 거리.

부모님 손에서 선물 꾸러미를 확인한 아이들의 얼굴이 환해졌다.

어떤 심리 상태가 나타난 형색.

머리 앞면의 전체적인 윤곽이나 생김새.

사건을 담당한 형사는 현장에서 찍은 사진을 예리하게 관찰했다.

눈매나 시선이 쏘아보는 듯 매섭게.

관찰이나 판단을 정확하고 날카롭게.

왜 그럴까?

두 가지 이상의 뜻을 가진 하나의 낱말을 '다의어'라고 합니다. 다의어의 그 뜻을 명확히 알기 위해서는 문장의 전체 의미를 먼저 파악한 뒤에 어휘의 뜻을 짐작해야 합니다. 각각의 상황에서 다의어가 각각 어떤 뜻으로 쓰였는지 확인해 보세요.

5 사건 전개와 인물의 마음 변화 이해하기 ❶

힘 내!

21일

사건이 전개되는
내용 파악하기

사건에 대한 인물의
말이나 행동 살펴보기

사건 전개에 따른
인물의 마음 변화 알기

공부한 날 월 일

작품 속 인물은 사건이 전개됨에 따라 다양한 일들을 겪게 됩니다. 그때마다 인물의 마음도 달라집니다. 때로는 슬퍼하거나 속상해하고, 기뻐하거나 흐뭇해하기도 합니다.

글을 읽을 때 사건의 흐름에 따른 인물의 마음 변화를 잘 파악하면, 내용을 보다 풍부하게 이해할 수 있고 인물의 성격을 잘 알 수 있습니다. 또한, 인물이 어떤 마음의 변화를 겪게 되는지 알아봄으로써 더욱 재미있게 글을 읽을 수 있습니다. 인물이 겪는 마음의 변화를 알려면 어떤 사건이 있었는지 파악해야 합니다. 그리고 그 사건에 대한 인물의 말이나 행동을 살펴봄으로써 인물의 마음을 짐작할 수 있습니다.

자, 이제 사건의 전개에 따라 인물의 마음이 어떻게 변하는지 생각하며 글을 읽어 볼까요?

다음 이야기를 읽고, 물음에 답해 봅시다.

　　장발장이라는 이름을 가진 사람이 살고 있었습니다. 장발장은 여러 명의 조카들을 먹여 살리려고 열심히 일하였습니다. 그러다 겨울이 왔습니다. 겨울에는 일거리가 없었습니다. 조카들이 배고픔에 시달리자 장발장은 빵을 훔치게 되었습니다. 빵을 훔친 죄로 장발장은 5년 동안 감옥에 갇히게 되었습니다. 장발장은 감옥에서 계속해서 탈출을 시도하다가 붙잡혀 14년 동안을 더 감옥에 있어야 했습니다. 19년의 감옥 생활을 마치고서야 장발장은 드디어 자유의 몸이 되었습니다.

　　감옥에서 나왔지만 장발장은 갈 곳이 없었습니다. 죄수라고 손가락질하며 그 누구도 잘 곳이나 먹을 것을 내주지 않았기 때문입니다.

　　그렇게 거리를 떠돌던 장발장은 미리엘 신부님을 만나게 되었습니다. 미리엘 신부님은 다른 사람들처럼 장발장을 함부로 대하지 않았습니다. 장발장에게 맛있는 음식과 따뜻한 잠자리를 마련해 주며 극진하게 대접해 주었습니다.

　　그날 밤, 장발장은 잠자리에 들었습니다. 그런데 미리엘 신부님이 가지고 있던 은그릇이 몹시 탐이 났습니다. 깊은 밤이 되자 장발장은 몰래 은그릇을 훔쳐 달아났습니다. 그러다 그만 경찰에게 잡히고 말았습니다. 경찰은 장발장을 붙잡은 뒤 미리엘 신부님의 집으로 찾아왔습니다.

　　"이 사람이 신부님의 은그릇을 훔쳐 달아났습니다. 더 잃어버린 것은 없으신지 잘 살펴보십시오."
경찰이 말하였습니다.

　　미리엘 신부님은 깜짝 놀라며 이야기하였습니다.

　　㉠"그 분이 훔친 것이 아닙니다. 이 은그릇은 제가 선물로 드린 것입니다. 은촛대도 함께 드렸는데 이건 두고 가셨네요. 이것도 함께 챙겨 가세요."
하면서 은촛대를 장발장에게 주었습니다.

　　장발장은 미리엘 신부님의 이야기를 듣고 　　　　　㉡　　　　　 그 뒤 장발장은 어려운 사람들을 돕고, 자신이 가진 것을 베풀며 착하게 살았습니다.

- 빅토르 위고, 『레미제라블』 중에서

1 장발장이 미리엘 신부님의 집에서 훔친 물건은 무엇인가요?

① 빵　　　　② 은그릇　　　　③ 은촛대　　　　④ 성경책　　　　⑤ 빗자루

2 미리엘 신부님이 ㉠처럼 말했을 때 장발장은 어떤 마음이었을까요?

① 화가 난 마음　　　　② 신이 난 마음　　　　③ 후회하는 마음
④ 자랑스러운 마음　　　　⑤ 질투가 나는 마음

3 ㉡에 들어갈 알맞은 내용을 골라 ○표 하세요.

| 큰 감동을 받고 자신의 잘못을 뉘우쳤습니다. ☐ | 경찰에게 화를 내면서 은촛대까지 챙겼습니다. ☐ | 당당한 모습으로 미리엘 신부님의 집을 나섰습니다. ☐ |

다음 이야기를 읽고, 물음에 답해 봅시다.

(가) 오늘은 유명산에서 열매줍기 대회가 열리는 날이다. 대회에서 일등을 하면 푸짐한 상품과 함께, 매년 열매줍기 대회에 무료로 참가할 수 있는 자격을 준다고 한다.

승연이는 어머니와 함께 대회에 참가하기로 하였다. 정류장에 도착하니 ㉠<u>이미 많은 사람들이 등산복 차림으로 나와 있었다.</u>

㉡<u>'꼭 일등을 해야지.'</u>

무슨 일이든 지기 싫어하는 승연이는 마음속으로 다짐을 하였다.

버스를 타고 가면서 승연이는 어떻게 하면 열매를 많이 주울 수 있을까 생각하였다. ㉢<u>승연이는 식물도감을 펴고 가을에 주울 수 있는 열매에는 어떤 것이 있는지 살펴보았다.</u>

(나) 그때, 웬 아주머니께서 승연이 앞으로 다가오셨다.

"얘, 너, 명숙이 아니냐? 나, 정미야, 양정미."

그분은 승연이 어머니의 초등학교 동창생이셨다. 유명산 아랫마을에 사시는데, 열매줍기 대회에 참가하러 왔다고 하셨다.

"승연아, 인사해라."

승연이는 아주머니께 꾸벅 인사를 하였다. 아주머니 옆에는 승연이 만한 여자아이가 있었다.

"승연아, 반가워. 나는 원은애야. 난 4학년이야."

은애가 웃으면서 승연이에게 손을 내밀었다. 얼떨결에 승연이도 은애의 손을 잡으며 말하였다.

"응, 내 이름은 이승연이야. 나도 4학년이야."

드디어 열매줍기 대회가 시작되었다. 승연이는 은애에게 질 것 같아 불안하였다.

'시골에 사는 아이라서 열매를 잘 알 거야. ㉣<u>지면 안 되는데……'</u>

㉤<u>승연이는 은애가 알밤을 주우려고 하면 얼른 다가가서 자기가 먼저 보았다고 우겼다.</u>

(다) 어느덧 해가 설핏해지고 그동안 주운 열매를 저울에 달아 보는 시간이 되었다. 승연이는 슬쩍 은애의 바구니를 넘겨다보았다. 은애의 바구니 속에는 알밤과 도토리가 가득하였다. 승연이는 애가 탔다.

"승연아, 이거 너 가져."

은애가 승연이에게 바구니를 불쑥 내밀었다. 갑작스러운 말에 승연이는 멍하니 은애를 바라보았다.

"사실, 엄마와 난 도시 사람들이 이런 대회를 연다기에 신기해서 한번 와 보았을 뿐이야. 그리고 우리는 산에 자주 와."

㉥<u>은애가 승연이의 바구니에 열매를 가득 부어 주며 웃었고, 승연이는 머쓱해졌다.</u>

돌아오는 길에 은애 어머니께서는 승연이 어머니께 더덕장아찌, 나물 말린 것, 도토리묵 등을 잔뜩 싸 주셨다. 그제야 승연이는 산이 간직한 귀한 보물이 무엇인지 어렴풋이 알 것 같았다.

 이 글에서 승연이가 나간 대회를 찾아 써 보세요.

(　　　　　　　　　　)

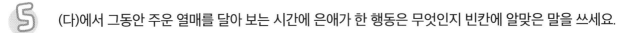

5 (다)에서 그동안 주운 열매를 달아 보는 시간에 은애가 한 행동은 무엇인지 빈칸에 알맞은 말을 쓰세요.

(   )에 열매를 가득 부어 주었다.

6 ㉠~㉣ 중, 승연이의 성격을 알 수 있는 말이나 행동이 <u>아닌</u> 것을 찾아 기호를 쓰세요.　　　　(   )

7 ㉤과 ㉥에서 승연이의 마음은 어떻게 변하였는지 바르게 나타낸 것은 무엇인가요?

① 이기고 싶은 마음 → 속상한 마음　　　② 속상한 마음 → 이기고 싶은 마음
③ 이기고 싶은 마음 → 부끄러운 마음　　④ 부끄러운 마음 → 질투가 나는 마음
⑤ 칭찬을 받고 싶은 마음 → 화가 난 마음

'-욕'이 붙는 낱말

🍎 그림 속 상황을 바탕으로 빈칸에 들어갈 알맞은 낱말을 보기 에서 찾아 써 보세요.

| 승연이는 누구보다 (　　) 이 강해 경기에서 지는 법이 없다. | (　　　)이 강한 김 박사는 그 분야에서 최고가 되기 위해 끊임없이 연구했다. | 양반은 (　　　)이 강해서 갖고 싶은 물건이 있으면 어떻게 해서든 그것을 손에 넣곤 했다. |

보기

승부욕	명예욕	물욕
경기나 시합 등에서 이기고 싶어 하는 마음.	세상으로부터 훌륭하다고 평가되고 인정받고자 하는 욕심.	돈이나 물건 등의 재물을 탐내고 갖고 싶어 하는 욕심.

왜 그럴까?

　'승부욕', '명예욕', '물욕'과 같은 낱말에서 뒤에 붙는 '-욕'은 '욕구' 또는 '욕심', '~하려는 마음'의 뜻을 더하는 말입니다. 각각의 낱말과 '-욕'이 결합했을 때 어떤 뜻이 되는지 살펴보고, 상황에 맞게 쓸 수 있도록 합니다.

사건이 전개되는
내용 파악하기 • 사건에 대한 인물의
말이나 행동 살펴보기 • 사건 전개에 따른
인물의 마음 변화 알기

공부한 날 ⬛ 월 ⬛ 일

 다음 일기를 읽고, 물음에 답해 봅시다.

20○○년 10월 30일	날씨: 비 온 뒤에 갬.

　오늘 우산을 버스에 두고 내렸다. 그것도 효빈이가 생일 선물로 사 준 우산을 말이다. 우산을 두고 내린 것을 알고 정말 눈물이 날 것 같았다. 그 우산을 효빈이에게 선물로 받았을 때 우산이 마음에 들어서 얼마나 기뻤는지 모른다. 우산을 쓰고 다니고 싶어서 비가 오기를 은근히 바란 적도 있었다. 우산을 쓰고 나서는 녹이 슬지 않도록 말려서 보관하였다. 내 단짝 친구 효빈이가 준 선물이기에 많이 아꼈던 우산이다. 그렇게 소중한 우산을 잃어버리다니 많이 속상하다.

　저녁에는 기분이 좋지 않아서 밥도 먹기가 싫었다. 그리고 자꾸 잃어버린 우산이 생각나서 괴로웠다.

　저녁을 거의 다 먹었을 즈음 전화가 왔다. 통화를 끝낸 어머니께서 웃으시며 말씀하셨다.

　"버스 기사님께서 우산에 적힌 전화번호를 보고 전화를 하셨단다. 내일 엄마가 우산을 찾아다 줄게. 걱정하지 마렴." / "정말요?"

　갑자기 마음이 화창해졌다. 버스 기사님께 정말 감사했다. 우산을 잃어버려 속상한 마음을 어떻게 아시고 이렇게 전화까지 주시다니……. 감사 편지를 써서 내일 엄마 편에 꼭 전해 드려야지.

1 '내'가 우산을 잃어버린 까닭은 무엇인지 빈칸에 알맞은 말을 쓰세요.

우산을 (　　　　　)에 두고 내려서

2 이 일기에서 '나'의 마음은 어떻게 변하였나요?

① 기쁜 마음 → 부끄러운 마음　　② 기쁜 마음 → 화나는 마음　　③ 속상한 마음 → 기쁜 마음

④ 속상한 마음 → 미안한 마음　　⑤ 미안한 마음 → 걱정스러운 마음

3 보기 에서 알맞은 낱말을 찾아 인물의 마음 변화를 파악하기 위한 방법을 정리해 보세요.

인물의 마음 변화를 알아보려면 어떤 ⬜⬜ 이 일어났는지 살펴보고, 그 사건이 전개됨에 따라 인물의 ⬜⬜ 과 ⬜⬜ 이 어떻게 달라지는지 파악해야 한다.

보기	글 　 말 　 사건 　 사고 　 소문 　 행동

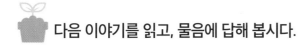

정호는 집에 가려고 교실에서 나왔습니다.

"정호야, 뭐 해?"

뒤에서 부르는 소리가 났습니다. 반 친구 창수가 가까이 다가왔습니다.

"우리 집에서 놀자."

정호는 귀가 번쩍 뜨였습니다.

"그래, 좋아." / 정호는 얼른 대답했습니다.

"밥 먹고 우리 집으로 빨리 와."

동네 큰길에서 정호는 창수하고 헤어졌습니다. 그리고 단숨에 집으로 뛰어왔습니다.

집에는 엄마 혼자 계셨습니다. 부엌에서 바쁘게 일을 하고 계셨습니다.

"정호야, 너, 논에 좀 갔다 와야겠다."

정호가 점심을 먹고 났을 때였습니다. 밖에 나가려고 일어서는데 엄마가 정호를 붙들었습니다. 아빠가 일꾼들하고 논에서 벼를 베고 계시는데, 물통을 갖다 드리고 오라는 말씀이었습니다.

"싫어요! 어디 가야 돼요!"

정호는 엄마한테 말했습니다.

"엄마가 말하는데 그게 무슨 소리야? 아빠한테 물통 갖다 드리고 와서 놀아. ㉠아빠가 아까 점심 잡수시고 논에 가시면서 깜박 잊고 그냥 가셨어. 날이 더워서 물이 없으면 안 돼."

정호는 마지못해 물통을 가지고 집을 나왔습니다.

아빠가 일하시는 논은 집에서 아주 먼 곳에 있습니다. 정호는 논을 향해 힘없이 발을 떼었습니다. 햇살이 뜨거웠습니다.

"야, 우리 정호가 왔구나!"

아빠가 정호를 보고 함박만 하게 웃으셨습니다.

"물통을 가지고 오느라고 수고했다."

일꾼 아저씨들도 무거운 물통을 들고 오느라고 수고했다며 칭찬해 주셨습니다.

정호는 기분이 좋았습니다. 아빠하고 일꾼 아저씨들이 반가워하고 칭찬해 주어 어깨가 으쓱했습니다.

"어 참! 물맛이 꿀맛일세그려!"

일꾼 아저씨들은 목이 몹시도 말랐는지 물을 꿀꺽꿀꺽 아주 달게 먹었습니다. 물을 두 컵씩 세 컵씩 마시는 아저씨들도 있었습니다. 이것을 보자 정호는 마음이 더욱 기쁘고 좋았습니다. 더운 날씨에 일하느라고 목말라했을 일꾼 아저씨들에게 물을 갖다 드렸다고 생각하니 자신이 아주 큰일을 해낸 것 같기도 했습니다. 우울했던 기분도 완전히 사라졌습니다. 큰 물통을 들고 오느라고 힘들었던 것도 잊었습니다.

"정호야, 너도 일 좀 해야겠다. 힘들어도 아빠하고 살살 하면 괜찮아."

이때 아빠가 정호에게 말씀하셨습니다.

"네, 저도 일할래요."

정호도 _____㉡_____ 대답했습니다.

- 강휘생, 『전학 온 아이 - 조그마한 기쁨』 중에서

4 이 이야기에 등장하는 인물이 <u>아닌</u> 사람은 누구인가요?

① 정호   ② 선생님   ③ 정호 엄마

④ 정호 아빠   ⑤ 일꾼 아저씨들

5 이 이야기의 일이 일어난 때와 곳으로 알맞은 것은 무엇인가요?

때	곳		때	곳
① 더운 날 등교 전	도시		② 더운 날 방과 후	농촌
③ 서늘한 날 방과 후	어촌		④ 추운 날 등굣길	도시
⑤ 추운 날 방과 후	농촌			

6 정호는 점심을 먹고 나서 무엇을 하려고 했나요?

① 엄마를 도와 드리려고 했다.   ② 창수와 공부를 하려고 했다.

③ 엄마와 시장에 가기로 했다.   ④ 창수네 집에 가서 놀려고 했다.

⑤ 창수와 함께 학교 도서관에서 책을 읽기로 했다.

7 정호는 엄마가 심부름을 시키셨을 때 어떤 마음이 들었나요?

① 기쁜 마음   ② 지루한 마음

③ 뿌듯한 마음   ④ 죄송한 마음

⑤ 짜증나는 마음

8 ㉠에서 알 수 있는 정호 엄마의 성격으로 알맞은 것을 보기 에서 찾아 기호를 쓰세요.

> 보기   ㉮ 예민하고 잔소리가 심하다.
>   ㉯ 가족을 걱정하고 사랑한다.
>   ㉰ 화를 잘 내고 잘난 체를 한다.
>   ㉱ 자녀의 의견을 존중하며 개방적이다.

(   )

9 ㉡에 들어갈 말로 알맞은 것은 무엇인가요?

① 기쁘게   ② 힘없게   ③ 당황하며

④ 화를 내며   ⑤ 걱정하는 듯이

10 아버지께 물통을 가져다 드린 뒤 정호는 어떤 마음이 들었는지 알맞은 것에 ○표 하세요.

보람되고 뿌듯한 마음 ☐　　속상하고 섭섭한 마음 ☐　　우울하고 당황스러운 마음 ☐

11 정호가 **10**에서 답한 것과 같은 마음이 든 까닭으로 알맞지 <u>않은</u> 것은 무엇인가요?

① 엄마가 주신 물통이 몹시 무거워서
② 아빠가 정호를 보고 함박만 하게 웃으셔서
③ 일꾼 아저씨들도 수고했다고 칭찬해 주셔서
④ 자신이 아주 큰일을 해낸 것 같은 기분이 들어서
⑤ 일꾼 아저씨들이 물을 꿀꺽꿀꺽 아주 달게 드셔서

재미있는 낱말 놀이터 '어깨'와 관련된 관용 표현

🍎 다음 문장에 밑줄 친 관용 표현의 뜻을 찾아 선으로 바르게 이어 보세요.

정호는 심부름을 하느라 친구와의 약속을 지키지 못해 <u>어깨가 처졌다.</u>

칭찬을 해 주시는 아버지와 일꾼 아저씨들 덕분에 정호는 <u>어깨가 으쓱해졌다.</u>

정호는 아저씨들과 <u>어깨를 나란히 하며</u> 볏단을 나르는 일을 열심히 도왔다.

같은 목적으로 함께 일하다.

뽐내고 싶은 기분이나 떳떳하고 자랑스러운 기분이 되다.

실망하여 풀이 죽고 기운이 없다.

왜 그럴까?

우리가 쓰는 관용 표현에는 우리 몸의 일부분과 관련된 말로 이루어진 것이 있습니다. 목의 아래 끝에서 팔의 위 끝에 이르는 몸에 일부분인 '어깨'와 관련한 관용 표현에 대해 알아봅시다. 각각의 상황에서 인물이 어떻게 행동하고 있는지 살펴보고, 무슨 뜻으로 쓰인 것인지 확인해 보세요.

읽기 목표

5 사건 전개와 인물의 마음 변화 이해하기 ❸

23일

사건이 전개되는
내용 파악하기

사건에 대한 인물의
말이나 행동 살펴보기

사건 전개에 따른
인물의 마음 변화 알기

공부한 날 월 일

 다음 편지글을 읽고, 물음에 답해 봅시다.

내 친구 온유에게

온유야, 안녕? 나 인오야.

오늘은 내가 제일 좋아하는 미술 시간이 있는 화요일이야. 그림 그리는 것을 좋아하는 나는 한 껏 기대가 되었지. 게다가 지난 생일에 선물로 받은 그림물감을 처음으로 쓰게 되어서 더욱 들떠 있었는지 몰라. 드디어 미술 시간, 밑그림을 다 그리고 색을 칠하려고 물통에 물을 떠 왔는데, 그만 실수로 물통을 넘어뜨리고 말았어. 순간 물이 엎질러져서 내가 그려 놓은 밑그림도 못 쓰게 되었고, 물통을 잡으려다가 놓쳐 네 실내화 가방에도 물을 쏟고 말았어. 나는 갑자기 시간이 멈추어 버린 느낌이었어. 너무 당황한 나머지 너에게 사과한다는 생각조차 잊었어. 당황스러운 마음에 눈물이 나려던 참이었지. 그런데 그때 네가 자리에서 일어나서 나에게 손걸레를 건네준 거야.

"인오야, 괜찮아? 내가 도와줄게. 얼른 쏟아진 물을 닦자."

라고 말하면서 내 밑그림에 쏟은 물도 닦아 주고, 교실 바닥에 흥건한 물까지 대걸레를 가져와 닦아 주었지. 그리고 넌 너의 실내화 가방보다 내 옷에 물이 튄 것을 먼저 걱정해 주었어.

"인오야, 얼른 옷을 말려야겠다. 내 실내화 가방은 걱정하지 마. 이렇게 툭툭 털어 내면 돼."

순식간에 일어난 일이라 나는 너에게 고맙다는 인사도 제대로 못했어. 집에 와서 생각해 보니 정말 고맙더라. 네 실내화 가방이 물에 젖어서 속이 상하고 화가 날 수 있었을 텐데, 나를 먼저 생각해 주고 도와주는 너의 마음에 감동을 받았어. 온유야, 정말 고마워.

20○○년 11월 5일

너의 친구 인오가

1 미술 시간에 인오에게 일어난 사건은 무엇인지 찾아 ○표 하세요.

(1) 새 그림물감을 빌려주지 않아 온유와 다투었다. ·· (   )

(2) 물통을 엎질러서 물을 쏟았는데 온유가 물 닦는 것을 도와주었다. ··············· (   )

(3) 그림 그리는 것을 좋아하지 않아서 미술 시간에 그림을 그리지 않았다. ········· (   )

2 1 의 사건을 겪으며 인오의 마음이 어떻게 변화되었는지 보기 에서 찾아 쓰세요.

보기   ㉠ 슬픈 마음   ㉡ 고마운 마음   ㉢ 뿌듯한 마음   ㉣ 화가 난 마음   ㉤ 당황스러운 마음

처음의 마음: (   ) → 변화된 마음: (   )

숲 근처 어느 마을의 한 오두막집에 할아버지, 할머니가 살고 있었어요. 할아버지, 할머니는 물고기를 잡으러 자주 강으로 나가고는 하였지요.

그러던 어느 날이었어요. 커다란 수박 한 통이 할아버지, 할머니가 타고 있는 배로 둥실둥실 떠내려왔어요. 그 수박은 너무 커서 할아버지는 깜짝 놀랐어요. 할아버지와 할머니는 얼른 가서 그 수박을 건져 왔어요. 그리고 오두막집으로 돌아오자마자 그 큰 수박을 자를 준비를 하였지요.

바로 그때였어요. 수박 통 속에서 사내아이의 목소리가 들렸어요. 할아버지와 할머니는 주위를 두리번거렸지만 아무도 없었어요. 결국 할아버지, 할머니는 조심조심 수박을 자르기 시작하였어요. 수박이 반으로 쩍 갈라지자 할아버지, 할머니는 놀라서 뒤로 넘어지고 말았어요. 수박 속에서 어린아이가 나왔기 때문이에요. 그날부터 할아버지와 할머니는 그 아이를 '수박돌이'라고 불렀어요.

수박돌이는 다른 아이들과 다른 데가 있었어요. 아이의 피부가 아주 차가웠거든요. 그래서 수박돌이가 열병을 앓고 있는 사람을 손으로 만지면 열병이 금세 ㉠감쪽같이 낫는 것이었어요. 또, ㉡수박돌이는 하루도 빠짐없이 맛있는 음식을 정성껏 구하여 할아버지와 할머니께 드렸지요. 어떤 때는 이웃에게 나누어 줄 것까지 구해 오고는 하였어요. 그래서 수박돌이는 주위에 있는 모든 사람으로부터 칭찬받고 사랑받는 소년이 되었답니다.

그러던 어느 날, 수박돌이는 깊은 산속에서 길을 잃고 헤매다가 큰 나무 아래에서 잠이 들고 말았어요. 잠결에 눈을 떠 보니 몸집이 어마어마하게 큰 거인이 큰 손으로 자신을 붙잡고 있었어요. 거인은 수박돌이를 한입에 꿀꺽 집어삼키려고 하였어요. 수박돌이는 목숨만은 살려 달라고 거인에게 간절히 빌었어요. 그 말을 들은 거인은 어린 수박돌이가 더 클 때까지 데리고 있다가 잡아먹기로 마음먹었어요.

㉢수박돌이는 거인과 함께 동굴에서 살게 되었어요. 수박돌이는 동굴을 참 잘 관리하였지요. ㉣거인이 잠을 자는 곳도 깨끗하게 정돈해 놓고요.

그러던 어느 날, 거인이 병이 나서 먹을 것을 구하러 밖으로 나갈 수 없게 되었어요. 그러자 거인은 수박돌이를 잡아먹어야겠다고 생각하였지요. ㉤하지만 수박돌이는 그를 정성껏 보살폈어요. 거인의 병을 낫게 하려고 손으로 그를 어루만져 주었어요.

㉮거인은 수박돌이의 정성 어린 보살핌에 무척 감동을 받았어요. 보답으로 거인은 수박돌이의 소원 한 가지를 들어주기로 하였어요. 그러자 수박돌이는 할아버지, 할머니를 보살펴 드릴 수 있도록 집으로 돌아가게 해 달라고 말하였답니다.

㉯거인에게 무척이나 슬픈 일이었지만, 수박돌이가 집으로 돌아가서 할아버지와 할머니를 돌보아 드릴 수 있도록 보내 주었어요. 그렇게 수박돌이는 집으로 돌아와 다시 할아버지, 할머니를 보살펴 드렸어요. 하지만 숲속으로 할아버지와 할머니가 드실 것을 구하러 나갈 때면 언제나 ㉰꼭 잊지 않고 거인이 있는 곳을 찾아가 거인을 돌보아 주었답니다.

- 아눗싸라 디와이 글, 이구용 옮김, 『태국에서 온 수박돌이』 중에서

3 수박돌이가 다른 아이들과 <u>다른</u> 점은 무엇인가요?

① 키가 몹시 작았다.　　　　② 얼굴이 초록색이었다.　　　③ 배가 볼록하게 나왔다.
④ 피부가 아주 차가웠다.　　⑤ 머리카락이 빨간색이었다.

4 ㉠ '감쪽같이'의 뜻으로 알맞은 것은 무엇인가요?

① 다른 사람들이 알아챌 정도로　　　　　② 성품이나 태도가 조심성이 없이
③ 소리가 나도록 잇따라 치거나 때리듯이　　④ 표시하거나 일한 것이 외부에 드러나게
⑤ 꾸미거나 고친 것이 전혀 알아챌 수 없을 정도로 티가 나지 않게

5 ㉡~㉥ 중, 수박돌이의 성격을 알 수 있는 부분이 <u>아닌</u> 것의 기호를 쓰세요.　　　　　(　　　　　)

6 ㉮와 ㉯에서 거인의 마음은 어떻게 변화하였나요?

	㉮		㉯
①	고마운 마음	→	배려하는 마음
②	서운한 마음	→	무서워하는 마음
③	즐거운 마음	→	불만스러운 마음
④	하찮게 여기는 마음	→	애틋한 마음
⑤	자랑스러운 마음	→	불만스러운 마음

7 처음에는 수박돌이를 잡아먹으려고 했던 거인의 마음이 **6**과 같이 변화한 까닭을 바르게 말한 친구는 누구인지 쓰세요.

> 정후: 수박돌이가 산 속에서 길을 잃었기 때문이야.
> 미연: 수박돌이가 거인 곁에 남아 있겠다고 했기 때문이야.
> 보라: 할머니, 할아버지가 수박을 잘라 수박돌이를 꺼내 주었기 때문이야.
> 지영: 수박돌이가 거인의 병을 낫게 하려고 손으로 그를 어루만지고 정성껏 보살펴 주었기 때문이야.

(　　　　　)

8 수박돌이가 거인에게 말한 '소원'은 무엇인가요?

① 몹시 큰 부자가 되는 것　　　　　② 몹시 힘이 센 사람이 되는 것
③ 함께 놀 친구를 구해 달라는 것　　④ 할머니, 할아버지의 집으로 돌아가는 것
⑤ 할머니, 할아버지를 거인이 사는 곳으로 모셔 오는 것

다음 그림을 참고하여 사건이 일어난 차례에 맞게 정리하여 번호를 써 보세요.

(1) 수박 속에서 어린아이가 나왔다.

(2) 깊은 산속에서 길을 잃은 수박돌이가 거인에게 붙잡혔다.

(3) 수박돌이가 아픈 거인을 정성껏 보살펴 주었다.

(4) 할아버지, 할머니가 강에 나갔다가 커다란 수박을 건졌다.

재미있는 낱말 놀이터

'-결'이 붙는 낱말

🍏 그림 속 상황을 잘 살펴보고, 빨간색으로 쓴 낱말의 뜻을 찾아 선으로 바르게 이어 보세요.

잠결에 부모님이 오시는 소리를 듣고 거실로 나왔다.

나는 얼떨결에 동생의 부탁을 들어주기로 했다.

무심결에 속말이 튀어나오는 바람에 친구가 속상해했다.

·　　　　　　·　　　　　　·

·　　　　　　·　　　　　　·

의식이 흐릿할 정도로 잠이 어렴풋이 들거나 깬 상태.

아무런 생각이나 의도가 없어 스스로 깨닫지 못하는 사이.

어떤 일이 뜻밖이거나 복잡해서 정신을 제대로 차리지 못한 사이.

왜 그럴까?

'꿈결에 본 듯하다.'라는 문장에서 '꿈결'은 '꿈을 꾸는 동안'을 의미하는 낱말로, '꿈결'에서 '-결'은 일부 낱말의 뒤에 붙어 '지나가는 사이' 또는 '도중'의 뜻을 더하는 낱말입니다. 각각의 낱말과 '-결'이 결합했을 때 어떤 뜻이 되는지 살펴보고, 상황에 맞게 쓸 수 있도록 하세요.

5 사건 전개와 인물의 마음 변화 이해하기 ❹

사건이 전개되는
내용 파악하기

사건에 대한 인물의
말이나 행동 살펴보기

사건 전개에 따른
인물의 마음 변화 알기

공부한날   월   일

다음 이야기를 읽고, 물음에 답해 봅시다.

(가) "송아지 내기 할까?"

하고 영도 할머니께서 장난스레 말씀하셨습니다.

"송아지요? 송아지가 있어야죠."

"아, 느이 소, 새끼 배지 않았냐? 그걸 걸면 되잖냐?"

"할머니는요?"

"나도 우리 송아지를 걸지."

낳은 지 한 달이 넘은 영도네 송아지가 동해의 가슴속으로 펄쩍펄쩍 뛰어 들어왔습니다. 동해는 그 송아지를 내보내기가 싫었습니다.

'이기면 돼. 이기면 영도네 송아지는 내 거야.'

공부 외엔 무엇이든지 자신이 있는 동해였습니다. 씨름판의 장사가 황소를 타 가듯이, 송아지를 몰고 집으로 돌아가는 자기의 모습이 떠올랐습니다.

(나) "허, 그 중 가장 큰판일세. 송아지 내기라……. 우리가 증인을 설 테니까 한번 놀아 봐요."

지켜보시던 어른들께서 재미있는 구경거리가 생겼다는 얼굴로 모여들었습니다. 그렇게 해서 영도 할머니와 동해의 송아지 내기 윷놀이는 시작되었습니다. 결과는 영도 할머니의 승리였습니다. (중략)

그제야 동해는 자기가 엄청난 짓을 저질렀다는 사실을 깨달았습니다. 감히 송아지 내기를 하다니…….

- 이금이, 『영구랑 흑구랑 - 송아지 내기』 중에서

1 영도 할머니와 동해가 윷놀이 내기에 건 것은 무엇인가요?

① 송아지   ② 다람쥐   ③ 윷가락   ④ 굴렁쇠   ⑤ 자전거

2 (가)와 (나)에서 동해의 마음 변화를 바르게 짐작한 친구를 골라 ○표 하세요.

시후: (가)에서 내기에 이겨서 송아지를 얻는 상상을 하며 설레다가, (나)에서 윷놀이 내기에 져서 내기를 한 것을 후회했을 거야.	진솔: (가)에서 영도 할머니가 윷놀이에 이기기를 바라는 마음이었다가, (나)에서 할머니가 내기에서 이기자 축하하는 마음으로 바뀌었을 거야.
( )	( )

(다) 어미소는 동해네의 커다란 재산이었습니다. 태어날 송아지한테는 동해네 식구의 갖가지 꿈이 걸려 있습니다. 동해는 그런 송아지가 태어나기도 전에 남의 것이 되게 만든 것입니다.

어미소의 몸이 무거워지면 무거워질수록 동해의 걱정도 함께 무거워져 갔습니다. ㉠먼빛으로라도 영도 할머니를 보면 비슬비슬 피하였습니다. 어쩌다 영도 할머니께서 집에 오시기라도 하면 가슴이 철렁 내려앉았습니다.

(라) 동해는 주춤거리며 다가갔습니다. 어미소가 갓 낳은 송아지의 털을 핥아 주고 있었습니다.

송아지는 동해를 말끄러미 올려다보았습니다. 동해가 손바닥을 내밀자, 송아지는 배치작대며 다가와서 손바닥을 핥았습니다.

아버지께서는 짚을 빼내어 새끼를 꼬기 시작하셨습니다. 세상에서 제일가는 부자가 된 듯한 얼굴이셨습니다.

"금줄 만드시는 거예요?"

형이 옆에 앉아 솔가지며 숯을 집어 드렸습니다.

"그래. 우리 송아지 부정타지 말고 무럭무럭 자라라고 금줄을 쳐야지."

동해는 몰래 한숨을 내쉬었습니다. 미신이기는 하지만, 금줄이 대문에 걸려 있는 동안은 영도 할머니께서도 마음대로 송아지를 빼앗아 가지는 못하실 것입니다.

(마) 아무것도 모르는 어머니께서는 영도 할머니를 맞아들이셨습니다.

"응, 동해 거기 있구나. 너, 나 좀 보자."

영도 할머니께서는 서슬이 퍼렜습니다.

"왜 그러세요? 동해가 무슨 잘못이라도 했나요?"

"아, 글쎄 동해가……." / "안 돼요, 안 돼요!"

동해는 울음을 터뜨리며 외양간 앞을 가로막았습니다.

㉡"안 돼요. 송아지를 가져가면 안 돼요!"

영도 할머니께서 어리둥절한 얼굴로 멈추어 서셨습니다.

"동해야, 그게 무슨 소리야? 송아지를 가져가면 안 된다니?"

어머니께서는 영문을 알 수 없다는 표정으로 동해와 영도 할머니를 번갈아 보셨습니다.

(바) ㉢갑자기 영도 할머니께서 웃기 시작하셨습니다.

"에라, 이 녀석!"

영도 할머니께서는 한쪽 발을 구르며 동해를 때리는 시늉을 하셨습니다.

"장난으로 내기한 걸 여태 안 잊어버렸냐? 원, 녀석. 걱정 마라, 송아지 안 가져갈 테니……."

동해는 벌떡 일어섰습니다.

"저, 정말이죠?"

"그래. 너, 그 대신 영도를 다시는 울리지 마라. 한 번만 더 울리면 그 땐 송아지를 끌고 갈 거야."

영도 할머니께서는 짐짓 무서운 얼굴을 하셨습니다. 그러나 동해의 눈에는 천사의 얼굴보다도 더 고와 보였습니다.

- 이금이, 『영구랑 흑구랑 - 송아지 내기』 중에서

3 동해가 ⊙과 같이 행동한 까닭은 무엇인가요?

① 영도 할머니께 꾸지람을 들을까 봐

② 송아지 내기에서 할머니께 졌기 때문에

③ 송아지 내기에서 할머니께 이겼기 때문에

④ 영도 할머니께서 또 다시 윷놀이를 하자고 할까 봐

⑤ 영도 할머니께서 자신을 불러다가 힘든 일을 시킬까 봐

4 (라)에서 동해의 아버지가 금줄을 치려고 하는 까닭은 무엇인가요?

① 송아지가 금줄을 좋아하기 때문에　　② 송아지를 다른 사람이 훔쳐 갈까 봐

③ 송아지가 부정 타지 말고 잘 자라게 하려고　　④ 어미소가 송아지 곁에 오지 못하게 하려고

⑤ 금줄을 치면 송아지 값을 올려 받을 수 있어서

5 ⓒ을 읽을 때 어울리는 목소리는 무엇인가요?

① 나긋나긋한 목소리　　② 크고 다급한 목소리

③ 조용하고 낮은 목소리　　④ 또박또박 정확한 목소리

⑤ 궁금하다는 듯이 끝을 올린 목소리

6 (바)에서 영도 할머니께서 ⓒ과 같이 웃으신 까닭은 무엇인가요?

① 동해가 윷놀이를 다시 하자고 해서

② 새로 태어난 송아지가 아주 귀여워서

③ 새로 태어난 송아지를 이제야 가져갈 수 있어서

④ 동해가 영도와 사이좋게 지낸다는 사실을 알고서

⑤ 장난으로 한 내기를 동해가 진짜라고 믿고 있다는 것을 알게 되어서

7 (바)에서 동해의 눈에 영도 할머니가 천사의 얼굴보다 고와 보인 까닭은 무엇일까요?

① 영도 할머니께서 송아지의 병을 고쳐 주셨기 때문에

② 영도 할머니께서 송아지를 데려가지 않겠다고 하셨기 때문에

③ 영도 할머니네 송아지보다 우리 송아지의 덩치가 더 컸기 때문에

④ 영도 할머니께서 영도와 사이좋게 지내라고 타일러 주셨기 때문에

⑤ 영도 할머니네 집에 이제 자주 놀러갈 수 있게 허락을 받았기 때문에

8 이 이야기에서 동해의 마음이 어떻게 변화되었는지 알맞은 것을 찾아 기호로 써 보세요.

㉮ 설레고 떨리는 마음	㉯ 심심하고 지루한 마음
㉰ 속상하고 걱정되는 마음	㉱ 마음을 놓으며 안도하는 마음

(　　　　) → (　　　　)

9 이 이야기를 읽고 동해에게 해 주고 싶은 말을 바르게 이야기한 친구는 누구인가요?

① **유림**: 함부로 내기를 해서는 안 돼.

② **미진**: 내기란 흥미진진하고 재미있는 것이구나.

③ **진주**: 거짓말을 하면 신뢰를 잃게 되므로 거짓말을 해서는 안 돼.

④ **소현**: 웃어른을 공경해야 해. 할머니께는 공손한 태도를 보였어야지.

⑤ **은지**: 아깝다, 내기에서 송아지를 얻을 수 있었는데……. 다시 도전해 보렴.

'배다'와 '베다'의 뜻 구분하기

🍎 그림을 잘 살펴보고, ( ) 안에 들어갈 알맞은 표현에 ○표 하고, 보기 에서 알맞은 뜻을 찾아 ⭕ 안에 번호를 쓰세요.

우리 집에서 키우는 소가 새끼를 (뱄다 / 벴다).

열심히 뛰었더니, 옷에 땀이 (뱄다 / 벴다).

나는 침대에 누워 베개를 (배고 / 베고) 이불을 덮었다.

빨갛게 잘 익은 사과를 크게 한 입 (배어 / 베어) 물었다.

보기
❶ 스며들거나 스며 나오다.
❷ 이로 음식을 끊거나 자르다.
❸ 배 속에 아이나 새끼, 알 등을 가지다.
❹ 누울 때, 어떤 물건을 머리 아래에 받치다.

 왜 그럴까?

'소가 새끼를 가졌다.'라는 뜻의 문장을 쓸 때, '배다'를 써야할지, '베다'를 써야 할지 맞춤법이 헷갈리는 경우가 있습니다. 이처럼 '배다'와 '베다'는 발음이 비슷하지만 뜻이 다르기 때문에 정확한 표기를 알고 상황에 맞게 쓸 수 있도록 해야 합니다.

5 사건 전개와 인물의 마음 변화 이해하기

마무리~

25일 5

| 사건이 전개되는 내용 파악하기 | 사건에 대한 인물의 말이나 행동 살펴보기 | 사건 전개에 따른 인물의 마음 변화 알기 | 공부한날 | 월 | 일 |

정리 앞에서 배운 '사건 전개와 인물의 마음 변화 이해하기'와 관련하여 다음에 제시된 내용이 맞으면 ○표, 틀리면 ×표 하세요.

이야기에서 벌어지는 사건과 인물의 마음 변화는 밀접하게 관련되어 있어요.

이야기가 시작되고 끝날 때까지 한 인물의 마음이나 태도는 절대 변하지 않아요.

사건에 대한 인물의 말이나 행동을 살펴보면 인물의 마음이 어떻게 바뀌었는지 짐작할 수 있어요.

같은 사건에 대한 인물들의 마음은 모두 같아요.

인물의 마음 변화를 파악하지 않더라도 글의 내용을 이해하는 데는 문제가 없어요.

인물에게 일어난 사건을 파악하려면 그 인물에게 무슨 일이 일어났는지 확인해야 해요.

인물의 마음 변화를 이해하려면 인물의 생김새를 잘 살펴봐야 해요.

인물의 말이나 태도, 행동 등에 나타난 변화를 파악하면 인물을 보다 깊이 있게 이해할 수 있어요.

인물에게 어떤 사건이 발생했는지를 파악하면 그 인물의 마음이 왜 변화했는지 더 잘 이해할 수 있어요.

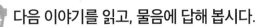

(가) 아버지는 묻힌 돌 주위의 흙을 걷어 냈다. 돌은 절구 같아 보였다. 둥근 뚜껑이 묵직하게 덮여 있었다. 아버지와 정우가 힘을 합해 뚜껑을 밀었다. 뚜껑은 끄떡도 하지 않았다. 간신히 작은 틈을 내고 그 사이에다 곡괭이 자루를 집어넣었다.

지레질로 젖히자 뚜껑은 녹슨 쇠문이 밀리듯 물러났다. 그 순간, 아버지도 정우도 눈이 휘둥그레졌다. 절구 같은 돌 통 안에는 보물이 그득했다. 두 개의 촛대와 작은 쇠 문갑, 크고 작은 몇 개의 항아리……. 그중에서도 가장 놀라운 것은 작은 불상이었다. 녹슬지 않은 불상은 햇빛을 받자 눈을 반짝 떴다. 온몸으로 찬란한 빛을 눈부시게 뿜어냈다.

"세상에……."

불상을 감싸 쥔 아버지는 온몸을 사시나무처럼 떨고 계셨다. 정우는 입을 반쯤 벌리고 서서 아버지의 모습을 멍하니 바라보고만 있었다. 아버지도 정우도 마치 넋이 나가 버린 것만 같았다.

(나) 아버지와 어머니는 밭에서 파낸 보물을 감출 의논을 하고 있는 중이었다.

'아, 아버지께서…… 상문이 아버지를 그렇게 몰아세우던 아버지께서…….'

정우는 잠이 확 달아났다. 아버지에 대한 믿음이 와르르 무너져 내리는 것을 느꼈다. 정우는 문쪽으로 배밀이를 해 갔다. 문을 조금 열고 그 틈으로 살며시 엿보았다.

어머니는 장독대 밑에 판 구덩이에다 뭘 묻고 계시는 아버지를 내려다보고 계셨다. 이윽고 일이 끝나자 아버지는 그 위에 장독을 옮겨 놓고 손을 씻은 다음 방 안으로 드셨다. 그날 밤, 정우는 한잠도 이루지 못했다.

아침이 됐다. 아버지는 보물 보자기를 들고 읍내에 나가셨다. 불상은 빼고 나머지 보물들을 군청에 헌납하러 가시는 것이다. 정우는 그런 아버지에게 인사도 올리지 않았다. 아버지 가슴속에 그런 ㉠어두운 마음이 도사리고 있었다니…….

(다) "거짓말하지 마세요. 전 다 알아요."

"음, 그랬구나. 아버지가 어리석었다. 난 그걸 하나 간직하면 우리 가문 대대의 가보가 되겠다는 생각에……." / "……."

정우는 '나라가 간직하면 국보가 될 수도 있어요.'하는 대답을 하고 싶었다. 그러나 입 밖에 내진 못하고 마음속에서 굴리고 있었다.

"너만 입 다물고 있으면 우리는……."

"불상은 나라의 보물이지 우리 보물은 아니에요."

정우는 볼멘 목소리로, 언젠가 아버지가 상문이 아버지에게 하시던 말씀을 되돌려 드리고 있었다.

"아버지, 어디 가세요?"

정우가 들뜬 목소리로 고함을 쳤다. 아버지가 뒤돌아보셨다. 말 없이 씽긋 한 번 ㉡계면쩍게 웃으시고는 다시 몸을 돌려 걷기 시작하셨다.

어깨가 아래로 쳐진 아버지의 뒷모습에 정우는 눈물이 핑 돌았다.

"부처님 신고를 하러 가시는 거야."

등 뒤에서 어머니 소리가 들렸다. 정우의 두 눈에서 주르륵 눈물이 흘러내리고 있었다.

- 신충행, 『100년 후에도 읽고 싶은 한국 명작 동화 Ⅱ - 부처님 웃으시다』 중에서

1 다음 중 아버지와 정우가 발견한 보물이 <u>아닌</u> 것은 무엇인가요?

① 작은 불상   ② 두 개의 촛대   ③ 작은 쇠 문갑
④ 목걸이 같은 장신구   ⑤ 크고 작은 몇 개의 항아리

2 정우는 무엇을 보고 아버지에 대한 믿음이 와르르 무너져 내리는 것을 느꼈나요?

① 아버지가 다시 군청에 가시는 것을 보고
② 아버지가 어머니에게 화를 내는 모습을 보고
③ 아버지와 어머니가 상문이 아버지를 흉보는 것을 보고
④ 불상을 감싸 쥔 아버지가 온몸을 사시나무처럼 떠는 것을 보고
⑤ 아버지와 어머니가 밭에서 파낸 보물을 감추려고 의논을 하는 것을 보고

3 ㉠은 어떤 마음을 가리키는 말인가요?

① 친구를 미워하는 마음
② 다른 사람을 해치려는 마음
③ 농사짓는 것을 부끄러워하는 마음
④ 내 것이 아닌 물건에 욕심을 내는 마음
⑤ 아들에게 부끄럽지 않도록 정직하게 살려는 마음

4 (가)~(다)의 중심 사건을 찾아보고, 그에 따른 정우의 마음을 보기 에서 찾아 기호를 쓰세요.

중심 사건	정우의 마음
(1) 아버지와 정우가 보물을 발견함. (2) 아버지가 불상을 가지려고 숨김. (3) 아버지가 불상을 군청에 신고하러 감.	㉮ 실망스러운 마음 ㉯ 기쁘고 자랑스러운 마음 ㉰ 놀라고 당황스러운 마음

	중심 사건	정우의 마음
(가) 문단		
(나) 문단		
(다) 문단		

5 ⓛ의 뜻으로 알맞은 것은 무엇인가요?

① 몹시 궁금해하며
② 돈이나 물건을 바치며
③ 쑥스럽거나 미안하여 어색하게
④ 부끄러운 짓을 하고도 태연하게
⑤ 매우 대견하거나 자랑스러워하며

6 인물의 마음 변화와 사건의 관계를 바르게 말한 친구는 누구인지 쓰세요. (   )

| 유림: 인물의 마음은 한 번 바꾸면 다시는 변하지 않아. | 해솔: 새로운 사건이 전개되더라도 인물의 마음은 변하지 않아. | 은호: 사건이 전개되면서 인물의 마음이나 생각이 그에 따라 변화할 수 있어. |

재미있는 낱말 놀이터 인물의 마음을 느낄 수 있는 관용 표현

🍎 그림을 잘 살펴보고, 문장에 쓰인 관용 표현의 뜻을 찾아 선으로 바르게 이어 보세요.

불상을 감싸 쥔 아버지는 온몸을 <u>사시나무 떨 듯 떨었다</u>.

정우는 믿었던 아버지의 비겁한 행동을 보고 <u>억장이 무너졌다</u>.

군청에 가시는 아버지를 보자 <u>눈물이 앞을 가렸다</u>.

| 두려운 마음에 몸을 몹시 떠는 모양을 비유적으로 이르는 말. | 슬프거나 기쁜 일로 인해 눈물이 자꾸 나옴을 비유적으로 이르는 말. | 극심한 슬픔이나 절망으로 인해 몹시 허무하고 괴로운 상황을 비유적으로 이르는 말. |

왜 그럴까?

관용 표현을 사용하면 인물이 처한 상황이나 인물이 느끼는 심리 상태를 더욱 효과적으로 드러낼 수 있습니다. 예를 들어 '온몸을 떨었다.'보다 '온몸을 사시나무 떨듯 떨었다.'라고 하면 무엇인가 매우 두려워 온몸을 몹시 떠는 모습을 더욱 생생하게 떠올릴 수 있습니다. 각각의 상황에서 어떤 관용 표현을 써서 인물의 상황이나 심정을 효과적으로 표현하였는지 확인해 보세요.

6 문장의 구조 파악하며 읽기 ❶

기본적인 문장 성분을 통해 문장의 구조 파악하기 · 다양한 문장 구조 이해하기 · 문장 구조를 고려하여 긴 문장 바르게 이해하기

공부한 날 　월　　일

힘내! **26**일

누나, 공부해? 나 부탁 있는데……

먼데?

내가 이번에 학교 신문 편집을 맡았는데, 친구가 써 준 글의 문장이 너무 길어서 무슨 말을 하는지 잘 모르겠어. 누나가 같이 읽어 봐 주면 안 될까?

친구가 한 문장을 너무 길게 썼구나. 이러면 읽는 사람이 내용을 정확하게 이해하기 어려운데. 우선 주어와 서술어부터 찾아볼까?

주어? 서술어?

또, 문장에 서술어가 한 개씩 짝을 이루도록 문장을 끊어 쓰면 내용이 간결해지기 때문에 읽는 사람이 더 이해하기 쉬울 거야.

응. 문장의 구조를 파악하면 긴 글도 이해하기 쉽거든. 이렇게 주어에 동그라미, 서술어에는 밑줄을 치며 읽으면 뜻을 좀 더 명확하게 알 수 있지.

우리가 자주 이용하는 학교 앞 건널목에서 신호를 무시하고 무단 횡단을 하는 학생들이 점점 늘어남에 따라 부모님들께서 당번을 정해 매일 아침마다 교통 지도를 하시지만, 여전히 남아 있는 안전 문제를 해결하려면 다른 대책이 필요하다.

오, 문장을 짧게 쓰니까, 무슨 뜻인지 더 명확해졌네. 고마워, 누나~

　　생각이나 감정을 말이나 글로 표현할 때 완결된 내용을 나타내는 최소의 단위를 문장이라고 합니다. 사람들은 자신의 생각을 자세하게 전달하기 위해 문장을 서로 연결하여 표현하거나, 한 문장 속에 다른 문장을 넣어 표현하기도 합니다.

　　그런데 문장을 너무 길게 쓰면, 읽는 이가 그 뜻을 이해하지 못하거나 잘못 이해하는 경우가 있습니다. 이럴 때, 문장의 구조를 파악하는 방법을 알면, 문장을 끊어 읽을 수 있어 그 내용을 바르게 이해할 수 있습니다.

　　자, 이제 문장의 구조를 파악하는 방법을 생각하며 여러 가지 문장을 바르게 읽어 볼까요?

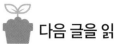 다음 글을 읽고, 물음에 답해 봅시다.

오늘 전국이 흐린 가운데 서울에는 오후 2시경부터 비가 내렸습니다.

현재는 서해상에서 다가오는 비구름의 영향으로 서쪽 지역에 비가 내리고 있지만, 비구름이 점차 동쪽으로 이동하면서 밤에는 전국에 비가 내릴 것으로 보입니다. ㉠이 비는 내일 아침까지 이어지 겠습니다.

비가 그치면, 황사가 밀려오겠습니다. 황사의 영향으로 서쪽 지역은 미세먼지 '나쁨', 그 밖의 지 역도 일시적으로 '나쁨'에서 '매우 나쁨' 단계까지 오를 수 있겠습니다.

이를 대비하여 내일은 마스크를 챙기시는 것이 좋겠습니다.

어린이와 노약자는 외출을 자제해 주십시오.

황사는 모레까지 이어지겠습니다.

지금까지 기상 정보였습니다.

1 이 기상 정보를 읽고 난 뒤의 반응으로 알맞지 <u>않은</u> 것은 무엇인가요?

① 내일 아침에 나갈 때 마스크와 우산을 챙겨야지.
② 내일 학교에 갈 때 우비를 입고 장화를 신어야겠구나.
③ 삼촌이 살고 계시는 서울은 오후 2시경부터 비가 내렸구나.
④ 할아버지와 할머니께 전화를 해서 내일은 외출하시지 마시라고 말씀드려야지.
⑤ 내일은 황사 때문에 밖에 나가지 못하니, 모레 온가족이 함께 외출을 해야겠구나.

2 이 글에 쓰인 다음 문장에서 주어를 찾아 ◯표 하세요.

비가 내렸습니다.	비가 그치면, 황사가 밀려오겠습니다.

3 2에 나온 문장에서 주어와 서술어가 각각 한 개씩 있는 문장을 골라 ◯표 하세요.

비가 내렸습니다.	비가 그치고, 황사가 밀려오겠습니다.
( )	( )

4 ㉠과 같이 문장에 주어와 서술어가 각각 한 개씩 있는 문장을 찾아 ◯표 하세요.

(1) 사과가 맛있다. ··· (   )
(2) 나는 운동장을 달렸다. ··· (   )
(3) 날씨는 덥고, 밤은 자꾸만 깊어 갔다. ·· (   )
(4) 바람이 불자, 꽃잎이 우수수 떨어졌다. ·· (   )

다음 수업 내용을 읽고, 물음에 답해 봅시다.

선생님: 우리가 사용하는 문장은 문장 구조에 따라 홑문장과 겹문장으로 나눌 수 있어요.

홑문장은 주어와 서술어가 각각 한 개씩 있는 문장을 말합니다. 홑문장은 가장 기본적인 구조의 문장이라고 할 수 있어요. 이에 비해 겹문장은 주어와 서술어가 두 개 이상 있는 문장을 말합니다. 홑문장과 겹문장을 나누는 기준은 문장에서 사용된 주어와 서술어가 몇 개인가를 보면 알 수 있습니다. 주어는 문장에서 생략되기도 하므로 특히 서술어의 개수를 잘 확인해야 합니다. 다른 문장 성분은 홑문장과 겹문장을 나누는 기준과는 관련이 없어요.

그렇다면 다음의 문장은 홑문장일까요? 겹문장일까요?

> 현수는 밥을 먹었다.

학생 1: 이 문장에서 주어는 '현수는'이고 서술어는 '먹었다'입니다. 주어와 서술어가 각각 한 개씩 나타났기 때문에 이 문장은 홑문장이에요.

선생님: 맞았어요. 그럼, 다음 문장을 살펴볼까요? 우선 다음 문장을 크게 두 부분으로 나눠 보세요.

> 바람이 불고 비가 쏟아졌다.

학생 2: 첫 번째 부분은 '바람이 불고'이고 두 번째 부분은 '비가 쏟아졌다'입니다.

선생님: 그럼, 각 부분에서 주어와 서술어를 찾아보세요.

학생 2: '바람이'와 '비가'는 주어이고, '불고'와 '쏟아졌다'는 서술어입니다.

선생님: 맞아요. 주어가 두 개, 서술어가 두 개이니까 이 문장은 겹문장이에요. 자, 그럼 다음 문장을 볼까요?

> 나는 선생님께서 화나셨다는 것을 알았다.

학생 3: 선생님, 이 문장은 홑문장인지, 겹문장인지 헷갈려요.

선생님: 이 문장도 크게 두 부분으로 나눌 수 있어요. 첫 번째 부분은 '나는 / 알았다'이고, 두 번째 부분은 '선생님께서 화나셨다'이죠. 주어가 두 개, 서술어가 두 개 있으므로 이 문장 역시 겹문장이에요.

 다음 중 홑문장과 겹문장을 나누는 기준으로 알맞은 것에 ○표 하세요.

문장이 얼마나 긴가?	문장에서 목적어가 몇 개인가?	문장에서 온점이나 반점이 몇 개인가?	문장에서 주어와 서술어가 몇 개인가?
( )	( )	( )	( )

6 다음 문장을 보고 홑문장에는 '홑'을, 겹문장에는 '겹'을 쓰세요.

(1) 우리는 도서관에 갔다.	
(2) 봄이 오니 장미꽃이 활짝 피었다.	
(3) 눈이 너무 많이 와서 길이 미끄러웠다.	

7 다음 문장에 대해 바르게 설명한 것에 ○표 하세요.

> 나는 대표팀이 우승할 것을 알았다.

이 문장은 주어가 한 개, 서술어가 한 개 있으므로 홑문장이다. ☐	이 문장은 주어가 두 개, 서술어가 두 개이므로 겹문장이다. ☐	이 문장은 주어는 한 개이지만 서술어는 두 개이므로, 홑문장도 겹문장도 아니다. ☐

재미있는 낱말 놀이터 '홑-'이 붙는 낱말

🍎 문장을 잘 살펴보고, ( ) 안에 들어갈 알맞은 낱말에 ○표 하세요.

(1) 지하철에는 (홀몸 / 홑몸)이 아닌 사람을 배려하는 자리가 있다.
뜻: 아이를 배지 아니한 몸.

(2) 이 옷은 (홀겹 / 홑겹)으로 만들어서인지 가볍고 시원하구나.
뜻: 여러 겹이 아닌 한 겹.

(3) 더운 여름철에도 (홀이불 / 홑이불) 하나 정도는 배에 덮고 자야 한다.
뜻: 안을 두지 아니한, 홑겹으로 된 이불.

왜 그럴까?

'홑겹', '홑이불' 등에 쓰이는 '홑'은 '겹으로 되지 않은 것'을 의미합니다. 또한 '몸' 앞에 붙을 경우, '하나인' 혹은 '혼자인'의 뜻을 더해 줍니다. 그중에서 '홑몸'은 '딸린 사람이 없는 혼자의 몸' 또는 '아이를 배지 아니한 몸'이라는 뜻의 낱말로, '홀몸'과 구분하여 쓸 수 있도록 합니다. '홑몸'은 가족이나 아이가 없는 사람을 '홀몸'은 배우자나 형제가 없는 사람을 이르는 말입니다.

읽기 목표

6 문장의 구조 파악하며 읽기 ❷

기본적인 문장 성분을 통해
문장의 구조 파악하기

다양한 문장 구조
이해하기

문장 구조를 고려하여
긴 문장 바르게 이해하기

공부한 날	월	일

다음 글을 읽고, 물음에 답해 봅시다.

추위가 기승을 떨쳤던 겨울이 지나고, 봄이 되었습니다. 여기저기에 파릇파릇한 새싹들이 돋아납니다. 봄을 알리는 듯 알록달록한 봄꽃도 피어납니다.

고운 빛깔의 꽃들을 보며, 모두가 새봄을 맞이합니다. ㉠개구리는 겨울잠에서 깨고, 사람들은 봄옷으로 갈아입습니다.

하지만 그것도 잠시, 날씨가 따뜻해졌다고 느끼기도 전에 갑자기 추워지기도 합니다. 이렇게 봄철에 일시적으로 갑자기 추워지는 기상 현상을 '꽃샘추위'라고 합니다. '꽃샘추위'는 봄철에만 나타납니다. 꽃이 피는 것을 시샘한다고 하여 붙여진 이름입니다. 일찍 싹을 틔운 꽃들은 꽃샘추위로 인해 얼어 죽기도 합니다.

1 다음 중, '꽃샘추위'에 대한 설명으로 알맞지 <u>않은</u> 것에 ×표 하세요.

• 봄철과 가을철에 일시적으로 나타난다.	
• 갑자기 일시적으로 추워지는 기상 현상이다.	
• 꽃이 피는 것을 시샘한다고 하여 붙여진 이름이다.	

2 ㉠을 보기 와 같이 문장을 두 부분으로 나누고, 주어와 서술어에 해당하는 부분을 빈칸에 써 보세요.

보기
하늘은 높고, 말은 살찐다.
→ <u>하늘은</u> <u>높다</u> 그리고 <u>말은</u> <u>살찐다.</u>
　　주어　서술어　　　　주어　서술어

㉠ 개구리는 겨울잠에서 깨고, 사람들은 봄옷으로 갈아입습니다.
→ ＿＿＿＿ (겨울잠에서) ＿＿＿＿ 그리고 ＿＿＿＿ (봄옷으로) ＿＿＿＿.
　　주어　　　　　　　서술어　　　　　　주어　　　　　　　서술어

3 다음 중 ㉠과 문장 구조가 <u>다른</u> 것은 무엇인가요?

① 태풍이 오고, 바람이 세차게 불었다.　　② 가을이 되니, 하늘이 높아진다.

③ 나는 내 동생이 자꾸 조르는 것을 싫어한다.　　④ 2층에 옷가게가 있고, 3층에 음식점이 있다.

⑤ 진수는 음료수를 마시고, 나는 햄버거를 먹었다.

다음 글을 읽고, 물음에 답해 봅시다.

　　일상생활에서 규칙과 질서를 잘 지키는 일이 중요한 것처럼, 글을 쓸 때에도 다른 사람에게 피해를 주지 않기 위해서는 규범을 지켜야 한다. 글을 쓸 때 남의 글을 베껴 자신이 쓴 글인 양 속이는 사람이 있다. 그리고 진실이 아닌 내용을 진실인 것처럼 꾸며 글을 쓰는 사람도 있다. 또 읽는 사람이 크게 상처를 받을 내용의 글을 함부로 쓰는 사람도 있다. 이것은 모두 글쓰기 과정에서 규범과 예의를 지키지 않은 경우에 해당한다. 이처럼 글을 쓰는 과정에서 지켜야 하는 여러 가지 규범을 쓰기 윤리라고 한다. 글쓰기를 할 때 흔히 글만 잘 쓰면 된다고 생각하기 쉽지만 아무리 잘 쓴 글이라고 하더라도 쓰기 윤리에 벗어난 글이라면 아무 소용이 없게 된다. 쓰기 윤리를 지켜야 하는 까닭에 대해 살펴보자.

　　첫째, 쓰기 윤리를 지키지 않는 것은 법을 어기는 일이다. 특히 진실이 아닌 내용을 진실인 것처럼 쓰는 경우, 법에 의해 처벌을 받을 수도 있다. 예를 들어 어떤 과학자가 자신이 연구한 결과를 돋보이게 하려고 내용을 조작하거나 결과를 부풀려서 쓴 보고서를 발표했다고 하자. 이것은 과학자 자신뿐 아니라 그 보고서를 읽는 모든 사람을 속이는 일로, 법의 심판을 피할 수 없게 된다. ㉠이렇듯 쓰기 윤리의 시작은 스스로에게 떳떳하고 진실하게 쓰는 것이지만, 이를 어길 경우 처벌을 받을 수도 있다.

　　둘째, 다른 사람에게 물질적·정신적 피해를 줄 수 있다. 글을 쓰기 위해 어떤 자료를 이용하는 경우, 자신이 직접 쓴 부분과 자료에서 인용한 부분을 명확하게 구분하지 않으면 표절이 될 수 있다. ㉡명백하고 의도적인 표절의 경우 저작권자에게 피해를 준다. 예를 들어 어떤 작가가 오랜 시간 힘들여 쓴 이야기책이 유명해졌는데, 어떤 사람이 비슷한 내용으로 다른 책을 만들어서 판다면 어떻게 될까? 이야기책의 원래 작가는 그만큼 돈을 못 벌게 되고, 또 마음에 큰 상처를 받게 될 것이다. 만약 내가 먼저 쓴 글을 친구가 읽고, 그 친구가 비슷하게 써서 상을 받았을 때 내 마음이 어떨지 생각해 본다면 저작권을 존중해 쓰기 윤리를 지키는 일이 중요한 일이라는 것을 알게 될 것이다. 또 다른 사람에 대해 악의적 사실을 글로 써서 퍼뜨리거나, 다른 사람의 글에 대해 함부로 비방하며 쓰기 윤리를 어기는 행동도 피해자에게 씻지 못할 상처를 남기는 일이다.

　　셋째, 문화 발전을 막는 일이기 때문이다. 글쓰기는 사람들이 생각을 함께 나누게 함으로써 문화의 발전에 큰 역할을 한다.

4 이 글에 나온 '쓰기 윤리'에 대한 설명으로 알맞은 것은 무엇인가요?

① 사람들이 모두 감탄할 만한 글을 쓰기 위해 지켜야 하는 규범
② 글을 쓸 때 다른 사람에게 피해를 주지 않기 위해 지켜야 하는 규범
③ 읽는 사람의 흥미를 끌 수 있도록 자극적인 내용의 글을 쓰려는 의도
④ 글을 읽는 사람들이 글을 쓰는 사람들을 위해 지켜야 하는 최소한의 도리
⑤ 사람들이 잘 알지 못하는 글을 내가 손봐서 재미있게 바꾸는 글쓰기 방법

5 '쓰기 윤리'를 지키지 <u>않은</u> 경우에 ×표 하세요. (정답 2개)

사실을 여러 번 확인하여 진실이 아닌 내용은 쓰지 않는다.	글을 잘 쓰기 위해 남의 글을 베껴 자신이 쓴 글인 것처럼 한다.	비록 읽는 사람이 상처를 받을지라도 다른 사람들이 알고 싶어 하는 내용이면 쓴다.	어떤 자료를 이용할 경우 자신이 직접 쓴 부분과 자료에서 인용한 부분을 명확하게 밝힌다.
( )	( )	( )	( )

6 ㉠의 문장 구조에 대한 설명으로 알맞지 <u>않은</u> 것은 무엇인가요?

> 이렇듯 쓰기 윤리의 시작은 스스로에게 떳떳하고 진실하게 쓰는 것이지만, 이를 어길 경우 처벌을 받을 수도 있다.

① 첫 번째 문장과 두 번째 문장에 이어 주는 말을 넣어 문장을 연결한 구조이다.
② 첫 번째 문장은 '이렇듯 쓰기 윤리의 시작은 스스로에게 떳떳하고 진실하게 쓰는 것이다.'이다.
③ 두 번째 문장은 '이를 어길 경우 처벌을 받을 수도 있다.'이다.
④ 첫 번째 문장에는 주어가 있지만, 두 번째 문장에는 주어가 생략되어 있다.
⑤ 두 번째 문장에 첫 번째 문장의 '쓰기 윤리의 시작은'을 넣어야만 문장이 자연스러워진다.

7 다음은 ㉠에서 주어와 서술어의 연결을 자연스럽게 수정하려고 정리한 내용입니다. 빈칸에 알맞은 낱말을 써 보세요.

> ㉠은 두 개의 문장이 이어 주는 말인 ( )(으)로 연결되어 있는 구조의 문장이야. 그런데 첫 번째 문장의 주어와 서술어 연결은 자연스러운데, 두 번째 문장에는 주어가 생략되어 있고 서술어도 앞 문장의 주어와 자연스럽게 연결되지 않아. 그러므로 자연스러운 문장이 되려면 두 번째 문장에 처벌을 받을 수 있는 대상인 '글을 쓰는 사람'을 ( )(으)로 추가하는 것이 좋겠어.

보기	주어	그래서	목적어	서술어	하지만	그러므로

8 ㉡의 '명백하고 의도적인 표절'을 하면 저작권자는 왜 피해를 받는다고 하였나요?

① 같은 내용의 책을 두 번 사서 보기 때문에
② 원래 작가가 쓴 책은 그만큼 팔리시 않기 내문에
③ 이미 글을 발표한 사람의 책이 다시 유명해지기 때문에
④ 쓰기 윤리를 지키는지 안 지키는지를 살펴봐야 하기 때문에
⑤ 저작권자가 나중에 발표한 사람의 글을 더 잘 썼다고 생각할 수 있기 때문에

9 ©에 들어갈 쓰기 윤리를 지켜야 하는 또 다른 까닭을 써 보세요.

재미있는
낱말 놀이터

예의, 예절, 예법의 뜻 알기

문장을 잘 살펴보고, 사다리를 타고 내려가 빈칸에 알맞은 낱말과 낱말의 뜻을 확인하세요.

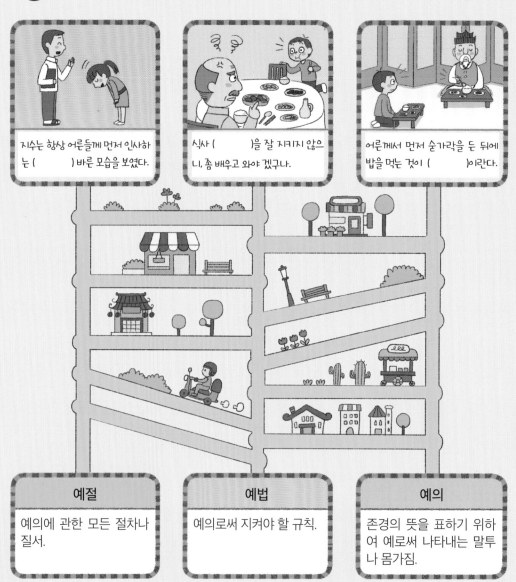

지수는 항상 어른들께 먼저 인사하는 (　　　) 바른 모습을 보였다.

식사 (　　　)을 잘 지키지 않으니, 좀 배우고 와야 겠구나.

어른께서 먼저 숟가락을 든 뒤에 밥을 먹는 것이 (　　　)이란다.

예절	예법	예의
예의에 관한 모든 절차나 질서.	예의로써 지켜야 할 규칙.	존경의 뜻을 표하기 위하여 예로써 나타내는 말투나 몸가짐.

 그럴까?

　'예의, 예절, 예법'과 같이 뜻이 서로 비슷한 낱말을 '유의어'라고 합니다. 뜻이 비슷한 다양한 낱말을 알면 글을 쓸 때 보다 풍부하게 표현할 수 있습니다. '예의'와 뜻이 비슷한 여러 가지 낱말을 알아보세요.

파이팅!

6 문장의 구조 파악하며 읽기 ❸

기본적인 문장 성분을 통해
문장의 구조 파악하기

다양한 문장 구조
이해하기

문장 구조를 고려하여
긴 문장 바르게 이해하기

공부한 날   월   일

 다음 일기를 읽고, 물음에 답해 봅시다.

20○○년 11월 17일 목요일	날씨: 맑음

오늘 아침, ㉠아파트 앞에 이삿짐 차 한 대가 들어섰다. 아침부터 옆집이 매우 부산스러웠다. ㉮나는 옆집에 새로운 가족이 이사를 왔음을 알았다. ㉡나는 옆집에 내 또래의 아이가 있는 것을 보았다. 그 아이와 친하게 지내면 좋겠다고 생각했다. 같은 학교에 다닌다면 금방 친해질 수 있을 텐데……. 아파트 복도를 지나가다가 이사온 가족을 보았는데, 아저씨와 아주머니 모두 친절한 분처럼 보였다. 우리는 환하게 웃으며 인사를 나누었다.

1 이 일기에 나온 ㉮의 뜻을 바르게 이해한 친구의 답에 ○표 하세요.

도현: '나'는 새로 이사를 간 곳에서 어떤 가족을 만났어.	채율: 새로운 가족이 '나'의 옆집으로 이사를 왔어.
( )	( )

2 ㉠과 ㉡ 중, ㉮와 같은 구조로 이루어진 문장을 골라 기호를 쓰세요.

(   )

3 빨간 색으로 쓴 낱말의 뜻은 무엇인가요?

① 몸과 마음이 편안하고 즐겁다.
② 마음에 아무 근심 걱정이 없다.
③ 어떤 일이나 음식에 싫증이 나다.
④ 몹시 놀라거나 무서워서 얼굴빛이 변하다.
⑤ 급하게 서두르거나 시끄럽게 떠들어 어수선하다.

다음 글을 읽고, 물음에 답해 봅시다.

㉠개미는 땅속에 굴을 파지만, 벌은 나뭇가지에 집을 짓는다.

개미는 환경에 따라 저마다 살아가는 굴의 모양이 조금씩 다른 반면에, 벌은 대개 육각형 모양의 벌집을 짓는다. 그렇다면 벌집의 육각형 모양에는 어떤 비밀이 숨어 있을까?

과학자들은 아주 오래 전부터 벌이 정육각형 모양으로 집을 만드는 이유에 대해 관심이 많았고, 끊임없이 논쟁을 해 왔다. 왜냐하면 벌집의 정육각형은 굉장히 과학적이기 때문이다. 그리스 수학자 파포스는 여러 가지 도형 중에서 서로 맞붙여 입체 도형을 빈틈없이 채울 수 있는 도형에는 정삼각형, 정사각형 그리고 정육각형이 있다고 하였다. 이 중에서 정사각형은 여러 층으로 쌓을 경우 밑을 지지하는 힘이 부족하여 무너지기 쉽다. 반면에 정삼각형이나 정육각형은 힘을 균형 있게 받쳐 주기 때문에 여러 층으로 쌓아도 안정적으로 지탱할 수 있다. 하지만 정삼각형을 여러 층으로 쌓기 위해서는 정육각형으로 쌓을 때보다 두 배 정도의 도형이 더 필요하다. 정육각형은 가장 안정적인 구조이면서 최소한의 도형을 사용하여 여러 층을 쌓을 수 있다는 장점이 있다. 또한, 정육각형은 같은 둘레에서 최대의 넓이를 가지는 원에 가까운 모양이기 때문에 최대한 많은 꿀을 저장해야 하는 벌에게 알맞다.

이러한 정육각형을 입체적인 구조로 생각해 보면, 육각기둥을 떠올릴 수 있다. 벌들은 이 육각기둥을 이어 붙일 때도 과학적인 방법을 사용하였다. 우선, 육각기둥을 세로가 아닌 가로 방향으로 눕혔다. 육각기둥의 한쪽은 벌이 드나들 수 있도록 열려 있고, 반대쪽은 막혀 있는 형태인데, 막힌 쪽 면끼리 마주 대도록 붙여서 입구가 서로 반대쪽으로 나게끔 두 겹의 구조로 만든 것이다. 이 덕분에 양쪽 방향에서 드나들 수 있게 되어 공간을 두 배로 활용할 수 있게 되었다. 또한, 입구를 9~14도 정도 살짝 들려 있도록 하여, 꿀이 바깥으로 쏟아지지 않도록 하였다. 이렇게 만든 벌집에는 벌집 무게의 약 30배나 되는 양의 꿀을 담을 수 있다.

안정적일 뿐만 아니라 쓰임새 면에서도 완벽한 구조인 것이다. 사람들은 이 벌집 구조를 응용해 건축 설계를 하거나 가벼우면서도 튼튼해야 하는 제트기와 인공위성 등의 기체 구조를 만들어 냈다. 이외에도 벌집 구조는 안정적이면서도 효율적이기 때문에 우리의 일상생활에서 많이 활용된다.

 과학자들이 벌집의 구조에 관심을 가진 까닭은 무엇인가요?

① 벌집의 형태가 대부분 비슷하기 때문에
② 벌집의 모양이 굉장히 과학적이기 때문에
③ 다른 곤충들이 벌집의 모양을 따라서 짓기 때문에
④ 대부분 벌이 똑같은 나뭇가지에 집을 짓기 때문에
⑤ 개미가 살고 있는 집은 땅 속에 있어서 보기 어렵기 때문에

5 ⓐ과 문장의 구조가 <u>다른</u> 것은 어느 것인가요?

① 인생은 짧지만, 예술은 길다.
② 날씨가 덥지만, 나는 따뜻한 물을 마셨다.
③ 산이는 운동을 잘하지만, 별이는 운동을 못한다.
④ 아름이는 빵을 싫어하지만, 대한이는 빵을 좋아한다.
⑤ 응원단은 축구 국가 대표 팀이 이기기를 기원하였다.

6 다음은 각각 어떤 도형을 이어 붙여 입체 도형을 만들 때에 대한 설명인지 선으로 바르게 이어 보세요.

> • 이 모양을 서로 맞붙여 입체 도형을 만들 수 있어.
> • 여러 층으로 쌓을 경우 밑을 지지하는 힘이 부족해 쉽게 무너질 수 있어.

•   •

정삼각형

> • 이 모양을 서로 맞붙이면 입체 도형을 빈틈없이 채울 수 있어.
> • 여러 층으로 쌓기 위해서는 정육각형에 비해 두 배 정도의 도형이 더 필요해.

•   •

정사각형

7 이 글을 통해 알 수 있는 벌집의 구조적 특징으로 알맞지 <u>않은</u> 것은 무엇인가요?

① 여러 층으로 쌓아도 힘이 균형 있게 받쳐 주는 구조이기 때문에 안정적이다.
② 외부에서 들어올 수 있는 통로를 모두 막아 침입자가 절대로 들어올 수 없다.
③ 최대 넓이를 가지는 원에 가까운 정육각형 모양이라 꿀을 많이 저장할 수 있다.
④ 정육각형으로 지으면 최소한의 도형을 사용하기 때문에 적은 재료로 집을 완성할 수 있다.
⑤ 육각기둥의 막힌 쪽 면끼리 붙였기 때문에 양쪽에 난 입구를 통해 공간을 두 배로 활용할 수 있다.

8 벌들이 벌집의 입구를 9~14도 정도 살짝 위로 들려 있게 만든 까닭은 무엇일까요?

① 입구를 쉽게 찾을 수 있도록 하기 위해서
② 꿀이 바깥으로 쏟아지지 않도록 하기 위해서
③ 땅에 떨어져도 잘 부서지지 않도록 하기 위해서
④ 두 군데의 입구를 구별할 수 있도록 하기 위해서
⑤ 모아 놓은 꿀의 색깔이나 향이 날아가지 않도록 하기 위해서

사람들이 벌집의 구조를 일상생활에서 활용하는 까닭은 무엇인가요?

① 안정적이면서도 효율적이기 때문에

② 벌집의 재료를 사람의 힘으로는 구하기 어렵기 때문에

③ 돈을 들이지 않고 쉽게 아이디어를 활용할 수 있기 때문에

④ 벌집의 다양한 모양을 활용하여 물건을 대량 생산할 수 있기 때문에

⑤ 정육각형으로 건물을 지었을 때 사람들이 가장 아름답다고 느끼기 때문에

맥락에 알맞은 낱말의 모양

🍎 그림의 상황을 보고, 초성을 활용하여 빈칸에 들어갈 낱말을 짐작하여 봅시다. 그리고 문맥에 맞게 낱말의 형태를 바꾸어 써 봅시다.

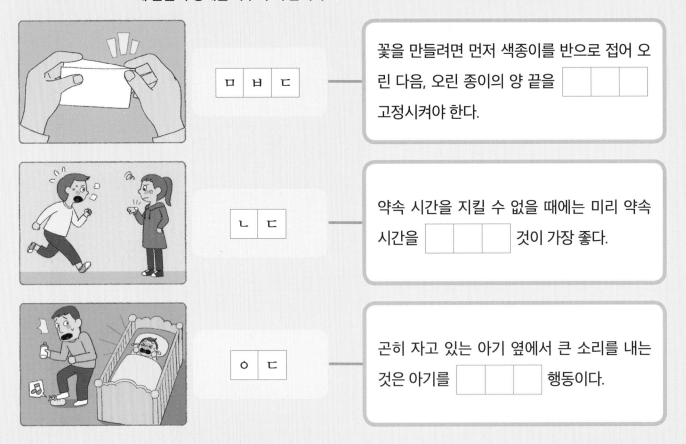

| ㅁ ㅂ ㄷ | 꽃을 만들려면 먼저 색종이를 반으로 접어 오린 다음, 오린 종이의 양 끝을 [ ] 고정시켜야 한다. |

| ㄴ ㄷ | 약속 시간을 지킬 수 없을 때에는 미리 약속 시간을 [ ] 것이 가장 좋다. |

| ㅇ ㄷ | 곤히 자고 있는 아기 옆에서 큰 소리를 내는 것은 아기를 [ ] 행동이다. |

왜 그럴까?

문장에서 말하는 이가 직접 하는 것이 아니라 다른 사람에게 그 일을 하도록 하는 표현을 사동 표현이라고 합니다. '맞붙다, 늦다, 울다'의 사동 표현은 '맞붙이다, 늦추다, 울리다'이며, 맥락에 맞게 표현을 구별해서 사용해야 합니다.

6 문장의 구조 파악하며 읽기 ❹

| 기본적인 문장 성분을 통해 문장의 구조 파악하기 | 다양한 문장 구조 이해하기 | 문장 구조를 고려하여 긴 문장 바르게 이해하기 | 공부한 날 | 월 | 일 |

🌱 다음 광고를 읽고, 물음에 답해 봅시다.

피로가 쌓였다고요? 피부가 푸석푸석해졌다고요? 신경통으로 고생하신다고요?

여러분께 가족 모두가 즐길 수 있는 온천을 추천해 드립니다.

온천욕을 하면 피로와 긴장을 풀 수 있습니다! 탄산 온천의 경우 탄산 가스가 혈액 순환을 촉진하여 피부 각질 제거를 도와 주기 때문에 피부 미용에 효과가 있습니다. 유황 온천에는 항산화 작용을 하는 성분이 들어있습니다. 이 성분이 피부 속으로 들어가 활성 산소나 독소를 제거함으로써 노화 진행을 늦출 수 있습니다. 따뜻한 온천수에 몸을 담그면 다리가 아픈 어르신들의 신경통 증상도 완화됩니다.

㉠○○ 온천에는 대형 폭포탕, 국화나 창포 등 천연 성분이 들어간 노천탕, 체질에 맞게 즐길 수 있는 사우나 시설, 휴게 공간 등 초호화 규모의 시설을 마음껏 누릴 수 있습니다.

온가족이 함께 ○○ 온천으로 오세요!

* **[주의 사항]**: 식사 후 한 시간 이내이거나 공복 상태, 음주 후에는 온천욕을 피하는 것이 좋습니다.

1 이 광고에서 제시한 온천욕의 효능으로 알맞지 <u>않은</u> 것은 무엇인가요?

① 피로가 풀린다.　　　　② 피부 미용에 좋다.　　　　③ 체질을 바꿔 준다.
④ 노화 진행을 늦출 수 있다.　　　⑤ 신경통 증상이 완화된다.

2 ㉠에 대해 바르게 평가한 친구의 답에 ○표 하세요.

| 문장이 길지만, 자세하게 설명되어 있어 무엇을 전달하려는 것인지 명확하게 알 수 있다. | 문장이 길고, 문장 안에 주어나 서술어가 생략되어 있어 전달하려는 바를 명확하게 알 수 없다. |

　　　　(　　　)　　　　　　　　　　(　　　)

3 ㉠을 아래와 같이 두 부분으로 나누었습니다. 각 부분에 어울리는 주어나 서술어를 쓰세요.

| ○○ 온천에는 대형 폭포탕, 국화나 창포 등 천연 성분이 들어간 노천당, 체질에 맞게 즐길 수 있는 사우나 시설, 휴게 공간 등 ⬚⬚⬚⬚⬚⬚⬚⬚⬚⬚⬚⬚
 서술어 | ⬚⬚⬚⬚⬚⬚⬚ 초호
 주어
 화 규모의 시설을 마음껏 누릴 수 있습니다. |

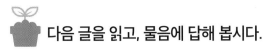

우리나라 토종 해조류인 감태가 주목을 받고 있다. '단 이끼'라는 뜻을 가진 감태는 갯벌에 포자를 내려 자란다. 깨끗한 갯벌에서만 자라는 감태는 갯벌이 깨끗하지 않으면 살기 어렵기 때문에 양식이 어렵다. 감태는 길고 가느다란 명주 실타래를 뭉쳐 놓은 것처럼 보이기 때문에 매생이와 비슷하다고 생각할 수 있다. 그러나 매생이는 짙은 녹색을 띠며, 누에고치의 실처럼 가는 뭉치로 주로 국으로 끓여 먹는다. 반면 감태는 김처럼 말려 먹으며, 매생이보다 향이 더 진하다. 최근에 감태의 효능들이 많이 알려지면서 생소한 해조류였던 감태가 사람들의 관심을 받고 있다.

감태의 첫 번째 효능은 불면증을 개선한다는 것이다. 감태에는 불면증을 완화하는 데 도움이 되는 성분이 풍부하게 함유되어 있는데, 이 성분은 우리 뇌에서 수면과 관련된 부분을 자극한다. 그래서 심신의 긴장을 완화시켜 우리가 숙면을 취할 수 있도록 한다.

㉠성장기 어린이들이라면 감태를 즐겨 먹어야 한다. ㉡감태에는 우유보다 6배나 많은 칼슘이 함유되어 있기 때문이다. 감태를 꾸준히 먹으면 뼈 건강은 물론이고 치아에도 많은 도움이 된다.

혈액 순환 장애가 있을 때에도 감태를 즐겨 먹는 것이 좋다. 감태에는 혈액 순환 개선에 좋은 성분이 풍부하게 함유되어 있기 때문이다. 고혈압이나 동맥경화 등 혈액 순환으로 인해 생길 수 있는 각종 질병을 개선하거나 예방하는 데도 도움이 된다.

㉢감태는 통증을 완화하는 효과도 있다. 감기로 인해 목이 아플 때 감태를 달여서 먹으면 통증이 줄어드는 효과를 ㉣볼 수 있다.

변비가 있는 사람에게도 효과적이다. 섬유질이 많은 감태를 꾸준히 먹으면 장운동이 활발해지기 때문에 변을 잘 보는 데 도움이 된다. 하지만 감태가 차가운 성질을 가지고 있기 때문에 몸이 찬 사람은 먹을 때 주의를 해야 한다.

우리 조상들은 감태를 주로 생으로 먹거나 김처럼 햇볕에 말려 먹었다. 감태는 김보다 훨씬 연해서 김을 좋아하는 어린이들도 거부감 없이 먹을 수 있다.

 다음 설명을 읽고, 해당하는 해조류를 찾아 선으로 바르게 이어 보세요.

| 녹조류 중 하나로 짙은 녹색을 띠며, 누에고치 실처럼 가는 뭉치로, 서로 엉키면 풀어지지 않는다. 주로 국으로 끓여 먹는다. | • | | • | 감태 |

| 물속에서는 갈색을 띠지만, 말린 것은 명주 실타래를 뭉쳐 놓은 것 같이 곱고 부드러우며 초록빛을 띤다. 생으로 먹거나 말려 먹는다. | • | | • | 매생이 |

5 감태에 대한 설명으로 바르지 <u>않은</u> 것은 어느 것인가요?

① 양식이 되지 않는다.

② 깨끗한 갯벌에서만 포자를 내려 자란다.

③ 겉모습이 매생이와 비슷하지만 향은 없다.

④ 이끼이지만 그 맛이 달다는 뜻을 가지고 있다.

⑤ 사람들이 감태에 대해 관심을 갖기 시작한 것은 최근의 일이다.

6 감태의 효능으로 알맞지 <u>않은</u> 것은 어느 것인가요?

① 섬유질이 많아 장운동을 활발하게 해 준다.

② 심신의 긴장을 완화시켜 숙면을 취하게 한다.

③ 혈액 순환으로 인해 생기는 각종 질병 개선에 좋다.

④ 우유의 6배나 되는 칼슘이 함유되어 뼈 건강, 치아 건강에 좋다.

⑤ 통증을 느끼지 못하게 하는 성분이 있어 수술하는 사람에게 좋다.

7 다음 중 감태를 먹을 때 주의해야 하는 사람은 누구인가요?

① 또래에 비해 키가 작은 어린이

② 몸이 차서 배앓이를 자주 하는 사람

③ 조금만 먹어도 쉽게 살이 찌는 사람

④ 지금까지 감태를 한 번도 본 적이 없는 사람

⑤ 김이나 매생이와 같은 해조류를 좋아하는 사람

8 ㉠과 ㉡을 ⸨보기⸩ 의 내용을 참고하여 한 문장으로 써 보세요.

> **보기**
>
> 한 문장으로 쓰되, 앞부분에는 '감태에는 우유보다 6배나 많은 칼슘이 함유되어 있다'를, 뒷부분에는 '성장기 어린이들이라면 감태를 즐겨 먹어야 한다'를 제시하고, 두 부분은 이어 주는 말인 '그러므로'를 써서 연결하는 것이 좋겠어.

9 다음 중 ㉢과 문장의 구조가 같은 것은 어느 것인가요?

① 봄꽃을 따서 전을 만들 수 있다.

② 문이 열리자 아버지가 들어오셨다.

③ 이를 매일 닦으면 치아가 건강해진다.

④ 줄넘기는 키가 자라는 데 도움이 된다.

⑤ 여름이 되니 많은 사람들이 여행을 떠났다.

10 다음 밑줄 친 낱말이 ㉣과 같은 뜻으로 쓰인 것은 어느 것인가요?

① 학급회의 시간에 사회를 보게 되었다.

② 길을 건널 때에는 신호등을 잘 보고 건너야 한다.

③ 이번 시험에서 열심히 공부한 결과를 보게 되었다.

④ 옛날에는 장맛을 보면 그 집의 음식 솜씨를 알 수 있다고 생각했다.

⑤ 요즘에는 여가 시간을 즐기기 위해 책을 보는 어린이들이 거의 없다.

재미있는 **낱말 놀이터**

뜻이 반대되는 말

🍎 뜻이 서로 반대되는 낱말을 '⟷' 으로 이어 보고, ( ) 안에 알맞은 낱말을 써 넣어 보세요.

개선	양식	주목
부족한 점, 잘못된 점, 나쁜 점 등을 고쳐서 더 좋아지게 함.	물고기, 김, 미역, 버섯 등을 인공적으로 길러서 번식하게 함.	관심을 가지고 주의 깊게 살핌. 또는 그 시선.

외면	자연산	악화
마주치기를 꺼리어 피하거나 얼굴을 돌림.	인간이 기른 것이 아니라 자연에서 저절로 생산되는 것.	1. 일이나 상황이 나쁜 방향으로 나아감. 2. 병의 증세가 나빠짐.

해조류인 감태의 효능이 뛰어나 많은 사람들의 ( )을/를 받고 있습니다. 감태는 불면증을 비롯해 혈액 순환으로 인해 생길 수 있는 질병을 ( )하는 효과가 있다고 합니다. 그런데 김과 달리 감태는 ( ) 이/가 어려워 사람이 직접 갯벌에서 채취해야 한다고 합니다.

왜 그럴까?

우리말에는 뜻이 반대되는 낱말이 있습니다. 이어지는 내용에서 감태는 '사람이 직접 갯벌에서 채취해야 한다.'라고 하였으므로, 리포터의 말에서 '인공적으로 길러서 번식하게 한다.'라는 뜻의 '양식'이 어렵다고 해야 합니다. 이처럼 반대되는 낱말은 그 뜻을 알고 맥락에 맞게 사용해야 합니다.

읽기 목표

6 문장의 구조 파악하며 읽기 ❺

기본적인 문장 성분을 통해
문장의 구조 파악하기

다양한 문장 구조
이해하기

문장 구조를 고려하여
긴 문장 바르게 이해하기

공부한 날 | 월 | 일

 정리 다음은 앞에서 배운 '문장의 구조 파악하며 읽기'와 관련된 내용을 정리한 것입니다. 제시된 내용이 맞으면 ○표, 틀리면 ×표 하세요.

홑문장인지, 겹문장인지 파악하려면 문장에서 주어, 목적어, 서술어의 개수를 파악해야 해요.
☐

문장에 주어와 서술어가 각각 한 개씩 있으면 홑문장이에요.
☐

문장에 주어와 서술어가 각각 두 개씩 있으면 겹문장이에요.
☐

주어와 서술어가 한 개씩 짝을 이룬 문장은 간결해서 뜻이 명확해요.
☐

문장을 연결하면 글에 흐름이 생겨 복잡한 내용이나 다양한 감정 표현을 담을 수 있어요.
 ☐

긴 문장을 읽을 때에는 서술어만 잘 살펴보면 내용을 이해할 수 있어요.
☐

'나는 사과도 좋아하고, 복숭아도 좋아한다.'라는 문장은 이어 주는 말인 '그리고'를 써서 두 문장을 연결한 문장 구조에요.
 ☐

글의 앞부분과 뒷부분을 이어 주는 말은 앞의 내용과 뒤의 내용에 상관없이 모두 같아요.
☐

'나는 영화를 보는 것이 너무 좋다.'라는 문장은 한 문장 속에 다른 문장이 들어가서 연결된 구조의 문장이에요.
   ☐

아들에게

좋아하는 사람이나 존경하는 사람에게는 자신도 모르게 신경이 쓰이지. 그리고 어떻게 하면 기쁘게 해 줄까 고민도 하고 말이야.

사람을 사귀는 데 가장 기본이 되는 것이 그런 마음이란다. 상대방을 기쁘게 해 주고 싶은 마음. 그것을 어떻게 해야 하는지 모르겠다고? 주위에 너를 기쁘게 해 주는 사람들이 있잖니. 너도 그 사람들의 마음 그대로 하면 돼. 어렵지 않단다.

㉠사람은 동전과 같단다. 앞면과 뒷면이 같이 있어. 나쁘기만 한 사람도, 착하기만 한 사람도 없단다. 단점과 장점을 모두 갖고 있어. 그러므로 한 면만 보고 그 사람 전체를 평가하는 것은 옳지 않아. 그리고 그 사람의 단점을 발견했다고 해서 일부러 멀리 할 필요는 없어. 너 역시 장점과 단점을 다 가지고 있잖니.

상대에게 좋은 인상을 주려면 넓은 지식과 올바른 태도 못지않게 옷차림과 말투, 행동에도 신경 써야 한단다. 때로는 겉치장도 필요해.

겉치장에만 신경 쓰면 문제가 되지만, 반대로 겉치장에 전혀 신경 쓰지 않으면 그것 역시 문제야.

그리고 친해지고 싶다면 혼자서 모든 이야기를 하려고 하지 마. 대화는 서로 주고받는 거야. 혼자만 말하는 것은 연설이란다. 네가 묻고 대답하는, 여러 사람의 몫을 한꺼번에 할 필요는 없어. ㉡너 자신도 힘들고 상대방도 유쾌하지 않단다.

또한 상대방에 어울리는 화제를 고르렴. 상대에 따라 대화 내용을 다르게 하는 것이 간사하거나 얄미운 행동은 아니란다. 누군가 너에게 아무 재미도 없는 책 이야기를 1시간 동안 떠든다고 하자. 1시간이 아니라 단 5분도 집중할 수 없잖니.

대화를 이끌어 가려면 그 사람의 분위기에 맞는 이야기를 할 줄 알아야 해. 그러면서 상대방의 장점을 자연스럽게 끌어내면 상대방도 너에게 호감을 갖게 될 거야.

특히 주의할 것은 흐름과 상관없는 네 이야기를 하지 않도록 하는 거야. 그것도 모자라 이야기 대부분을 자기 얘기만 하다 보면 자신도 모르게 과장을 하게 되고 우쭐대게 된단다. 그러면 불편한 분위기가 되고 말지.

반대로 자기를 깎아내리는 사람이 있는데 그것 역시 좋지 않아. 자기 이야기를 하면서 '난 불행해.' 한다면 상대방은 어떤 생각을 할까? 상대방에게 관심을 끌고 싶거나 더 큰 칭찬을 듣고 싶어서 잔꾀를 부리는 것으로 생각할 수도 있어.

아예 작정을 하고 자기 자랑을 하는 사람도 있지. 요즘은 자기를 스스로 높여 이야기하는 사람이 많은 듯하다. 그런데 그런 사람들을 보면서 느끼는 기분은 거의 비슷할 거야. 입으로는 칭찬을 해도 속으로는 잘난 체한다고 생각하겠지.

자기를 높이기 위한 수단으로 스스로를 칭찬하지도, 깎아내리지도 마라. 더하지도 빼지도 말고 진심으로 대하도록 해.

차라리 입을 다물고 있는 것이 도움이 될 때도 있다. 괜히 거창하게 떠벌리면서 단점을 감추기보다는, 또 자신에 대해 이야기를 하다가 본의 아니게 잘난 체하게 되니 침묵이 더 나을 때도 있단다. 침묵이 장점이 될 수도 있다는 말이다.   － 필립 체스터피드, 『아들아, 너는 미래를 이렇게 준비하렴』 중에서

1 사람을 사귈 때 가장 먼저 가져야 하는 마음은 무엇인가요?

① 상대방을 기쁘게 해 주고 싶은 마음
② 친한 사람이 많다는 것을 과시하려는 마음
③ 상대방보다 뛰어나다는 것을 보여 주려는 마음
④ 상대방이 나쁜 짓을 하지 않을까 염려하는 마음
⑤ 상대방을 사귀면 어떤 좋은 점이 있을지 짐작하는 마음

2 ㉠과 문장의 구조가 같은 것은 무엇인가요?

① 아름이가 이 책을 주었다.
② 나는 준비물을 챙기고, 동생은 잠을 잤다.
③ 진행자가 내일 비가 온다는 소식을 전하였다.
④ 이 상품은 여러 가지 기능이 있어서 가장 인기가 많습니다.
⑤ 소비자들은 화장품 회사가 신제품을 개발했다는 것을 알았다.

3 어떤 행동을 보고 그 사람 전체를 평가하는 것이 옳지 <u>않은</u> 까닭은 무엇인가요?

① 자신도 그와 같은 행동을 할 수 있기 때문에
② 그 행동이 그 사람이 원해서 한 행동인지 확인하기 어렵기 때문에
③ 여러 사람이 있을 때와 혼자 있을 때의 행동이 다를 수 있기 때문에
④ 어떤 행동을 보고 그 사람 전체를 평가하기 위해서는 시간이 오래 걸리기 때문에
⑤ 사람은 누구나 단점과 장점이 있으므로 한 면만 보고 평가하면 다른 면을 보지 못하기 때문에

4 겉치장을 하는 것이 꼭 나쁘다고는 할 수 없다고 한 까닭은 무엇일까요?

① 겉치장을 하면 상대방에게 우쭐댈 수 있기 때문에
② 겉치장에 신경 쓰면 올바른 태도를 가질 수 있기 때문에
③ 겉치장에 신경 쓰면 상대에게 좋은 인상을 줄 수 있기 때문에
④ 겉치장을 많이 하면 그 사람의 품격을 어느 정도 짐작할 수 있기 때문에
⑤ 겉치장을 잘 하는 사람이 다른 사람을 잘 배려한다는 연구 결과가 있기 때문에

5 ㉡에 대해 바르게 말한 것은 무엇인가요?

① 이어 주는 말 '그래서'가 두 문장을 연결하고 있다.
② 이어 주는 말을 이용하여 두 개의 문장을 연결하였다.
③ 문단의 다른 문장과 관련이 없는 내용이므로 빼야 하는 문장이다.
④ 주어가 생략되면서 주어와 서술어의 호응이 잘 되지 않는 문장이다.
⑤ 앞부분에는 주어와 서술어가 모두 있지만, 뒷부분에는 서술어가 없는 이상한 문장이다.

6 다음 중 사람과 사귀기 위해서 대화를 할 때 가져야 할 태도로 알맞지 <u>않은</u> 것은 무엇인가요?

① 상대방의 분위기에 맞는 이야기를 할 것
② 혼자서만 말하지 않고 상대방에게도 말할 기회를 줄 것
③ 자신을 칭찬하지도, 깎아내리지도 말고 진심으로 대할 것
④ 상대방이 무엇에 관심이 있는지를 파악하여 그에 어울리는 화제를 고를 것
⑤ 상대방에게 공감을 이끌어 내기 위하여 자신의 단점이나 잘못을 고백하며 이야기할 것

재미있는 낱말 놀이터 '겉-'으로 시작하는 낱말

🍏 그림의 상황을 보고, 빈칸에 들어갈 알맞은 낱말을 보기에서 찾아 쓰세요.

수컷 공작은 암컷에게 잘 보이기 위해 [　　　]에 신경을 많이 쓴다.

동생과 나는 할아버지께서 맛있는 은행 열매의 [　　　]을/를 다 벗길 때까지 군침을 흘리며 기다렸다.

엄마는 나의 모자를 만들어 주시려고 뜨개질바늘로 열심히 [　　　]을/를 하셨다.

> 보기   겉껍질   겉뜨기   겉면   겉모습   겉보기   겉치장

왜 그럴까?

'겉-'은 '부피가 있는 물체의 표면'을 가리키는 말입니다. 이는 '일정한 두께를 가진 물체의 표면'을 뜻하는 '거죽'과 구별되는 말로 사용됩니다. '겉치장'은 '겉으로 보기 좋게 꾸밈 또는 그런 모양새', '겉껍질'은 '겉으로 드러난 껍질', '겉뜨기'는 '큰 바늘 두 개를 사용하여 코를 겉으로만 감아 뜨는 뜨개질법'을 뜻하는 낱말입니다.

인물이 처한 환경과 갈등 상황 파악하기　　인물의 말과 행동을 통해 삶의 태도 파악하기　　인물의 삶의 모습과 비슷한 삶의 모습 찾아보기

공부한 날　　월　　일

작품 속에 등장하는 인물들은 각각 다양한 모습으로 살아갑니다. 이러한 인물들의 다양한 삶의 모습은 우리에게 교훈과 감동을 주기도 합니다. 또, 인물의 삶의 태도를 생각하면 작품의 내용을 더욱 깊게 이해할 수 있지요.

인물의 삶의 모습을 파악하기 위해서는 인물이 처한 환경과 인물이 겪고 있는 갈등 상황을 살펴보아야 합니다. 그리고 그 상황 속에서 인물이 한 선택이나 말과 행동을 통해 인물의 삶의 태도를 파악할 수 있습니다.

자, 이제 작품 속 다양한 인물의 삶의 모습을 이해해 볼까요?

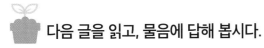

다음 글을 읽고, 물음에 답해 봅시다.

　　어느 날 아침, 한 친구가 신채호의 집에 들렀습니다. 신채호는 막 일어나 세수를 하려던 참이었습니다. 그런데 세수를 하는 모습이 여간 불편해 보이지 않았습니다. 물을 담은 대야를 앞에 두고 허리를 굽히지 않은 상태로 세수를 하고 있는 것이었습니다.

　　"아니, 친구, 어찌 그리 불편한 자세로 세수를 한단 말인가?"

　　친구가 물었습니다.

　　"저 쪽에 조선총독부의 건물이 있는데 내가 허리를 숙일 수가 있겠나? 그래서 이렇게 꼿꼿하게 서서 세수를 하는 것이라네."

　　친구는 세수를 할 때도 일본을 향해 허리를 굽히지 않는 신채호의 모습에 감탄을 하였습니다.

　　그 후 신채호가 중국에 망명했던 시절, 신채호는 한 친구와 함께 중국의 음식을 푸짐하게 먹고 있었습니다. 그런데 상차림에 몹시 맛있는 고기가 있었습니다. 그 고기를 맛있게 먹던 신채호는

　　"이 맛있는 고기는 무엇입니까?"

라고 물었습니다.

　　"이 생선은 '동양어'라는 것으로, 일본에서 가져온 귀한 고기랍니다."

　　그 이야기를 들은 신채호는 노발대발하며 그 길로 화장실에 가서 먹은 것을 모두 토해버리고 말았습니다. 신채호는 그런 자신을 보고 어쩔 줄 몰라 하는 친구에게

　　"내 위장이 왜놈의 것이라면 받아들이지 못하니 너무 걱정하지 마시게."

라고 말하였습니다.

1 신채호가 허리를 숙이지 않고 세수를 한 까닭으로 알맞은 것에 ◯표 하세요.

허리가 몹시 아파서	얼굴을 깨끗이 씻기 위해서	일본을 향해 허리를 굽히지 않으려고
(　　　　)	(　　　　)	(　　　　)

2 신채호가 먹은 음식을 모두 토해 버린 까닭은 무엇인가요?

① 음식이 상해서
② 음식이 맛이 없어서
③ 음식에 더러운 것이 들어 있어서
④ 일본에서 가져온 고기로 만든 음식이라서
⑤ 어제 먹은 음식 때문에 소화가 잘 되지 않아서

3 다음 중 신채호의 삶의 모습과 비슷한 사람은 누구인가요?

① 인사를 잘하고 다른 사람을 배려하는 사람
② 친구와 늘 사이좋게 지내려고 노력하는 사람
③ 음식을 골고루 먹고 운동도 열심히 하는 사람
④ 나라와 민족에 대한 자부심을 갖고 올곧게 살아가는 사람
⑤ 몸을 깨끗이 하고 주변을 청결하게 하려고 노력하는 사람

다음 이야기를 읽고, 물음에 답해 봅시다.

[앞부분 이야기] 한뫼 마을에 사는 한샘이와 보람이는 학교에 가려고 미리 나와 버스를 기다리고 있었다. 그러나 늘 제시간에 오던 버스가 고장이 났고, 버스 운전기사 아저씨는 조금 전에 지나쳐 온 둔내 마을의 이장님 집에 가서 버스를 고칠 기술자를 보내 달라고 회사에 전화를 한다.

"한뫼 마을에도 버스가 고장 났다는 걸 알려야 할 텐데. 아이들이 무작정 버스를 기다리고 있다가 학교에 늦으면 어쩌죠?"

아저씨가 걱정을 했습니다.

"글쎄, 한뫼 마을엔 전화가 없는데 어떻게 알리나? 시간이 돼도 버스가 안 가면 고장난 줄 알겠지요."

둔내 마을 이장님은 대수롭지 않게 받아넘겼습니다.

아저씨는 안개가 고집쟁이처럼 버티고 서 있는 밖을 내다보았습니다.

㉠"아무래도 제가 갔다 와야겠습니다."

아저씨가 일어섰습니다.

"예? 기사 양반이요? 한뫼 마을은 여기서 십 리나 돼요. 기다리다 차가 안 오면 걸어올 겁니다. 걱정 말고 기술자가 와서 차를 고칠 때까지 우리 집에서 아침밥도 먹고 쉬도록 하시우."

아저씨의 마음속에 망설임이 피어올랐습니다. 편안한 아랫목이 아저씨의 마음을 꾀었습니다.

십 리면 꽤 먼 거리입니다. 게다가 안개가 자욱하게 깔린 으슥한 고갯길을 혼자 걷는다는 것도 썩 내키는 일은 아니었습니다.

"버스가 고장 나서 지각했다고 하면 학교에서도 봐 줄 거유. 그러니 마음 놓고 거기 누워 쉬도록 해요."

'그럴까? 아이들은 벌써 걸어오고 있을지도 몰라.'

아니야. 아저씨는 고개를 저었습니다.

'아침마다 버스가 가는 것은 약속이야. 아이들이 새벽마다 나와 버스를 기다리는 것은 그 약속을 믿기 때문일 거야. ㉡버스가 못 가면 나라도 가야 돼.'

- 이금이, 『쓸 만한 아이 - 별을 이고 온 아저씨』 중에서

 이 이야기에서 어떤 문제가 생겼나요?

① 버스가 고장이 났다.　　　　　　　　② 버스를 고칠 기술자가 없었다.

③ 아이들이 버스에서 시끄럽게 떠들었다.　　④ 둔내 마을 이장님이 버스에 타지 못했다.

⑤ 한뫼 마을에 사는 학생들이 모두 지각을 했다.

5 버스 운전기사 아저씨는 무엇을 걱정하였나요?

① 아이들이 자신을 싫어하는 것　　　　② 아이들이 아침밥을 먹지 못한 것

③ 한뫼 마을 학생들이 버스에서 장난을 치는 것　　④ 안개가 자욱이 낀 곳에서 운전을 해야 하는 것

⑤ 한뫼 마을 학생들이 버스를 기다리다가 학교에 늦는 것

6 ㉠, ㉡을 통해 알 수 있는 버스 운전기사 아저씨의 삶의 모습에 대해 바르게 말한 사람은 누구인가요?

① 은주: 버스 운전기사 아저씨는 자기 몸을 아끼는 사람이야.
② 우진: 버스 운전기사 아저씨는 게으르고 욕심이 많은 사람이야.
③ 진주: 버스 운전기사 아저씨는 전통문화를 아끼고 사랑하는 사람이야.
④ 소현: 버스 운전기사 아저씨는 자신이 맡은 일에 책임을 다하려는 사람이야.
⑤ 민지: 버스 운전기사 아저씨는 재치가 있고 다른 사람을 잘 웃기는 사람이야.

 재미있는 낱말 놀이터

그림을 보고 속담 맞추기

🍎 다음 그림을 보고, 빈칸에 어울리는 속담을 찾아 선으로 바르게 이어 보세요.

가는 날이 장날

뜻: 뜻하지 않은 일을 공교롭게 당함을 비유적으로 이르는 말.

가랑잎이 솔잎더러 바스락거린다고 한다.

뜻: 자기의 허물은 생각하지 않고 도리어 남의 허물만 나무라는 경우를 비유적으로 이르는 말.

왜 그럴까?

속담은 오랜 세월 동안 입에서 입으로 전해 내려오는 말입니다. '가랑잎이 솔잎더러 바스락거린다고 한다.'는 더 바스락거리는 가랑잎이 솔잎더러 바스락거린다고 나무란다는 말로, '자기의 허물은 생각하지 않고 도리어 남의 허물만 나무라는 경우를 비유적으로 이르는 말'입니다. '가는 날이 장날'은 일을 보러 가니 공교롭게 장이 서는 날이라는 말로, '어떤 일을 하려고 하는데 뜻하지 않은 일을 공교롭게 당함을 비유적으로 이르는 말'입니다.

7 작품 속 다양한 삶의 모습 이해하기 ❷

인물이 처한 환경과
갈등 상황 파악하기

인물의 말과 행동을 통해
삶의 태도 파악하기

인물의 삶의 모습과 비슷한
삶의 모습 찾아보기

공부한 날   월   일

 다음 글을 읽고, 물음에 답해 봅시다.

박지원이 마흔세 살 되던 해, 마침내 그에게도 새로운 세상을 보고 들을 수 있는 기회가 왔어요. 평소 넓은 세상에 관심이 많았던 그가 가까운 친척 형을 따라 청나라에 갈 수 있게 된 것이지요.

그런데 박지원은 다른 사람들처럼 경치가 빼어난 곳이나 비싸고 좋은 물건을 파는 곳에는 잘 가지 않았답니다. 오히려 장사꾼들로 붐비는 시장과 새로운 물건들이 넘쳐 나는 거리를 구석구석 돌아다녔어요. 박지원은 혼자 생각했어요.

'모르는 것이 있으면 길 가는 사람을 붙잡고 물어보아야 한다. 낯선 땅, 낯선 사람이라고 가릴 게 무엇인가? 아직 우리는 우물 안 개구리다. 보아라! 이토록 넓은 땅과 새로운 것들을!'

하루는 일행이 책문을 거쳐 심양이라는 곳에 이를 때였어요. 등에 혹이 달린 낙타라는 신기한 동물이 지나갔어요. 하지만 박지원은 말 위에서 깜빡 조는 바람에 낙타를 보지 못했답니다. 잠에서 깬 박지원은 얼굴을 붉히고, 입까지 씰룩씰룩하며 하인을 불렀습니다.

"왜 나를 깨우지 않았느냐?"

순간 하인은 자신이 잘못한 것을 어렴풋이 깨닫고 솔직히 말했어요.

"죄송합니다. 주인님께서 하도 곤히 주무시기에, 그만……."

이 말을 들은 박지원은 금세 얼굴을 풀고 이렇게 말했습니다.

"앞으로는 내가 잠을 자건 밥을 먹건 처음 보는 것이 있거든 주저 말고 내게 알려라. 이렇게 보고 듣는 것이야말로 억만 냥을 주고도 살 수 없는 값진 것이니까."

- 고정욱, 『늦깎이 시리즈 04-연암 박지원』 중에서

1 박지원이 경치가 빼어난 곳 대신에 시장을 돌아다닌 까닭은 무엇인가요?

① 시끄러운 곳을 더 좋아해서
② 시장에 가면 친구를 만날 수 있어서
③ 빼어난 경치는 이미 예전에 다 보아서
④ 시장에서 맛있는 음식을 먹을 수 있어서
⑤ 장사꾼들이 붐비는 곳에서 새로운 물건들을 보려고

2 이 글에 나타난 박지원의 삶의 모습은 어떠한가요?

① 잠을 많이 자고 편히 쉬는 것을 좋아한다.
② 아랫사람을 아끼고 사랑하는 마음을 갖고 있다.
③ 다른 사람을 무시하고 화를 잘 내며 남의 탓을 잘한다.
④ 어려운 일도 긍정적으로 바라보려고 노력하는 자세를 갖고 있다.
⑤ 배움에 대한 열정이 있고 새로운 것을 배우려는 자세를 갖고 있다.

이들 모두가 할아버지 제사에 가는 분들이죠. 할아버지 도움으로 공부한 '정암 장학회'의 회원이기도 하고요.

그리고 이들은 모두 성은 다르지만 내겐 '큰아버지'입니다.

휴전선이 가까운 서해 외딴섬. 이날 부두에 내린 사람들은 거의가 할아버지 제사에 참석할 큰아버지들이었습니다. 배는 잠시 섰다가 다른 섬으로 떠나고, '우리'는 서로 인사를 나누었습니다.

아들딸들이 장성해 뜻 모아 장학회를 만들자 할아버지는 서울 집과 작품들을 모두 정리해 장학 기금에 보태셨습니다. 그리고 이곳에서 홀몸으로 말년을 보내셨답니다.

섬마을 삼간초옥이 일 년 만에 다시 떠들썩해졌습니다. 각자 마련해 온 음식들이 쏟아져 나오고, 가스레인지며 그릇들까지 이 차 저 차에서 나왔습니다. 조립해 세울 수 있는 제사상까지 가져온 사람도 있었습니다.

저녁 식사 후 나는 겉껍질 벗겨 물에 담갔던 밤을 정성껏 깎았습니다. 물에 불린 밤을 북 모양으로 깎는 일을 어른들은 '친다'고 말합니다. 나는 할아버지가 잡술 것이라고 생각하며 정성껏 밤을 치고, 둘러앉은 어른들은 장학회와 할아버지에 대한 이야기를 나누었습니다.

- 어느 해던가, 통금이 있던 때였어. 전시회 준비로 우리가 여관에 들었지. 선생님과 새벽에 여관을 나섰는데, 건널목에 당도하니 빨간불이라.
- 선생님께서 멈춰 섰어. 우리도 그 자리에 멈춰 섰지. 빨간불이니까 당연지사지. 십일월인가 십이월인가, 여하튼 새벽바람이 몹시 찼어. 거리엔 차는 물론 사람도 없었어. 그런데 빨간불이 꺼지질 않아. 신호등이 고장 난 거라.
- 우리는 아무 생각 없이 건널목을 건넜지. 그런데 선생님이 보이지 않았어.
- 그때 저 아래쪽으로, 플라타너스 이파리가 날리는 가로등 밑을 걸어가시는 선생님 뒷모습이 보였어. 그리고 고장 나지 않은 신호등이 있는 그 아래쪽 건널목에서 한참 기다려 파란불이 들어오자 길을 건너고, 옹기종기 모여 떨고 서 있는 우리 곁으로 천천히 걸어오셨어.
- 그리고 또 있어. 미국에 가 있는 그 친구, 물리학 박산가 생물학 박산가 하는 친구 있지? 그 친구가 어느 해 선생님을 찾아왔어. 모처럼 무슨 학술회의 참석차 서울에 왔다가 선생님을 뵙고, 이렇게 저렇게 북에 계신 사모님과 연락이 닿을 것 같다며, 평양의 선생님 고향 집 주소와 자녀들 이름을 여쭤봤다는구먼.
- 그 얘기 나도 아네. 깍지 낀 손마디만 옥죄이며 한참이나 ⊙뜸 들이다가 선생님께서 겨우 하신 말씀이, 그럼 사람 어디 한둘이냐며, 소식 몰라 애태우는 사람이 이 강산 어디 나뿐이겠냐면서, 자네들 이렇게 다 잘 됐으니 그곳 가족도 다 잘들 있을 것이라며 끝내 다른 말씀하지 않으셨다지, 아마?
- 그리고, 나오다 봉께, ⓛ왼쪽 무명지에 낀 구리 반지를 바른손으로 자꾸 쓰다듬고 계셨대잖여.
- 그 후, 여기 오셔서 마지막으로 그리신 게 저 그림이라네.

밤을 치다가 나는 벽에 걸린 그림을 다시 쳐다보았죠. 흙담 초가, 마당가에 선 감나무는 잎을 다 떨군 채 끝 가지에 홍시 몇 개 달고 있고, 반이나 기운 사립문 옆으로 수건을 쓰고 한 손에 호미 든 아낙네가 검정 고무신을 신고 서 있습니다.

- 강정규, 『새가 날아든다-구리 반지』 중에서

3 전시회 준비를 하던 새벽에 할아버지와 정암 장학회의 회원들에게 생긴 문제는 무엇인가요?

① 갑자기 비가 내렸다.
② 택시가 잡히지 않았다.
③ 구리 반지를 잃어버렸다.
④ 잠잘 곳을 구하지 못했다.
⑤ 건널목의 신호등이 고장 났다.

4 할아버지께서 아래쪽 건널목으로 내려가서 한참을 기다린 뒤 건너오신 까닭은 무엇인가요?

① 운동을 하기 위해서
② 신호를 지키기 위해서
③ 도로에 차가 너무 많아서
④ 제자들과 건널목을 건너기 싫어서
⑤ 아래쪽 건널목 근처에 친구가 서 있어서

5 미국에 가 있던 친구가 할아버지께 평양의 고향 집 주소와 자녀들의 이름을 물은 까닭은 무엇인가요?

① 평소에 궁금했던 내용이라서
② 미국에서 산 선물을 전해드리기 위해서
③ 평양에 있는 할아버지 집을 방문하기 위해서
④ 서울에서 열리는 학술회의에 초청하고 싶어서
⑤ 북에 계신 사모님과 연락이 닿을 수 있을 것 같아서

6 ㉠의 뜻으로 알맞은 것은 무엇인가요?

① 화가 나서 씩씩거리고 있다가
② 몹시 바쁘고 분주하게 일을 하다가
③ 일을 하여 돈 따위를 얻거나 모으다가
④ 기계나 기구 따위를 마음대로 조종하다가
⑤ 일이나 말을 할 때에 서두르지 않고 한동안 가만히 있다가

7 ㉡의 행동에서 짐작할 수 있는 할아버지의 마음으로 가장 알맞은 것은 무엇인가요?

① 제자들에게 고마워하는 마음
② 진심을 몰라주어 서운한 마음
③ 북에 있는 가족들을 원망하는 마음
④ 다 함께 여행을 가게 되어 기대하는 마음
⑤ 고향에 두고 온 가족들을 그리워하는 마음

8 이 글에 나타난 할아버지는 어떤 인물인가요?

① 원칙을 지키려고 노력하는 인물

② 나라를 사랑하고 나라를 위해 노력하는 인물

③ 자기보다 힘이 약한 사람을 하찮게 여기는 인물

④ 다른 사람의 물건이나 재산을 함부로 빼앗는 인물

⑤ 자신이 하고 싶은 일이면 반대가 있더라도 반드시 하고 마는 인물

9 작품 속 인물의 삶의 태도나 모습을 알 수 있는 방법을 모두 고르세요. (정답 2개)

① 인물이 처한 상황과 태도를 살펴본다.

② 인물의 생김새나 모습을 잘 살펴본다.

③ 비유적인 표현이나 생생한 표현을 찾아본다.

④ 작품에 등장하는 인물이 모두 몇 명인지 살펴본다.

⑤ 갈등 상황에서 인물이 하는 말이나 행동을 잘 살펴본다.

재미있는 낱말 놀이터 — 관용 표현의 뜻 알아보기

🍎 다음 그림의 상황을 잘 살펴보고, 밑줄 친 관용 표현의 뜻을 찾아 선으로 바르게 이어 보세요.

| 상에 음식을 매우 많이 차려 놓다. | 한참 잘되고 있거나 잘 되려는 일에 방해를 놓아 일이 잘못되도록 만들다. | 슬그머니 피하여 물러나다. | 결혼식을 올리다. |

왜 그럴까?

관용 표현을 사용하면 자신의 생각을 상황에 맞게 좀 더 효과적으로 나타낼 수 있습니다. 결혼식을 할 때에는 흔히 결혼식에 쓰이는 화촉에 불을 켠다는 뜻으로 '화촉을 밝히다.'와 같이 표현하고 한참 잘되고 있거나 잘되려는 일에 방해를 놓을 때는 '초를 치다.'라고 표현합니다. 슬그머니 피할 때에는 '꽁무니를 빼다.'라고 표현하고, 상에 음식을 매우 많이 차려 놓았을 때에는 '상다리가 부러지다.'라고 표현합니다.

읽기 목표
33일

7 작품 속 다양한 삶의 모습 이해하기 ❸

• 인물이 처한 환경과 갈등 상황 파악하기
• 인물의 말과 행동을 통해 삶의 태도 파악하기
• 인물의 삶의 모습과 비슷한 삶의 모습 찾아보기

공부한 날   월   일

 다음 글을 읽고, 물음에 답해 봅시다.

(가) 나라를 빼앗긴 설움을 어려서부터 겪어 온 마냐는 마음속으로 다짐하였다.

㉠'땅은 빼앗을 수 있어도 머릿속의 지식은 빼앗을 수 없어. 나는 우리나라 폴란드를 위하여 살 거야.'

이 소녀가 바로 뒷날 새로운 원소 라듐과 폴로늄을 발견한 마리 퀴리이다. 마리 퀴리는 1867년에 폴란드의 수도 바르샤바에서 태어났다. 그 무렵 폴란드는 러시아의 지배를 받고 있었기 때문에 마리 퀴리는 러시아의 압제 정치를 겪으며 자랐다.

(나) 퀴리 부부는 우라늄과 토륨처럼 스스로 빛을 내는 성질을 가진 방사성 물질을 탐구하였다. 1898년에 ㉡그들은 세계 최초로 라듐과 폴로늄이라는 방사성 원소를 발견하였다. 폴로늄은 마리 퀴리의 조국인 폴란드를 본뜬 이름이다. ㉢마리 퀴리는 폴로늄처럼 폴란드도 사라지지 않고 영원히 존재하기를 바랐다.

드디어 1918년에 마리 퀴리의 조국 폴란드는 러시아로부터 독립하였다. 123년 동안 잃어버렸던 '폴란드'라는 나라 이름을 되찾은 것이다. 마리 퀴리는 노벨상을 받은 뒤에 오랫동안 연구해 온 프랑스 파리에 라듐 연구소를 세웠으며, ㉣그 뒤에 자유를 찾은 폴란드에도 라듐 연구소를 세웠다.

㉤"저는 비록 프랑스에 살고 있지만 어느 한순간도 내 나라 폴란드를 잊어 본 적이 없습니다."

폴란드 라듐 연구소 개관식에서 마리 퀴리가 한 연설의 첫 부분이다. 개관식에 모인 사람들은 모두 하나가 되어 마리 퀴리의 이름을 외쳤다.

- 김영자, 『퀴리 부인』 중에서

1 마리 퀴리가 방사성 원소의 이름을 '폴로늄'이라고 지은 까닭은 무엇인가요?

① 남편이 '폴로늄'이라고 짓자고 제안하였기 때문에
② 프랑스에서 '폴로늄'으로 지으라고 요구했기 때문에
③ 방사성 원소의 모양이 폴란드의 땅 모양과 비슷했기 때문에
④ 폴란드에서 원소를 발견할 수 있도록 지원을 해 주었기 때문에
⑤ '폴로늄'처럼 조국인 폴란드도 영원히 존재하기를 바랐기 때문에

2 ㉠~㉤ 중, 조국을 사랑하는 마리 퀴리의 삶의 모습을 짐작할 수 있는 부분이 <u>아닌</u> 것을 골라 기호로 쓰세요.

(   )

다음 글을 읽고, 물음에 답해 봅시다.

　　옛날, 꾀꼬리와 뻐꾸기, 따오기가 모여서 서로 자기 목소리가 좋다고 싸우고 있었대. 하루는 꾀꼬리가 제안을 하였다지.

　　"우리, 이렇게 싸우지만 말고 재판을 받아 보자."

　　"황새가 지혜도 있고 일도 바르게 처리한다고 하니, 그를 찾아가 결정해 달라고 하는 것이 좋겠어."

　　하지만, 따오기는 자기의 목소리에 자신이 없었어. 그래서 ㉠따오기는 황새가 좋아하는 개구리, 우렁이, 두꺼비, 올챙이, 거머리, 구렁이, 물뱀 등을 모아 가지고 맵시 있는 붉은 박에 보기 좋게 담아서 황새 집으로 가져갔지.

　　㉡황새는 따오기가 가져온 선물에 마음이 흐뭇하여 따오기한테 자신을 찾아온 이유를 물었어.

　　"꾀꼬리와 뻐꾸기, 저, 이렇게 셋 가운데에서 누구 목소리가 가장 좋은지 겨루기로 하습니다. 아무쪼록 제가 이길 수 있도록 도와주셨으면 합니다."

　　"그래? 쉽게 들어줄 수 있는 부탁은 아니구나! ㉢그러나 내 한번 힘을 써 보도록 할 테니, 염려 말고 돌아가거라."

　　날이 밝자, ㉣세 짐승이 황새의 집에 모였어. 드디어 재판이 시작되었어.

　　먼저, 꾀꼬리가 소리를 곱게 냈지. 황새는 꾀꼬리의 아름다운 소리에 감탄하였지만,

　　"네 소리가 비록 아름답지만 가벼워 쓸 데가 없구나."

하고 말하였어. 그다음에 뻐꾸기가 목청을 가다듬어 소리를 냈지.

　　"네 소리가 비록 아름다우나 근심이 많아 슬프게 들리는구나."

　　뻐꾸기도 창피하여 물러났어. 이번에는 따오기가 자신만만하게 큰 소리를 냈어. 황새가 말하였어.

　　㉤"네 소리는 장군의 목소리로다. 네 소리가 웅장하니 대장부의 기상이로다."

3 꾀꼬리가 뻐꾸기와 따오기에게 한 제안은 무엇인가요?

① 숲 속에 새로운 둥지를 만들자는 제안
② 누가 더 높이 나는지 겨루어보자는 제안
③ 황새와 함께 멀리 여행을 떠나자는 제안
④ 다함께 고운 목소리로 노래를 부르자는 제안
⑤ 누구의 목소리가 좋은지 재판을 받아 보자는 제안

4 따오기가 ㉠처럼 행동한 까닭은 무엇인가요?

① 황새가 집으로 초대해서
② 황새가 따오기에게 부탁한 것이어서
③ 황새에게 평소 고마움을 많이 느껴서
④ 재판관인 황새의 마음을 얻기 위해서
⑤ 황새가 병이 들어 밥을 잘 먹지 못해서

5 빨간색으로 쓴 낱말과 바꾸어 쓸 수 있는 말은 무엇인가요?

① 기쁨   ② 행복   ③ 걱정
④ 놀람   ⑤ 실망

6 ⓒ~ⓜ 중, 황새의 삶의 모습을 짐작할 수 있는 내용이 <u>아닌</u> 것을 골라 기호로 쓰세요.

(　　　　　　　　)

7 ⓜ에 나타난 황새의 행동에 대하여 가장 바르게 말한 친구는 누구인가요?

① **은지**: 따오기를 위하는 황새의 행동은 바람직해.
② **보라**: 황새는 꾀꼬리의 소리를 비판했기 때문에 배려심이 부족해.
③ **도현**: 황새는 세 마리 새의 노랫소리를 끝까지 들은 것으로 보아 인내심이 강해.
④ **상윤**: 황새는 세 마리의 새의 노랫소리를 듣고 판결을 했으므로 공정한 판결을 내렸어.
⑤ **지아**: 따오기에게 선물을 받은 뒤에 불공정한 판결을 내린 황새의 행동은 바람직하지 않아.

8 황새의 삶의 모습을 바르게 정리한 친구는 누구인지 쓰세요.

> • **인수**: 열심히 최선을 다해 노력하는 삶
> • **미정**: 더 나은 단계로 발전해 가기 위한 삶
> • **라온**: 공정함을 어기고 원칙을 지키지 않는 삶
> • **진호**: 다른 사람의 말에 지나치게 의존하는 삶
> • **나영**: 게으름을 피우지 않은 뒤에 부지런히 일을 하는 삶

(　　　　　　　　)

9 이 글에 나오는 따오기의 성격은 어떠한가요?

① 비겁하다.   ② 대범하다.   ③ 배려심이 많다.
④ 잘난 체를 잘한다.   ⑤ 약속을 중요시 여긴다.

10 아래 제시된 선우와 비슷한 삶의 모습을 지닌 인물을 이 글에서 찾아 쓰세요.

> **선우**: 달리기 대회에서 친구를 이기려고 선생님 몰래 앞서 달리고 있던 친구의 옷을 잡아당긴 적이 있어. 정당하지 않은 방법인 것은 알았지만, 달리기에서 정말 이기고 싶었거든.

(　　　　　　　　)

따오기에게 충고해 줄 수 있는 말로 가장 적절한 것은 무엇인가요?

① 정당하지 않은 방법을 쓰지 말고 열심히 노력하렴.
② 다음부터는 꾀꼬리, 뻐꾸기와 더 사이좋게 지내야 해.
③ 노래를 부르는 것보다는 건강을 돌보는 것이 훨씬 중요해.
④ 황새를 먼저 챙기지 말고 너 자신을 먼저 돌보는 것이 좋겠어.
⑤ 대장부의 목소리보다 곱고 아름다운 목소리를 내는 게 더 좋을 거야.

'물'의 서로 다른 뜻

🍎 다음 그림을 보고, 밑줄 친 '물'이 어떤 뜻으로 쓰였는지 보기 에서 찾아 그 기호를 써 보세요.

보기

- 물 01: 강, 호수, 바다, 지하수 등에 있으며 순수한 것은 빛깔, 냄새, 맛이 없는 투명한 액체. ⋯⋯⋯⋯⋯ ㉠
- 물 02: 물감이 물건에 묻어서 드러나는 빛깔. ⋯⋯⋯⋯⋯⋯⋯⋯⋯⋯⋯⋯⋯⋯⋯ ㉡
- 물 03: 물고기 등의 싱싱한 정도. ⋯⋯⋯⋯⋯⋯⋯⋯⋯⋯⋯⋯⋯⋯⋯⋯⋯⋯⋯⋯ ㉢

왜 그럴까?

'물'은 여러 가지 뜻을 가진 낱말입니다. '빛깔, 냄새, 맛이 없는 투명한 액체'를 뜻하는 '물', '물감이 물건에 묻어서 드러나는 빛깔'을 뜻하는 '물', '물고기 등의 싱싱한 정도'를 나타내는 '물' 등이 있습니다. 각각의 상황에서 어떤 뜻으로 사용되었는지 살펴보고 알맞게 사용할 수 있도록 하세요.

7 작품 속 다양한 삶의 모습 이해하기 ❹

인물이 처한 환경과
갈등 상황 파악하기

인물의 말과 행동을 통해
삶의 태도 파악하기

인물의 삶의 모습과 비슷한
삶의 모습 찾아보기

공부한 날 　　월　　일

 다음 시를 읽고, 물음에 답해 봅시다.

행복한 일

노원호

누군가를
보듬고 있다는 것은 행복한 일이다.

나무의 뿌리를 감싸고 있는 ㉠흙이 그렇고
작은 풀잎을 위해 바람막이가 되어 준 ㉡나무가 그렇고
텃밭의 ㉢상추를 둘러싸고 있는 ㉣울타리가 그렇다.

남을 위해
내 마음을 조금 내어 준 나도
참으로 행복하다.

어머니는 늘
이런 행복이 제일이라고 하셨다.

1 어머니가 말하는 '행복'이 무엇인지 찾아 ○표 하세요.

(1) 나 자신을 아끼고 사랑하는 것 ··· (　　)
(2) 다른 사람을 재미있게 해 주는 것 ··· (　　)
(3) 남을 위해 내 마음을 조금 내어 주는 것 ··· (　　)

2 ㉠~㉣ 중, 성격이 나머지와 <u>다른</u> 하나를 찾아 기호로 쓰세요. 　　　(　　　　　)

3 이 시의 '나'와 비슷한 가치관을 갖고 있는 친구는 누구인가요?

① **도현:** 맛있는 음식을 먹으면 행복해져.
② **지아:** 새로운 곳을 여행하면 더욱 행복해져.
③ **수연:** 집안을 깨끗이 청소하면 행복해질 거야.
④ **은희:** 돈을 많이 벌수록 좋은 물건을 많이 살 수 있으니 행복해.
⑤ **미연:** 용돈을 절약해서 아프리카 친구들을 도울 수 있어 행복해.

(가) 노인은 앞에 서 있는 두 그루의 큰 미루나무를 바라보며 말했다. 미루나무는 스무 걸음 남짓 사이를 두고 높이 솟아 하늘을 덮고 있었다.

"저 미루나무들 사이에서 줄을 타시겠다고요?"

"그래, 어쩐지 아주 멋진 줄타기가 될 것 같구나. ㉠내 생애에 마지막일지도 모르는……."

노인은 혼자 중얼거리며 풀밭에 털썩 주저앉았다.

"애야, 네가 괜히 나 같은 늙은이를 만나 고생이 많구나. 너 혼자 몸도 건사하기 힘든 세상인데
……." (중략)

노인은 겸연쩍은 표정을 짓고는 수염을 쓸어내렸다. 구부정한 허리와 조붓한 어깨, 소나무 껍질처럼 거친 손이 노인의 험난했던 지난 세월을 일러 주는 듯했다.

"그래도 저에겐 선생님이신걸요. 언젠가는 선생님의 재주를 꼭 배울 거예요."

"재주는 무슨 재주? 밥 빌어먹기 딱 알맞은 짓인걸."

노인은 아스라이 먼 하늘을 바라보았다.

(나) 동쪽 하늘이 희붐하게 밝아 오는 새벽녘부터 노인은 바삐 움직이기 시작했다. 자기 생명보다 더 귀중하게 여기는 밧줄을 두 미루나무 사이를 오가며 튼튼하게 매느라 마을 사람들이 몰려오는 것도 몰랐다.

"낯모르는 사람이 웬 줄을 매지?"

"글쎄? 혹시 떠돌며 줄 타는 사람이 있나?"

"요새도 줄 타는 사람이 아직 남았나?"

마을 사람들은 노인과 소년을 힐끗힐끗 곁눈질하며 ㉡수런댔다.

소년이 마을 사람들 눈치를 얼른 알아채고 고개를 끄덕였다. 그렇다는 대답이었다.

소문은 참 빨랐다. 소년이 동네를 한 바퀴 돌며 구경 오라고 선전을 하기도 전인데, 사람들이 삼삼오오 모여들었다.

"줄 타는 솜씨 좀 보여 주시오. 어서 보고 밭에 나가야 하니까……."

"그래요, 어서 타 봐요."

마을 사람들의 성화에, 노인은 바지 적삼을 입고 버선 신은 발로 줄 위에 섰다. 그러고는 쥘부채를 펴 들고 중심을 잡으며 걸어갔다. 아슬아슬한 것은 구경꾼들이었다.

(다) 노인은 수많은 구경꾼들의 경탄하는 시선을 받으며 외줄을 타고 계속 걸어갔다. 하늘을 향해 걸어갈수록 아름다운 음악과 새 소리가 가까이 들려왔다. 또, 줄 아래에는 이제껏 보도 듣도 못 하던 신기한 꽃들이 지천으로 피어 있었다. 꽃들은 독특한 향기를 내뿜으며 바람 따라 꽃파도를 쳤다. 그런 꽃밭 사이를 헤치며 소년이 따라오고 있었다. 소년의 이마에는 송골송골 땀방울이 맺혀 있었다. ㉢소년을 보자, 노인은 가슴 속에 송진 덩어리처럼 뭉쳐 있던 응어리가 녹아 내리고 있음을 느꼈다.

"애야, 너에게 줄 타는 법을 가르쳐야겠구나." / "……!"

소년은 대답 대신 얼른 고개를 끄덕였다. 소년의 얼굴은 무지개처럼 환했다. 노인은 하늘로 타고 오르던 줄 위에서 소년을 향해 펄쩍 뛰어내렸다.

- 이동렬, 『마지막 줄타기』 중에서

4 노인이 하는 일은 무엇인가요?

① 줄을 타는 일 　　　　　　　　② 줄을 만들어 파는 일

③ 줄을 이용해 그림을 그리는 일 　　④ 나무를 가꾸어 줄을 매 주는 일

⑤ 버선을 만들어 나누어 주는 일

5 노인이 ㉠과 같이 말한 까닭은 무엇인가요?

① 줄 타는 일이 지루해졌기 때문에

② 자신의 죽음을 예견하고 있었기 때문에

③ 사람들이 줄타기를 보러 오지 않기 때문에

④ 소년이 자꾸 줄타기를 가르쳐 달라고 했기 때문에

⑤ 줄 타는 일을 그만두고 새로운 직업을 찾으려고 마음먹었기 때문에

6 ㉡의 뜻으로 알맞은 것은 무엇인가요?

① 꼼꼼하고 몹시 야무졌다. 　　　　② 빠르고 신속하게 말을 했다.

③ 큰 소리로 정확하게 이야기했다. 　④ 의심스럽고 이상한 느낌이 들었다.

⑤ 여러 사람이 한데 모여서 수선스럽게 이야기하였다.

7 (나)에서 새벽부터 줄을 매었던 노인의 마음으로 알맞은 것은 무엇인가요?

① 소년과 말다툼을 해서 언짢은 마음

② 하기 싫은 일을 해야 해서 귀찮은 마음

③ 돈을 많이 벌 수 있다는 기대감에 부푼 마음

④ 소년이 함께 줄을 매 주지 않아서 속상한 마음

⑤ 자신의 줄타기를 마을 사람들에게 보여 주고 싶은 조급한 마음

8 ㉢을 통해 알 수 있는 소년에 대한 노인의 마음으로 가장 알맞은 것은 무엇인가요?

① 소년에 대한 사랑이 깊다. 　　　　② 소년의 실력이 부족해 언짢다.

③ 소년에게 질투심을 느끼고 있다. 　④ 소년이 게으름을 부려서 속상하다.

⑤ 소년에게 몹시 화가 나 있는 상태이다.　 ·

9 줄에서 뛰어내린 노인이 가장 먼저 하고 싶었던 일은 무엇이었을까요?

① 소년과 여행을 떠나는 일 　　　　② 소년에게 부모를 찾아 주는 일

③ 소년과 함께 나무를 기르는 일 　　④ 소년에게 줄 타는 법을 가르치는 일

⑤ 소년과 함께 맛있는 음식을 먹는 일

10 노인이 추구하는 삶의 가치에 대해 바르게 말한 친구는 누구인가요?

① **미정**: 노인은 안락하고 편안한 삶을 중시하고 있어.

② **호진**: 새로운 환경에 빠르게 적응하는 삶을 중시하고 있어.

③ **정윤**: 노인은 환경을 아끼고 보호하는 삶을 중시하고 있어.

④ **수지**: 노인은 나라를 사랑하고 나라를 위해 애쓰는 삶을 중시하고 있어.

⑤ **성희**: 줄타기와 같은 우리 전통문화를 지키고 계승하는 삶을 중시하고 있어.

11 인물의 삶의 모습을 파악하는 방법을 바르게 말한 친구를 찾아 ○표 하세요. (정답 2개)

| 은지: 인물이 하는 말이나 행동을 잘 살펴보는 것이 좋아. ☐ | 민주: 인물들에게 어떤 일이 일어났는지 생각해 봐야 해. ☐ | 수호: 인물의 생김새를 주의 깊게 살펴보는 것이 좋아. ☐ |

재미있는 낱말 놀이터

'숨'과 관련된 관용 표현

🍎 다음 그림의 상황에 어울리는 관용 표현과 그 뜻을 찾아 선으로 바르게 이어 보세요.

 ● ● 숨이 막히다. ● ● 몹시 숨이 차다.

 ● ● 숨 돌릴 사이도 없다. ● ● 가쁜 숨을 가라앉힐 정도의 여유도 없다.

 ● ● 숨이 턱에 닿다. ● ● 어떤 상황이 심한 긴장감이나 압박감을 주다.

왜 그럴까?

'숨'은 '사람이나 동물이 코 또는 입으로 공기를 들이마시고 내쉬는 기운'을 뜻합니다. 우리말에는 '숨'과 관련하여 사람 또는 동물의 상태를 나타내는 관용 표현이 많이 있습니다. 그중에서 '숨이 막히다'는 '어떤 상황이 심한 긴장감이나 압박감을 주다.' 이외에 '숨을 쉴 수 없을 정도로 답답함을 느끼다.'라는 뜻으로도 쓰입니다.

7 작품 속 다양한 삶의 모습 이해하기 ❺

마무리~

35일

인물이 처한 환경과
갈등 상황 파악하기

인물의 말과 행동을 통해
삶의 태도 파악하기

인물의 삶의 모습과 비슷한
삶의 모습 찾아보기

공부한 날   월   일

🌱 **정리** 앞에서 배운 '작품 속 다양한 삶의 모습 이해하기'의 내용을 떠올리며 제시된 문장이 맞으면 ○표, 틀리면 ×표 하세요.

작품 속 인물의 삶의 모습은 인물이 하는 말과 행동을 통해 알 수 있어요. ☐

인물이 처한 상황을 파악하는 것은 인물의 삶의 모습을 이해하는 것과는 관련이 없어요. ☐

인물이 어떻게 생겼는지를 살펴보면 인물의 삶의 모습을 알 수 있어요. ☐

작품 속 인물의 삶과 자신의 삶을 비교하며 글을 읽으면 글의 내용을 더 깊게 이해할 수 있어요. ☐

같은 작품에 나오는 인물들은 모두 같은 삶의 모습과 태도를 가지고 있어요. ☐

인물이 겪는 갈등 상황과 인물이 어떤 선택을 하는지 살펴보면 인물의 삶의 모습을 이해할 수 있어요. ☐

작품 속 인물의 삶과 나의 삶은 서로 다르기 때문에 관련이 전혀 없어요. ☐

작품 속 인물의 삶을 통해 교훈이나 깨달음을 얻을 수 있어요. ☐

인물의 삶의 모습을 이해하면 작품 속에서 인물이 왜 그런 말과 행동을 하는지 더 잘 이해할 수 있어요. ☐

(가) 외국에서 공부를 마치고 케냐로 돌아온 왕가리 마타이는 황폐해진 케냐의 마을 풍경을 보고 깜짝 놀랐다. 케냐의 새로운 지도자들이 돈벌이를 위하여 숲을 없애고 차나무와 커피나무를 심은 것이었다. 울창하였던 숲은 벌목으로 벌거벗은 모습이 되었고, 비옥하였던 토양은 영양분이 고갈되어 동물과 식물을 제대로 길러 낼 수 없는 상태가 되었다. 이러한 변화로 사람들은 땔감을 구하기 어려웠고, 작물이 잘 자라지 않아 가난과 굶주림 속에서 고통받게 되었다.

파괴된 환경이 그녀와 그녀의 아이들 그리고 ㉠케냐의 모든 이에게 고통을 주고 있다는 것을 깨달은 왕가리 마타이는 자신이 할 수 있는 일이 무엇인지 생각하여 보았다.

'나무를 심는 거야.'

왕가리 마타이는 나무를 심기로 마음먹고, 방법을 고민한 끝에 나무를 심어 주는 회사를 세웠다.

(나) ㉡왕가리 마타이는 포기하지 않고 나무 심기를 계속할 수 있는 방법을 찾아보았다. 그리고 곧 그 기회가 생겼다.

1977년 케냐여성위원회에서 왕가리 마타이에게 해비탯 회의에서 보고 들은 것을 연설하여 달라고 부탁한 것이다. 왕가리 마타이의 연설은 많은 사람에게 감동을 주었고, 그 후 왕가리 마타이는 케냐여성위원회의 위원이 되어 나무 심기 운동을 추진하였다.

케냐여성위원회는 나무 심기 운동을 전파하기 위하여 여성들이 기른 묘목을 숲이나 정원 등에 옮겨 심을 때마다 한 그루에 4센트씩 대가를 지불하기로 하였다. 여성들은 농사를 지어 본 경험이 많아 나무를 잘 길러 내었다. 때로는 땅에 화단을 일구었고, 때로는 깨진 화분에 묘목을 키웠다.

(다) 1989년, ㉢케냐 정부는 나이로비 시내 한복판에 있는 우후루 공원에 복합 빌딩을 건설하려고 하였다. 우후루 공원은 대도시 나이로비에 남아 있는 유일한 녹지 공간으로, 콘크리트 건물 사이에서 시민들의 쉼터 역할을 하고 있었다. 왕가리 마타이는 도심 속의 녹지대와 시민들의 쉼터가 계속 보전되어야 한다고 생각하였다. 그녀는 관련 회사와 정부에 편지를 쓰고 언론에 자신의 주장을 알리며 우후루 공원을 지키기 위하여 애썼다. 친구들은 힘들어하는 왕가리 마타이를 걱정하였다.

"왜 이렇게까지 하는 거야? 그건 네가 간섭할 일은 아니잖아?"

㉣"우후루 공원은 모든 사람의 것이야. 그러니까 누군가는 그 잘못을 말해야 해."

왕가리 마타이는 포기하지 않고 우후루 공원을 지켜야 한다고 목소리를 높이면서 정부가 계획을 바꾸도록 노력하였다. 노력은 결실을 맺었다. 우후루 공원에 복합 빌딩을 건설하는 것에 대한 케냐 국민의 반대가 거세어지고 세계 언론이 이 문제를 보도하자 케냐 정부는 복합 빌딩의 건설을 포기하였다.

(라) ㉤왕가리 마타이는 아무리 힘든 상황이라도 절망하지 않고 문제를 해결할 수 있는 방법을 찾아 나섰다. 환경 운동가인 왕가리 마타이에게 환경을 보호하는 방법은 나무를 심는 것이었다. 나무를 심고 키우는 것이 환경을 보호하고 사람을 이롭게 한다고 생각하였다. 그래서 다른 사람들이 은퇴를 하고 휴식을 취할 무렵인 노년에도 환경 보호 운동에 앞장섰다. 그리고 왕가리 마타이는 이러한 노력을 인정받아 2004년에 아프리카 여성 최초로 노벨 평화상을 받게 되었다.

1 왕가리 마타이가 케냐에 돌아와서 나무를 심게 된 까닭은 무엇인가요?

① 돈벌이를 하기 위해서
② 마을을 아름답게 꾸미기 위해서
③ 외국에서 나무 심는 법을 공부해서
④ 케냐 정부에서 나무를 심으라고 명령을 해서
⑤ 파괴된 환경이 모든 이에게 고통을 주고 있다고 생각해서

2 케냐여성위원회가 나무 심기 운동을 전파하기 위하여 사용한 방법은 무엇인가요?

① 묘목 심는 법을 가르쳤다.
② 묘목을 무료로 나누어 주었다.
③ 묘목을 적당한 간격으로 심도록 하였다.
④ 묘목을 화단이나 깨진 화분에만 심도록 하였다.
⑤ 묘목을 숲이나 정원에 옮겨 심으면 4센트씩 지불해 주었다.

3 ㉠~㉤ 중, 왕가리 마타이의 삶의 모습을 짐작할 수 있는 내용이 아닌 것을 찾아 기호로 쓰세요.

(   )

4 다음 중 이 글의 내용으로 알맞지 않은 것을 찾아 기호로 쓰세요.

> ㉮ 케냐 정부는 마침내 우후루 공원에 복합 빌딩을 건설하였다.
> ㉯ 왕가리 마타이는 아프리카 여성 최초로 노벨 평화상을 받게 되었다.
> ㉰ 우후루 공원은 대도시 나이로비에 남아 있는 유일한 녹지 공간이었다.
> ㉱ 왕가리 마타이는 케냐여성위원회의 위원이 되어 나무 심기 운동을 추진하였다.

(   )

5 왕가리 마타이는 어떤 인물인가요?

① 다른 사람과 다툼이 많은 인물
② 장난이 심하지만 재치가 있는 인물
③ 게으르고 자신만을 위해 살아가는 인물
④ 남들과 어울리지 못하고 혼자 살아가는 인물
⑤ 자신의 일에 최선을 다하고 끊임없이 노력하는 인물

6 왕가리 마타이의 삶에서 배울 점은 것은 무엇인가요?

① 나라의 경제 발전을 위해 노력한 것
② 노벨상을 받기 위해 최선을 다한 것
③ 어려움이 있어도 포기하지 않고 노력한 것
④ 많은 사람들에게 즐거움을 주려고 노력한 것
⑤ 불편한 몸이지만 자신의 재능을 살려 최선을 다한 것

7 왕가리 마타이가 추구하는 삶의 태도나 모습을 파악하는 방법에 대해 **잘못** 말한 친구는 누구인지 쓰세요.

| 보라: 왕가리 마타이가 한 말과 행동을 살펴보아야 해. | 은지: 왕가리 마타이가 어떤 상황에 처해 있는지 살펴보아야 해. | 수현: 왕가리 마타이의 생김새를 머릿속으로 그려 보면서 읽어야 해. |

(   )

재미있는 낱말 놀이터 '나무'와 관련된 낱말

🍎 다음 그림의 상황을 보고, 빈칸에 들어갈 낱말을 보기 에서 찾아 쓰세요.

이 (   )으로 건너편까지 건너게 해 줄 테니 우선 그 짐을 이리 주시오.

이 은행나무는 수백 년이나 된 (   )이란다.

아빠, 뭐하세요?

장미의 (   )을 심었단다.

보기

고목	묘목	뗏목
아주 오래된 큰 나무.	옮겨 심는 어린 나무.	통나무 여러 개를 엮어서 물에 띄워 사람이나 물건을 운반할 수 있도록 만든 것.

왜 그럴까?

'-목(木)'은 다른 낱말과 만나 '나무'라는 뜻을 더해 줍니다. '고목(고목(古_오랠 고, 木_나무 목)'은 '아주 오래된 큰 나무'라는 뜻이고, '묘목(苗_묘종 묘, 木_나무 목)'은 '옮겨 심는 어린 나무'라는 뜻입니다. '뗏목'은 '통나무와 대나무 등의 토막을 여러 개 엮어서 물에 띄워서 타고 다니는 것'이란 뜻입니다. 각각의 뜻을 알고 바르게 사용하세요.

읽기 목표

8 비판적으로 읽기 ❶

글에 제시된 정보의 정확성 판단하며 읽기 | 주장과 근거의 타당성 판단하며 읽기 | 주장의 실현 가능성 판단하며 읽기

공부한 날 　월　　일

상품을 광고하는 글이나 주장하는 글, 연설문과 같이 글쓴이의 주장이 담긴 글을 읽을 때에는 글쓴이가 주장하는 바를 그대로 받아들이면 안 됩니다. 글의 내용을 잘 따져 가며 비판적으로 읽는 태도가 필요합니다. 즉, 글에 나타난 글쓴이의 주장은 옳은지, 주장과 근거는 논리적으로 타당한지, 또 글쓴이의 주장은 실천 가능한지, 글에 담긴 정보는 정확한지를 판단하면서 읽어야 합니다. 만약, 그 내용이 타당하지 않다면 문제점과 함께 개선할 내용을 지적할 수도 있어야 합니다.

자, 이제 글을 비판적으로 읽는 방법을 익히고 다양한 종류의 글을 비판적으로 읽어 볼까요?

다음 광고를 읽고, 물음에 답해 봅시다.

최신 휴대 전화, 공짜로 가져가세요!

아직도 옛날 휴대 전화를 그대로 사용하고 계신가요?

지금 저희 ○○할인점으로 오시면 최신 휴대 전화를 한 푼도 내지 않고 바꿀 수 있습니다!

지금 바로 저희 매장을 방문하여 상담원과 상담을 해 보세요. 상담만 받아도 이어폰을 드려요!

SALE 휴대전화 공짜

최신 휴대 전화로 교체할 기회, 바로 지금입니다.

*사용하는 휴대 전화의 기종과 요금제에 따라 추가 금액이 발생할 수 있습니다.

1 이 글을 쓴 목적은 무엇인가요?

① 교훈을 주기 위해서
② 감동을 주기 위해서
③ 제품을 팔기 위해서
④ 정보를 알려 주기 위해서
⑤ 사건을 신속하게 전하기 위해서

2 이 글을 비판하는 내용으로 알맞지 <u>않은</u> 것은 무엇인가요?

① 휴대 전화를 팔려면 제품에 대한 정확한 정보를 주어야 해.
② 작은 글씨로 쓰인 설명을 보니 공짜라는 말을 믿을 수 없겠는 걸.
③ 오래된 물건도 다 쓰일 데가 있는데, 너무 새것만 강요하는 건 좋지 않아.
④ 어떤 방법으로 휴대 전화를 공짜로 바꿀 수 있는 건지 좀 더 자세하게 설명해 주어야 해.
⑤ 새것으로 바꾸는 데 돈이 하나도 들지 않는다니, 사실을 과장하고 있는 건 아닌지 살펴봐야 해.

3 **2**와 같이 내용을 비판적으로 판단해야 하는 광고 문구에 ○표 하세요.

(1) '근자감, 핵노잼, 노답, 멘붕' …… 무슨 뜻인지 아십니까? 당신의 고운 말! 우리말을 지키는 지름길입니다.

(   )

(2) 우리 회사의 매직 걸레를 사용하여 바닥을 한 번 닦으면 하루 종일 먼지가 생기지 않습니다. 없던 먼지까지도 닦아 주는 제품!

(   )

다음 글을 읽고, 물음에 답해 봅시다.

공정 무역으로 만들어진 초콜릿을 사면 아프리카의 카카오 생산자들에게 도움을 준다고 알려져 있다. 그렇지만 우리가 공정 무역 초콜릿을 사도 아프리카의 어린이나 카카오 생산자들을 굶주림에서 벗어나게 하지는 못한다. 왜냐하면, 기업이 공정 무역 초콜릿 판매로 얻은 많은 이익을 카카오 생산자들에게 제대로 돌려주지 않을 경우, 카카오 생산지에는 마땅한 이익이 돌아가지 않기 때문이다. 또, 공정 무역 상품이라고 하면서 불량품에 가까운 것을 판매하는 경우가 있다면, 소비자는 품질이 좋지 않은 물건을 비싼 값에 사게 되는 셈이다.

굶주리는 아프리카 어린이나 농민들을 돕고 싶다면 초콜릿을 사 먹지 않는 편이 낫다. 우리가 초콜릿을 사 먹지 않으면 아프리카 사람들은 굳이 카카오를 재배할 필요가 없어진다. 그렇게 되면 카카오 대신에 식량을 얻기 위한 농사를 지어 굶주림에서 벗어날 수 있다. 또, 카카오를 생산하기 위한 노동에서 벗어나면 스스로에게 필요한 삶을 개척하는 자립의 기회도 가지게 될 것이다.

4 우리가 공정 무역 초콜릿을 사도 아프리카의 어린이나 카카오 생산자들이 굶주림에서 벗어나지 못하는 까닭은 무엇인가요?

① 공정 무역 초콜릿을 판매할수록 손해가 커져서
② 카카오 생산지에 마땅한 이익이 돌아가지 않아서
③ 요즈음 카카오를 재배하는 사람이 수가 계속 줄어서
④ 공정 무역 상품이라고 하면서 불량품에 가까운 것이 많아서
⑤ 카카오 생산지에서 식량을 얻기 위한 농사를 지을 수가 없어서

5 이 글을 쓴 글쓴이의 주장은 무엇인가요?

① 아프리카 어린이들에게 초콜릿을 나눠 주어야 한다.
② 공정 무역으로 만들어진 초콜릿은 건강에 좋지 않다.
③ 굶주리는 아프리카 어린이나 농민을 돕고 싶다면 초콜릿을 사 먹지 말자.
④ 아프리카 사람들이 굶주림에서 벗어날 수 있도록 초콜릿을 많이 사 먹어야 한다.
⑤ 카카오 생산은 아프리카 사람들이 자립을 할 수 있도록 해 주기 때문에 꼭 필요하다.

6 글쓴이의 주장을 바르게 비판한 친구에게 ○표 하세요.

윤하: 난 초콜릿을 먹으면 기분이 좋아져. 굶주리는 아프리카 사람들에게 미안해도 꾸준히 사 먹을 수밖에 없어.	현지: 무작정 초콜릿을 안 먹기보다는 카카오 생산자들에게 이익이 돌아갈 수 있도록 하는 공정 무역의 방법을 찾는 게 좋지 않을까?
( )	( )

다음 글을 쓴 글쓴이가 이 글을 쓴 글쓴이에게 할 수 있는 말로 알맞은 것에 ○표 하세요.

공정 무역은 생산자의 노동에 대한 대가를 정당하게 지불하고, 소비자에게는 좀 더 좋은 제품을 공급하는 윤리적인 무역입니다.

우리가 평소에 즐겨 먹는 커피와 초콜릿, 차, 설탕 등은 매우 가난한 개발 도상국에서 수입한 것들입니다. 그런데 이 상품을 재배하는 농부들은 자기 땅을 가지지 못한 채 대기업이 가지고 있는 농장에서 농사를 짓는답니다. 그렇기 때문에 많은 고생을 하면서도 정작 그 노동의 대가는 대부분 대기업과 상품을 유통하는 유통 업체가 가져갑니다. 결국 농부들에게는 우리가 사 먹는 초콜릿 가격의 일부만이 돌아가는 것입니다. 이러한 구조는 매우 불공평한 구조입니다. 따라서 이를 바로 잡기 위한 것이 바로 공정 무역입니다.

공정 무역은 공정한 방식의 무역을 통해 개발도상국의 소규모 생산자들을 지원합니다. 약자인 이들에게 지속적인 생산을 보장할 수 있는 최저 가격을 지원합니다.

공정 무역은 약자를 보호하는 방법이라고 할 수 없어. 그러므로 차라리 초콜릿이나 커피, 설탕을 먹지 않는 것이 좋아. ☐	공정 무역은 생산자가 더 많은 이익을 가질 수 있도록 하는 데에 별 도움이 되지 못해. 그러므로 공정 무역을 할 필요가 없어. ☐	기업이 생산자에게 이익을 돌려주지 않는 건 공정 무역이 아니야. 그러므로 기업이 이익을 돌려주지 않을 것이라 생각하고 초콜릿을 사 먹지 않는 것은 잘못된 생각이야. ☐

재미있는 낱말 놀이터 '불량?'이 맞을까, '불양?'이 맞을까?

🍎 괄호 안에 들어갈 알맞은 표기에 ○표 하세요.

(1) 현준이가 새로 산 장난감은 (불량품 / 불양품)이었다.

(2) 더운 여름날 집에서 시원하게 수박을 먹고 있으면, (낙원 / 락원)이 따로 없다는 생각이 든다.

(3) 초등학교에 입학한 동생은 유치원에 다닐 때에 비하면 많이 (늠름 / 름름) 해졌다.

왜 그럴까?

우리말은 단어의 첫머리에 'ㄹ'이 오는 것을 피하려는 경향이 있습니다. 그렇기 때문에 단어 첫머리의 'ㄹ'을 'ㄴ'이나 'ㅇ'으로 바꾸어 씁니다. 하지만 단어 첫머리에 오지 않는 'ㄹ'은 바꾸지 않고 그대로 씁니다.

8 비판적으로 읽기 ❷

글에 제시된 정보의 정확성 판단하며 읽기   주장과 근거의 타당성 판단하며 읽기   주장의 실현 가능성 판단하며 읽기

공부한 날	월	일

 다음 친구들의 주장을 읽고, 물음에 답해 봅시다.

다솔 운동을 꾸준히 합시다. 운동을 하면 몸이 튼튼해지고 성장에 도움이 됩니다. 그리고 체중 감량에도 효과가 있기 때문입니다.

현수 휴대 전화를 사 주세요. 휴대 전화로 하는 게임은 정말 재미있습니다. 친구들도 모두 휴대 전화를 가지고 있습니다. 휴대 전화를 사 주시면 공부도 열심히 하겠습니다.

다미 물을 많이 마셔야 합니다. 물 오염이 날로 심각해지고 있습니다. 우리 몸은 수분이 70퍼센트로 물이 꼭 필요합니다. 또한, 물은 변비에도 도움이 됩니다.

하준 학교에 형사를 배치해 주세요. 학교 폭력이 점차 심각해지고 있기 때문입니다. 다른 어떤 범죄보다 학교 폭력이 가장 심각하므로 전국 모든 학교에 강력계 형사를 두 명씩 배치해야 합니다.

시언 음식은 골고루 먹어야 합니다. 음식을 뒤적거리며 좋아하는 반찬만 찾는 모습은 보기 좋지 않습니다. 또, 음식을 골고루 먹어야 몸에 필요한 영양소를 다양하게 섭취할 수 있습니다. 한 해에 버려지는 음식물 쓰레기는 약 20조 원에 해당한다고 합니다.

1 다음 빈칸에 들어갈 알맞은 말을 보기 에서 찾아 쓰세요.

보기	주장	근거	원인	결과

→ 이 글에서 빨간색 글씨는 (   ), 검정색 글씨는 그에 대한 (   )에 해당한다.

2 다음 친구들에게 해 줄 수 있는 말로 알맞은 것끼리 선으로 이어 보세요.

다솔   현수   다미   하준   시언

타당한 주장입니다.   근거가 타당하지 않습니다.   실천 가능성이 없습니다.   주장에 알맞지 않은 근거가 있습니다.

다음 연설문과 그 연설을 들으며 떠올린 친구들의 생각을 읽고, 물음에 답해 봅시다.

휘제: ㉠안녕하십니까? ㉡이번 회장 선거에 출마한 임휘제입니다. 제가 회장이 된다면 무엇을 할지 궁금하시죠? 자, 그럼 지금부터 말씀드리겠습니다.

일단, 제가 회장이 된다면 우리 반을 지겹지 않은 반으로 만들겠습니다. 이를 위해서 ㉢우리 반에 우리 반 학생 수만큼 최신형 게임기를 가져다 두도록 하겠습니다. 여러분도 아시다시피 저의 부모님은 상당한 부자이십니다. 그래서 제가 회장이 되면 게임기를 사 준다고 약속하셨습니다. 부모님께서 게임기를 사 주시면 교실에 두고 모두 쓸 수 있도록 하겠습니다. 그렇게 하면 쉬는 시간이나 점심시간에 게임기로 게임을 하면서 놀 수 있습니다. 우리가 평소에 얼마나 스트레스를 많이 받습니까? 남는 시간에 게임이라도 하면서 스트레스를 풀어야 하지 않겠습니까?

그리고 두 번째로, 맛있는 음식을 먹는 점심시간을 만들 것입니다. 급식, 맛있죠? 맛없죠? 맛없는 급식 때문에 점심시간이 즐겁지 않은 친구들이 있다는 것을 잘 알고 있습니다. 저 역시도 그러니까요. 사실 제가 편식이 좀 심하긴 하지만 그래도 급식에 채소 반찬이 매일 나오는 건 너무 심하다고 생각합니다. ㉣제가 회장이 된다면 우리 반은 점심 급식 대신에 햄버거를 먹을 수 있도록 하겠습니다! 제가 일주일에 한 번씩 햄버거를 쏘겠습니다. 햄버거만 쏘느냐? 아닙니다! 저는 탄산음료도 같이 쏘겠습니다. 햄버거에 시원한 탄산음료 한 잔! 생각만 해도 신나시죠?

㉤저 임휘제를 회장으로 뽑아 주십시오. 여러분에게 즐거운 학교, 신나는 학교를 약속드립니다!

지우: '저런 걸 다 사려면 돈이 많이 들 텐데…… 그리고 선생님께서 허락하지도 않으실 것 같아.'

하윤: '게임기 비치, 햄버거 먹기 등은 우리 반 친구들에게 중요한 일도 아니고, 꼭 필요한 것도 아닌 것 같아.'

수진: '평소에 약속을 잘 지키지 않았는데…… 혹시 회장이 되고 나서 모른 척하는 것은 아닐까?'

민우: '급식은 맛있을 때가 더 많은데…… 햄버거를 사겠다는 주장의 근거가 옳지 않은 것 같아.'

3 휘제가 이와 같은 연설을 한 까닭은 무엇인가요?

① 친구들과 사이좋게 지내고 싶어서
② 학교에 게임기를 설치해 달라고 건의하기 위해서
③ 자신을 학급 회장으로 뽑아 달라는 말을 하기 위해서
④ 선생님에게 더 즐거운 학급을 만드는 방법을 설명하기 위해서
⑤ 신나는 학교생활을 위해 실천할 수 있는 일을 제안하기 위해서

4 휘제가 공약으로 내세운 것은 무엇인가요? (정답 2개)

① 반에 최신형 게임기를 비치하겠다.
② 깨끗한 교실을 만들기 위해 노력하겠다.
③ 약속을 잘 지키는 반을 만들기 위해 애쓰겠다.
④ 급식 메뉴를 바꾸어 달라고 학교에 건의하겠다.
⑤ 급식 대신에 햄버거와 음료수를 먹을 수 있도록 하겠다.

5 ㉠~㉤은 선거 유세에 들어갈 내용 중 무엇에 해당하는지 보기 에서 찾아 쓰세요.

보기	공약 말하기	자기소개하기	시작하는 말하기	마지막 지지 부탁하기

(1) ㉠: (   )   (2) ㉡: (   )
(3) ㉢: (   )   (4) ㉣: (   )
(5) ㉤: (   )

6 친구들이 휘제의 주장과 근거가 적절한지 판단하기 위하여 사용한 방법을 찾아 선으로 바르게 이어 보세요.

지우	•	•	가치 있고 중요한 주장인지 판단한다.
하윤	•	•	주장에 대한 근거가 이치에 맞고 옳은지 판단한다.
수진	•	•	주장과 근거를 말하는 사람이 믿을 만한지 판단한다.
민우	•	•	실천 가능한 주장인지 판단한다.

7 다음은 이와 같은 선거 유세에 대한 설명입니다. 보기 에서 알맞은 말을 골라 빈칸에 차례대로 쓰세요.

[　　]는 모임이나 단체에서 우두머리나 일을 맡아 할 사람을 뽑는 것을 말하고, [　　]은/는 선거에서 자기를 뽑아 달라면서 여기저기에 공약을 알리는 것을 말합니다. 선거 유세에는 청중의 [　　]을/를 끌 수 있는 내용이어야 합니다. 후보자의 연설 내용에는 주장과 근거가 포함되므로 이를 들을 때에는 주장과 근거의 [　　]을/를 판단해야 합니다. 또, 후보자가 주장하는 내용이 가치 있는지, [　　] 가능한지 등을 생각하며 들어야 합니다.

보기	관심	선거	실천	유세	적절성

8 다음은 휘제와 같이 선거에 나온 단희의 선거 유세입니다. 주장과 근거의 적절성을 생각하였을 때, 자신이라면 누구를 회장으로 뽑을지 그 까닭과 함께 쓰세요.

안녕하십니까?

저는 기호 2번 강단희입니다.

제가 학급 회장 선거에 나온 까닭은 우리 반을 위하여 열심히 봉사하고 우리 반을 최고의 반으로 만들어야겠다고 생각하였기 때문입니다.

제가 회장이 되면 먼저 학급 친구들의 고민을 들어 주고, 불편한 점이 있으면 찾아내서 개선될 수 있도록 선생님께 도움을 요청하는 징검다리 역할을 하고 싶습니다.

여러분의 소중한 한 표를 부탁합니다.

→ ( ) 후보를 뽑을 것입니다. 왜냐하면 _____

_____ 때문입니다.

재미있는 낱말 놀이터

'선거'와 '투표'

🍎 그림의 상황을 보고, 괄호 안에 들어갈 알맞은 말을 골라 선으로 바르게 이어 보세요.

(1) 학급 회장 ( )에 임휘제 와 강단희가 후보로 나왔다. •

• 선거

(2) 선거일에 어머니를 따라가서 ( )함에 표를 넣는 모습 을 보았습 니다. •

• 투표

(3) 내가 어른이 된다면 모든 후보의 주장을 잘 살펴보고 ( ) 를 할 것이다. •

왜 그럴까?

'선거'와 '투표'는 가끔 혼동되는 낱말입니다. '선거'는 '일정한 조직이나 집단이 대표자나 임원을 뽑는 일', 또는 '선거권을 가진 사람이 공직에 임할 사람을 투표로 뽑는 일'을 말합니다. '투표'는 '선거를 하거나 찬성 과 반대를 결정할 때에 투표용지에 의사를 표시하여 일정한 곳에 내는 일 또는 그런 표'를 말합니다.

읽기 목표

8 비판적으로 읽기 ❸

글에 제시된 정보의 정확성 판단하며 읽기	주장과 근거의 타당성 판단하며 읽기	주장의 실현 가능성 판단하며 읽기	공부한 날	월	일

 다음 글을 읽고, 물음에 답해 봅시다.

요즈음 버스에 음료수를 가지고 타서 문제가 되는 경우가 종종 있습니다. 버스 안에서 음료수를 쏟아서 다른 사람에게 피해를 주거나, 음료수를 먹고 난 뒤에 뒤처리를 하지 않아 버스를 타는 다른 승객들이 피해를 보고 있습니다.

그러므로 음료수를 가지고 버스에 타는 것을 법으로 금지해야 합니다. 즉, 버스에 음료수를 가지고 타는 사람에게 벌금을 물도록 해야 합니다. 또 음료수를 가진 사람은 버스 기사 아저씨가 버스에 타지 못하도록 하고, 만약 버스 기사 아저씨가 태워서 문제가 생기는 경우 버스 기사 아저씨에게도 책임을 물어야 합니다.

처음에는 다소 불편할 수 있습니다. 하지만 음료수를 가지고 버스에 타는 것을 법으로 금지하면 음료수로 인해 생기는 문제가 없어져 버스 안이 쾌적해질 것입니다. 그러므로 버스에 음료수를 가지고 타지 못하도록 반드시 법으로 정해야 합니다.

1 다음 빈칸에 알맞은 말을 써 넣어 친구의 말을 완성해 보세요.

이 글에서 빨간색으로 쓴 부분은 ☐☐ 이고, 초록색으로 쓴 부분은 ☐☐ 에 해당해.

2 빈칸에 알맞은 말을 넣어 글쓴이의 주장을 완성해 보세요.

☐☐ 에 ☐☐☐ 을/를 가지고 타는 것을 법으로 금지하자.

3 글쓴이의 주장에 대한 비판적인 질문으로 알맞지 <u>않은</u> 것은 무엇인가요?

① 음료수를 가지고 버스에 타서 생기는 문제가 더 많지 않을까요?

② 뚜껑 있는 생수는 가지고 탈 수 있도록 하는 것이 좋지 않을까요?

③ 버스 안이 쾌적하지 않은 이유가 음료수 때문만은 아니지 않을까요?

④ 음료수로 인해 생기는 모든 문제의 책임을 버스 기사 아저씨가 지는 것이 옳을까요?

⑤ 버스 기사 아저씨가 승객이 음료수를 가지고 타는 것을 거부하지 못하는 경우도 있지 않을까요?

다음 글을 읽고, 물음에 답해 봅시다.

인류는 역사상 유례없는 발전을 해 왔다. 빠르고 편리하며 풍요롭고 윤택한 생활 모습은 자연을 잘 개발하여 얻은 수확이라고 할 수 있다. 자연을 더 효과적이고 계획적으로 개발하는 것은 인류가 새로운 꿈의 날개를 펼 수 있도록 해 준다. 이제 자연 개발은 선택이 아닌 필수이다. 자연을 개발하여야 하는 까닭은 무엇일까?

㉠첫째, 자연재해를 막기 위하여 자연 개발이 필요하다. 우리나라는 여름이면 태풍과 홍수로 큰 피해를 당하고, 겨울과 봄이면 가뭄의 피해를 입는다. 그렇지만 미리 계획을 세워 대비를 하면 이러한 자연재해를 막을 수 있다. 대표적 예로 댐 건설을 들 수 있다. 지난 1995년과 1997년 홍수 때 소양강 댐과 대청 댐 등이 있어 물을 가두었기 때문에 수도권이나 중부권이 물난리를 피할 수 있었다. 그리고 인명 피해와 이재민을 크게 줄일 수 있었다. 또, 가뭄에는 하천이나 지하수가 마르기 때문에 댐에 가둔 물이 유용하게 활용된다.

㉡둘째, 자연 개발로 편리한 삶을 누릴 수 있다. 과학자나 전문가들은 자연을 유용하게 활용하여 경제를 성장시키고, 건강과 안전을 보장할 장치들을 개발하였다. 그 결과, 인류는 편리하고 안락한 생활을 즐기고 있다. 자연을 개발하여 만든 거대한 놀이공원이나 운동장 등에는 휴일이면 여가를 즐기는 사람들로 붐빈다. 산과 바다에서는 편리하고 안전하게 만들어진 케이블카나 해상공원 놀이 기구 등을 이용하여 여가를 즐기고 있다. 또, 길을 넓게 만들고 터널을 뚫음으로써 쉽고 빠르게 오갈 수 있다.

㉢셋째, 인구 증가에 대비할 수 있도록 국토를 계획적으로 개발하여 효율적으로 활용하여야 한다. 세계의 인구는 매우 빠른 속도로 증가하고 있다. 특히, 우리나라는 세계적으로 인구 밀도가 높은 나라이다. 이렇게 많은 인구가 좁은 땅에서 살아가려면 더 많은 땅이 필요하다. 그러므로 간척지를 늘려 국토를 넓혀야 한다. 그래야 늘어나는 인구에 대비하여 집을 지을 땅과 식량을 생산할 논밭을 충분히 확보할 수 있고, 공장을 지을 터도 마련할 수 있다.

우리는 가끔 자연을 개발한다고 하면 자연을 파괴한다고 비난한다. 그러나 사람은 자연을 개발하여 찬란한 문명의 꽃을 피워 왔지 결코 인류가 살아갈 지구를 파괴하지는 않았다. 사람은 인류의 미래를 지금보다 더 낫게 만들려는 선한 의지를 가지고 있기 때문에 지구를 온전하게 지키면서 개발하려고 노력한다. 자연을 보호 대상으로 그대로 놓아두기보다는 인류의 발전에 유용하게 개발하여 쓰는 것이 더 중요하다.

4 다음 중 글쓴이의 주장에 해당하는 것은 '주', 근거에는 해당하는 것은 '근'이라고 쓰세요.

(1) 자연재해를 막을 수 있다. ·· ( )

(2) 편리한 삶을 누릴 수 있다. ·· ( )

(3) 자연을 개발하여서 인류의 발전에 유용하게 써야 한다. ···························· ( )

(4) 인구 증가에 대비할 수 있게 국토를 계획적으로 개발하여 효율적으로 활용해야 한다. ···· ( )

5 글쓴이가 자연 개발의 결과로 제시한 '편리한 삶'의 모습이 <u>아닌</u> 것은 무엇인가요?

① 터널을 만들어 쉽고 빠르게 오갈 수 있다.
② 길을 넓게 만들어 차가 쉽게 다닐 수 있도록 한다.
③ 거대한 놀이공원을 만들어 휴일에 즐겁게 놀 수 있다.
④ 댐을 건설하여 태풍과 홍수, 가뭄의 피해를 막을 수 있다.
⑤ 편리하고 안전하게 만들어진 케이블카를 타면서 여가를 즐길 수 있다.

6 글쓴이는 우리나라가 특히 국토를 효율적으로 활용해야 하는 까닭이 무엇이라고 했나요?

① 간척지를 늘리는 것이 요즘 추세이기 때문에
② 세계적으로 인구 밀도가 높은 나라이기 때문에
③ 식량을 생산할 논밭이 충분히 확보되어 있기 때문에
④ 우리나라 인구에 비하여 집을 지을 땅이 많기 때문에
⑤ 공장을 지을 터가 없어서 산업이 발전하지 못하기 때문에

7 다음 중 글쓴이와 같은 생각을 가진 친구를 찾아 ○표 하세요.

재인: 자연 개발로 인한 피해는 결국 우리에게 되돌아 와.	경선: 자연은 한 번 파괴되면 복원하는 데에 아주 오랜 시간이 필요해.	준성: 자연을 개발하지 않았다면 아직도 우리는 좁고 울퉁불퉁한 길을 다녀야 할 거야.
( )	( )	( )

8 다음 **가**와 **나**는 이 글의 ㉠~㉢ 중, 어떤 내용을 비판할 때 사용할 수 있는 자료인지 찾아 기호를 쓰세요.

> **가** 터널을 이용하여 조금 빠르게 가는 것이 과연 우리의 행복에 도움이 될까요?
>
> 터널을 뚫으면 아름다운 산이 영원히 훼손됩니다. 그리고 산속에 살고 있는 많은 생물들이 공사 기간 동안 엄청난 스트레스를 받을 것이고, 심지어 몇몇 동물들은 살 곳조차 잃게될 것입니다.
>
> 터널 공사를 하는 곳 주변에 사는 주민들도 매우 불편할 것입니다. 또한, 공사를 할 때 생기는 소음과 먼지 등은 공사장 주변에 사는 주민들의 건강에도 악영향을 줄 수 있습니다. ☐

> **나** 홍수를 막기 위해 댐을 건설하는 것에도 여러 가지 부작용이 있습니다. 먼저 댐 건설 지역에 살고 있던 사람들은 강제로 다른 곳으로 이사를 가야 하므로 당장 살 곳을 잃게 됩니다. 그리고 댐 건설로 인해 습도가 높아져서 댐 주변에 안개가 자주 생기고 주변의 농사에도 피해를 줄 것입니다. 또, 생태계의 흐름에도 악영향을 미칩니다. 댐의 물이 고여 있기 때문에 녹조 현상이 자주 발생합니다. 자연재해를 막기 위해 건설된 댐으로 인해 또다른 문제들이 나타나고 있습니다. ☐

9 이 글의 내용을 비판하는 글을 쓰려고 합니다. **8**의 내용을 참고하여 빈칸에 들어갈 알맞은 말을 써 보세요.

> 글쓴이는 자연을 개발해야 한다고 주장하지만, 주장에 대한 근거가 알맞지 않으므로 적절하지 않습니다.

재미있는 낱말 놀이터 '개발'과 '계발'의 뜻 구분하기

🍎 괄호 안에 들어갈 바른 표기에 ○표 하세요.

(1) 모두가 버려진 땅이라고 생각했던 알래스카에서 유전이 (개발 / 계발)되었다.

(2) 그 회사는 신제품 (개발 / 계발)로 많은 수익을 올렸다.

(3) 평소 외국어 능력을 (개발 / 계발)하려고 노력하였더니 이제는 외국인과도 자유롭게 이야기할 수 있었다.

왜 그럴까?

'자연 개발'에 쓰이는 '개발'은 '토지나 천연자원 등을 유용하게 만듦.', '지식이나 재능 등을 발달하게 함.', '산업이나 경제 등을 발전하게 함.', '새로운 물건을 만들거나 새로운 생각을 내어놓음.'이라는 뜻의 낱말입니다. '자기 계발'에 쓰이는 '계발'은 '슬기나 재능, 사상 등을 일깨워 줌.'이라는 뜻의 낱말입니다. '개발'과 '계발'은 뜻이 전혀 다르므로 평소에도 이를 잘 구별해서 쓸 수 있도록 하세요.

8 비판적으로 읽기 ❹

글에 제시된 정보의 정확성 판단하며 읽기 | 주장과 근거의 타당성 판단하며 읽기 | 주장의 실현 가능성 판단하며 읽기

공부한 날 | 월 | 일

 정리 앞에서 배운 '비판적으로 읽기'와 관련된 내용을 아래와 같이 정리하려고 합니다. 빈칸에 알맞은 말을 보기 에서 찾아 쓰세요.

비판적으로 읽기

광고 글 비판적으로 읽기
- 광고가 무슨 목적으로 만들어졌는지, 그 ☐ 를 파악해요.
- 광고의 내용을 얼마나 ☐ 할 수 있는지 판단하며 읽어요.
- 광고에서 과장된 ☐ 이나 허위 사실, 감추고 있는 내용이 없는지 판단해요.

주장하는 글 비판적으로 읽기
- ☐ 이/가 타당한지 판단하며 읽어요.
- 주장에 대한 ☐ 이/가 타당한지 확인하며 읽어요.

연설문 비판적으로 읽기
- 선거 후보자가 믿을 만한 사람인지 판단해요.
- 후보자의 주장이 ☐ 있고 중요한 일인지 판단해요.
- 후보자의 주장이 ☐ 가능한지 판단해요.
- 후보자가 제시한 주장에 따른 근거가 ☐ 에 맞고 옳은지 판단해요.

보기 | 가치 | 근거 | 신뢰 | 실천 | 이치 | 의도 | 주장 | 표현

다음 광고를 보고, 물음에 답해 봅시다.

가 건강을 지키는 쌩쌩 줄넘기

이제 줄넘기가 여러분의 건강을 지켜 드립니다.

쌩쌩 줄넘기는 많은 어린이와 부모님의 사랑을 받고 있습니다.

재미있게 건강해질 수 있는 유일한 방법, 오직 줄넘기뿐입니다.

몇 번만 해도 금방 피로가 없어지고

살이 빠지는 최고의 발명품!

나 강력한 깨끗 청소기 탄생

더 이상 먼지 걱정은 하지 마세요.

눈에 보이지 않는 먼지도 깔끔하게 청소할 수 있습니다.

비싼 만큼 확실한 성능으로 여러분의 건강을 지켜 드리는 신제품!

무엇보다 강력한 힘!

강력하게 청소하는 힘을 큰 소리로

확인할 수 있습니다.

 가와 나에 대한 설명으로 알맞은 것은 무엇인가요? (정답 3개)

① 상품에 대한 정보를 제공하는 글이다.

② 물건을 구입하도록 읽는 이를 설득하는 글이다.

③ 글의 내용이 적절한지 생각하며 비판적으로 읽어야 한다.

④ 말하고자 하는 내용이 무엇인지 생각하며 훑어 읽으면 효과적이다.

⑤ 글의 내용을 받아들이면서 읽는 수용적인 읽기 태도가 필요한 글이다.

2 가에서 '쌩쌩 줄넘기'의 장점으로 내세운 것은 무엇인가요?

① 값이 싸고 튼튼하다.
② 세계적으로 인정받는 제품이다.
③ 몇 번만 해도 금방 피로가 없어진다.
④ 줄넘기를 못하는 사람도 금방 할 수 있다.
⑤ 우리나라에서 가장 많이 팔리는 제품이다.

3 가의 '쌩쌩 줄넘기' 광고를 보고 할 수 있는 비판적인 생각으로 가장 알맞은 것을 찾아 ○표 하세요.

재미있게 건강해질 수 있는 방법은 줄넘기 외에도 많이 있다. ☐	많은 어린이와 부모님의 사랑을 받는 줄넘기라고 하니 믿음이 간다. ☐	다른 줄넘기는 몇 번 한다고 해도 피로가 없어지지는 않는데 쌩쌩 줄넘기는 그렇다니 참 좋은 제품이다. ☐

4 나를 통해 알 수 있는 '깨끗 청소기'에 대한 내용으로 알맞은 것은 무엇인가요?

① 자동으로 청소를 해 주는 제품이다.
② 눈에 보이지 않는 먼지도 청소할 수 있다.
③ 다른 제품에 비하여 가격이 저렴한 편이다.
④ 오랫동안 많은 사람들이 구매해 온 제품이다.
⑤ 청소기를 사용할 때 소음이 거의 생기지 않는다.

5 나의 '깨끗 청소기' 광고를 비판적으로 읽은 사람을 찾아 ○표 하세요.

윤호: 새로 나온 제품이라고 했으니 이전에 나온 제품보다는 무조건 더 좋을 거야.	연정: '비싼 만큼'이라고 한 것으로 보아 가격이 꽤 높을 것 같아. 다른 제품과 가격을 비교해 봐야겠어.	하준: 강력하게 청소하는 힘을 큰 소리로 확인할 수 있다고 한 것으로 보아 더 이상 먼지 걱정은 하지 않아도 될 것 같아.
( )	( )	( )

다음 중 비판적으로 읽어야 하는 문구를 찾아 ○표 하세요.

(1) 어린이들이 좋아하는 선물 1위에 빛나는 어린이들이 좋아하는 ○○ 완구!	
(2) 누가 써도 반듯한 글씨를 쓸 수 있는 연필! 하루 만에 예쁜 글씨 보장! △△연필!	
(3) 영화 상영 중에는 앞 사람의 좌석을 발로 차지 말고, 휴대 전화의 전원을 꺼 주세요.	

 재미있는 낱말 놀이터

시간과 관련된 낱말

🍎 그림의 상황을 잘 살펴보고, 사다리를 타고 내려가 밑줄 친 낱말의 뜻을 알아보세요.

왜 그럴까?

우리말에는 시간과 관련된 낱말이 많이 있습니다. '금방'은 '말하고 있는 시간보다 조금 전'이라는 뜻을, '금세'는 '지금 바로'라는 뜻을, '단숨에'는 '쉬지 않고 곧장'이라는 뜻을 가진 낱말입니다. 각 상황을 잘 살펴보고 알맞게 사용할 수 있도록 하세요.

읽기 목표

9 문제 해결 방법 찾으며 읽기 ❶

글에 제시된 문제와 문제의 원인 파악하기 · 문제를 해결할 여러 가지 방법 찾기 · 문제의 해결 방법의 타당성 평가하기

공부한 날   월   일

우리는 글을 읽으면서 알게 된 사실에 대해 질문을 떠올리곤 합니다.

이렇게 여러 질문을 떠올리며 글을 읽다 보면, 글이나 이야기 속에서 문제점을 발견하게 되고, 그 문제를 해결할 수 있는 여러 가지 방법까지도 고민해 보게 됩니다. '나라면 이렇게 했을 텐데.'와 같이 자신에게 일어난 일이라고 여기고, 그 해결 방법까지 생각하며 읽는 것입니다. 이렇게 글을 읽다 보면, 문제 상황을 파악하는 눈도 기를 수 있고, 창의적인 해결 방안도 제시할 수 있습니다.

자, 이제 글 속에서 문제 상황을 찾고, 그 문제를 해결할 수 있는 방법을 떠올리며 글을 읽어 볼까요?

다음 기사를 읽고, 물음에 답해 봅시다.

미래일보　　　　　　　　　　　　　　　　　　　　　2○○○년 4월 26일

관광지로 큰 인기를 누리던 '보라카이 섬', 쓰레기로 골머리

　앞으로 6개월간 필리핀의 보라카이 섬을 여행할 수 없게 되었다. 서태평양 서쪽에 있는 필리핀의 관광지 중 한 곳인 보라카이 섬은 아름답기로 소문이 나, 많은 관광객이 찾는 곳이다. 이렇듯 높은 관광 수익을 올리던 보라카이 섬이 갑자기 관광객들에게 문을 닫았다. 바로 쓰레기 때문이다. 해마다 200만 명 이상의 관광객이 찾았던 보라카이 섬은 최근 곳곳에 쓰레기가 쌓이고, 더럽고 오염된 물이 넘치는 등 환경오염 문제가 심각해졌다. 이에 따라 섬의 정화 작업을 위해 섬을 전면 폐쇄하기로 결정한 것이다.

---

1 이 기사에서 보도한 내용으로 알맞은 것은 무엇인가요?

① 보라카이 섬의 관광 매출이 점점 떨어지고 있다.
② 앞으로 영원히 보라카이 섬을 여행할 수 없게 되었다.
③ 세계 유명 관광지들마다 쓰레기 문제로 골머리를 앓고 있다.
④ 쓰레기 때문에 관광객들이 보라카이 섬을 여행할 수 없게 되었다.
⑤ 지진이 발생된 보라카이 섬이 안전상의 문제로 인해 전면 폐쇄되었다.

2 다음은 이 문제를 해결하기 위해 친구들이 떠올린 방안입니다. 각 친구들이 떠올린 방안의 단점을 찾아 선으로 바르게 이어 보세요.

앞으로 계속 보라카이 섬에 관광객을 받지 않으면 돼.	여행 비용이 늘어나 관광객이 보라카이 섬을 찾지 않을 수 있다.
보라카이 섬을 이용하는 관광객에게 쓰레기 처리 요금을 받으면 어떨까?	쓰레기가 많아진 근본적인 원인을 해결할 수 없다.
쓰레기를 바로바로 치울 수 있게 쓰레기를 치우는 업체를 많이 만들면 돼!	관광으로 인한 수입이 줄어들기 때문에 보라카이 섬에 사는 사람들에게 좋지 않은 영향을 줄 수 있다.

3 글에 제시된 문제를 해결할 방법을 떠올릴 때 고민한 내용으로 적절하지 <u>않은</u> 것은 무엇인가요?

① 문제를 해결하는 방법이 경제적인가?
③ 문제를 해결하는 방법이 실현 가능한 것인가?
② 문제를 해결하는 방법이 오랜 시간이 걸리는 것인가?
④ 문제를 해결하는 방법이 나만 생각할 수 있는 방법인가?
⑤ 문제를 해결하는 방법이 다른 문제를 일으키지는 않는가?

다음 글을 읽고, 물음에 답해 봅시다.

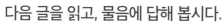

정수장을 다녀와서

견학 장소	정수장	날짜	20○○년 ○○월 ○○일
견학 목적	㉠		
견문	정수장을 견학하여 보니 수돗물이 여러 과정을 거쳐 만들어지는 것을 알게 되었다. 먼저 강이나 호수의 물을 취수장으로 끌어온다. 취수장에서는 그 물을 정수장으로 보내며, 정수장에서는 그 물을 받아서 흙과 모래를 가라앉힌다. 그다음에 작은 이물질을 제거하기 위하여 약품을 넣는다. 약품을 넣으면 물속에 있던 해로운 물질이 약품에 달라붙어 아래로 가라앉게 된다. 그리고 가라앉은 찌꺼기를 깨끗하게 걸러 낸 뒤에 남아 있는 세균을 없애기 위하여 염소를 넣는다. 이렇게 해서 완전히 깨끗해진 물을 수도관을 통하여 각 가정으로 보낸다.		
감상	우리가 편리하게 사용하고 있는 수돗물이 생각보다 많은 과정을 거쳐서 만들어진다는 사실이 놀라웠다. 그리고 물이 정말 소중하다는 것을 깨달았고, 앞으로는 물을 더 아껴 써야겠다고 생각하였다.		

4 이 글의 종류는 무엇인가요?

① 일기 　　② 편지 　　③ 보고서 　　④ 관찰 기록문 　　⑤ 견학 기록문

5 ㉠에 들어갈 내용으로 가장 알맞은 것은 무엇인가요?

① 수돗물이 만들어지는 과정을 알기 위하여
② 정수장이 어떻게 만들어지는지 알기 위하여
③ 정수장을 설치하기에 적합한 위치가 어디인지 알기 위하여
④ 정수장에서 일하는 사람이 하는 일이 무엇인지 알기 위하여
⑤ 우리나라 정수장이 외국의 정수장과 어떻게 다른지 알기 위하여

6 글쓴이가 정수장을 다녀와서 새롭게 알게 된 사실이 <u>아닌</u> 것은 무엇인가요?

① 수돗물을 만들기 위해서는 강이나 호수의 물을 끌어와야 한다.
② 약품을 넣으면 물속에 있던 해로운 물질이 아래로 가라앉는다.
③ 강과 호수의 물을 간단하게 처리하면 수돗물로 정화할 수 있다.
④ 약품을 넣기 전에 정수장에서 끌어온 물을 받아서 흙과 모래를 가라앉힌다.
⑤ 찌꺼기를 걸러 낸 뒤에 물속에 남아 있는 세균을 없애기 위해 염소를 넣는다.

이 글을 읽으며 떠올릴 수 있는 질문으로 적절하지 <u>않은</u> 것은 무엇인가요?

① 수돗물을 만드는 과정이 안전하다고 할 수 있을까?

② 취수장으로 끌어오는 강이나 호수의 물은 안전할까?

③ 수돗물에 들어가는 약품은 우리 몸에 안전한 것일까?

④ 우리나라는 물 부족 국가인데 강이나 호수의 물을 함부로 써도 될까?

⑤ 우리가 가정에서 쓰는 깨끗한 수돗물을 만들기 위해 얼마나 많은 비용이 들까?

 어떤 낱말로 찾아야 할까?

🍎 빨간색으로 쓴 낱말을 국어사전에서 찾으려고 할 때, 어떤 낱말로 찾아야 하는지 빈칸에 써 보세요.

(1) 가라앉은 찌꺼기를 깨끗하게 걸러 낸 뒤에 남아 있는 세균을 없애기 위하여 염소를 넣는다.

(2) 아버지를 따라 여행을 가기로 결정하였다.

(3) 나는 하늘을 우러러 한 점 부끄럼이 없다.

왜 그럴까?

'가고, 가니, 가서'와 같이 우리말에는 상황에 따라 형태가 바뀌는 낱말이 있습니다. 이러한 낱말의 뜻을 국어사전에서 찾을 때에는 기본형으로 찾아야 합니다. 기본형은 형태가 바뀌지 않는 부분에 '-다'를 붙여 만듭니다. '거르다'는 '찌꺼기나 건더기가 있는 액체를 체나 거름종이 등에 밭쳐서 액체만 받아 내다.', '따르다'는 '다른 사람의 뒤에서 그가 가는 대로 같이 가다.', '우러르다'는 '마음속으로 공경하여 떠받들다.'라는 뜻의 낱말입니다.

| 글에 제시된 문제와 문제의 원인 파악하기 | 문제를 해결할 여러 가지 방법 찾기 | 문제의 해결 방법의 타당성 평가하기 | 공부한 날 | 월 | 일 |

 다음 글을 읽고, 물음에 답해 봅시다.

우리나라는 물 부족 국가입니다. 매년 강수량이 줄어들고 있고, 가뭄으로 인한 물 부족 현상도 날이 갈수록 심해지고 있습니다. 대체로 봄과 겨울에는 물 부족으로 인한 어려움이 더욱 커집니다. 이 시기에는 사람들이 마실 물도 부족하기 때문에 단수를 하기도 합니다.

우리나라에서 물 부족 현상이 나타나는 가장 큰 이유는 특정한 계절에만 비가 많이 오기 때문입니다. 여름에 내리는 비가 한해 강수량의 절반 이상을 차지합니다. 그마저도 내리는 비의 양이 점점 줄어들고 있어서 물이 부족해질 수밖에 없습니다.

이러한 상황에서 물 부족 현상을 해결하기 위해서는 물을 아껴 써야 합니다. 우리가 일상생활에서 물을 아껴 쓸 수 있는 방법은 여러 가지가 있습니다. 우선 사용한 물을 한 번 더 사용하는 방법이 있습니다. 손을 씻은 물에 걸레를 빨거나, 쌀뜨물을 받아 식물에 물을 주는 방법 등이 바로 그러한 예입니다.

또 다른 방법은 사용할 물의 양을 줄이는 것입니다. 화장실 변기 수조에 벽돌을 넣어 두면 하루에 50L 정도의 물을 절약할 수 있습니다. 또 흐르는 물에 설거지나 세수, 양치를 하지 않고 물을 받아서 사용하면 사용하는 물의 양이 훨씬 줄어듭니다. 10분 동안 수도꼭지를 틀어 놓고 설거지를 하면 100L의 물을 쓰지만, 물을 받아서 사용하면 20L의 물만 쓰게 됩니다. 따라서 물을 받아서 사용한다면 물 낭비를 효과적으로 줄일 수 있습니다.

1 이 글의 내용으로 알맞지 <u>않은</u> 것은 무엇인가요?

① 물을 아껴 쓰는 방법에는 여러 가지가 있다.
② 물이 흐르는 채로 두면 훨씬 많은 양의 물을 사용하게 된다.
③ 우리나라는 봄과 겨울에 특히 물 부족 현상을 심각하게 겪는다.
④ 물 부족 현상을 해결하기 위한 가장 시급한 방법은 물을 생산하는 것이다.
⑤ 우리나라는 비가 오는 시기가 여름에 집중되어 있기 때문에 물 부족 현상을 겪는다.

2 이 글에 나타난 문제를 해결하기 위한 방법이 <u>아닌</u> 것은 무엇인가요?

① 사용한 물을 재활용할 수 있는 방법을 더 찾아보자.
② 여름에 내리는 비를 저장할 수 있는 방법을 생각해 보자.
③ 물을 낭비하는 생활 습관을 찾아 그것을 고칠 수 있는 방법을 사람들에게 알리자.
④ 우리와 같이 물 부족 현상을 겪는 다른 나라는 이 어려움을 어떻게 이겨 내는지 찾아보자.
⑤ 우리나라에서 한 해 동안 생산되는 물의 양과 다른 나라에서 생산되는 물의 양을 비교하자.

다음 글을 읽고, 물음에 답해 봅시다.

사람들은 사회에 속해서 살아가며, 살아가는 데에 필요한 여러 가지 것들을 구하기 위해 직업을 가진다. 사람들은 직업을 통해 생활에 필요한 재화를 얻을 수 있고, 자신의 꿈을 실현할 수 있으며, 다른 사람들을 도와줄 수 있다. 이러한 직업은 지금 어떤 산업이 주도적인 역할을 하고 있는가에 따라 그 종류가 다양하게 바뀐다. 흐름에 따라 새롭게 생겨나는 직업이 있는가 하면 더 이상 필요가 없어져 사라지는 직업도 있다. 보통의 경우 어떤 직업을 선택하게 되면 분야가 다른 직업으로 바꾸는 것은 쉽지 않다. 전문가들은 직업을 선택할 때에는 앞으로 그 직업이 얼마나 발전할 수 있는가를 고민해야 한다고 말한다. 따라서 나에게 적합한 직업이 무엇인가를 아는 것만큼이나 앞으로 어떤 직업이 필요한가를 아는 것은 매우 중요하다.

전문 기관에 따르면, 하는 일이 비교적 단조롭고 경험이나 지식이 많이 필요하지 않은 직업이나 기계의 발전으로 사람의 손길이 더 이상 필요하지 않은 직업, 인공 지능(AI)을 이용하여 사람보다 더 정밀하고 정확하게 일을 처리할 수 있는 직업 등은 앞으로 사라질 것이라고 한다. 반면 하는 일이 비교적 복잡하거나 그 일을 하는 데 많은 경험과 지식이 필요한 직업은 계속 유지될 것이라고 한다. 이 말은 사람이 로봇이나 기계보다 더 뛰어나게 일 할 수 있는 직업만 살아남을 수 있다는 뜻이다. 가령 어떤 연구나 새로운 것을 개발하는 일 등은 경험이나 지식이 많이 필요하고 그 과정이 단순하지 않기 때문에 앞으로도 유지될 직업이지만, 콜센터 요원이나 계산원 등 하는 일이 비교적 단조롭고 그 일을 하는 과정이 복잡하지 않아 대체하기가 쉬운 직종들은 사라질 것이라고 본 것이다.

이와 달리 국내 직업 전문가들은 '노인'을 대상으로 한 직업은 미래의 유망 직업이라고 내다보고 있다. 앞으로 우리나라는 초고령화 사회에 가까이 접근할 것이기 때문이다. 다시 말해 가까운 미래에 우리나라는 전체 인구의 약 16퍼센트가 65세 이상의 노인들이 차지하기 때문에 '노인'을 대상으로 한 직업군이 많이 생겨 날 것이라고 보는 것이다. '실버시터'라고 불리는 이 직업은 노인을 돌본다는 뜻으로 혼자서 생활하거나 거동에 어려움이 있는 노인을 도와주는 도우미를 일컫는다. 또한 '노인 전문 간호사'도 주목받는 직업 중 하나로 꼽혔다.

또한 현대인의 수명이 점차 늘어남에 따라 건강을 관리해 주는 직업도 크게 유행할 것이라고 한다. 식단 계획을 짜고 이를 관리해 주는 '다이어트 프로그래머'나 각종 질병을 가진 환자들의 운동을 돕는 '운동 치료사'와 같은 직업도 주목할 만한 직업으로 꼽혔다.

또한 '글로벌 요리 연구가', '세계 여행 전문가'와 같이 국제화 시대에 따른 다문화 관련 및 세계화 관련 직업들도 주목을 받고 있다.

3 이 글의 목적으로 가장 알맞은 것은 무엇인가요?

① 미래에 유망한 직업을 소개하기 위해서
② 직업 전문가가 하는 일을 소개하기 위해서
③ 사라진 직업에는 어떠한 것이 있는지 알리기 위해서
④ 직업을 선택하는 기준에는 어떠한 것이 있는지 설명하기 위해서
⑤ 사람이 직업을 선택하는 것이 얼마나 중요한 것인지 설득하기 위해서

4 이 글의 내용으로 알맞지 <u>않은</u> 것은 무엇인가요?

① 한 번 선택한 직업을 바꾸는 것은 쉽지 않다.

② 직업을 통해 생활에 필요한 재화를 얻을 수 있다.

③ 직업을 선택할 때에는 그 직업의 발전 가능성을 고려해야 한다.

④ 직업은 계속 유지되는 것이 아니라 사라지거나 새로 생길 수 있다.

⑤ 사회가 변화하더라도 현재 유망한 직업은 앞으로도 계속 인기를 끌 것이다.

5 앞으로 사라질 수 있는 직업에 해당하는 것은 어느 것인가요?

① 하는 일이 단조롭지만 로봇이나 기계는 할 수 없는 직업

② 사람이 하는 것보다 로봇이나 기계가 할 때 정밀성이 떨어지는 직업

③ 로봇이나 기계보다 사람이 했을 때 더 뛰어난 결과물을 낼 수 있는 직업

④ 하는 일이 단조롭고 그 일을 하는 데 전문적인 지식을 필요로 하지 않는 직업

⑤ 일을 하는 과정이 복잡하여 여러 가지 내용을 종합적으로 판단해야 하는 직업

6 국내 직업 전문가들이 노인을 대상으로 한 직업이 유망하다고 말한 까닭은 무엇인가요?

① 노인들이 경제적으로 부유하기 때문에

② 앞으로 혼자 사는 사람들이 점점 늘어날 것이기 때문에

③ 앞으로 우리나라가 초고령화 사회에 근접하게 될 것이기 때문에

④ 앞으로 우리나라는 노인 인구가 많이 늘지 않는 사회가 될 것이기 때문에

⑤ 몸에 힘이 없는 노인들이어서 기계나 인공 지능이 도와주기는 어렵기 때문에

7 다음 설명에 해당하는 직업은 무엇인지 이 글에서 찾아 쓰세요.

> • '노인'을 대상으로 하는 미래의 유망 직업으로 '노인을 돌본다'라는 뜻이다.
> • 혼자서 생활하거나 몸을 움직이는데 어려움이 있는 어르신들을 도와주는 도우미를 일컫는다.

(   )

8 '다이어트 프로그래머'나 '운동 치료사'가 미래에 주목받는 직업인 까닭은 무엇인가요?

① 사람들의 수명이 늘어나 건강에 관심이 많아졌기 때문에

② 국제화 시대에 따라 해외에서 많이 찾는 직업이기 때문에

③ 미래에는 외모에 대한 평가가 더 엄격해질 것이기 때문에

④ 앞으로 건강을 관리해 주고 치료해 주는 의사가 사라질 것이기 때문에

⑤ 미래에는 시간에 쫓겨 운동을 못 하는 사람들이 늘어날 것이기 때문에

9 이 글에서 글쓴이가 문제라고 여기는 상황은 무엇인가요?

① 앞으로 우리 사회가 어떻게 변화할지 예상하지 않는 것

② 미래에 유망한 직업이 무엇인지 모르고 직업을 선택하려는 것

③ 직업을 선택하는 것이 중요한지 모르고 직업을 갖지 않으려는 것

④ 다른 사람을 도와주거나 자신의 꿈을 실현하기 위한 직업을 선택하지 않는 것

⑤ 내가 어떤 일을 하고 싶은지 생각하지도 않고 돈을 바라고 직업을 선택하는 것

10 이 글을 읽고 다음과 같은 생각을 한 하연이에게 도움이 될 수 있는 자료는 무엇일까요?

> 하연: 사회가 변하고 있다는 것은 알겠는데, 어떤 직업이 필요하게 될지 모르겠어.

① 미래에 유망한 직업 순위   ② 세계의 유명한 기업가 연설

③ 성공한 사람들의 일대기 소개   ④ 희귀한 직업을 가진 사람들의 인터뷰

⑤ 자신의 아이디어를 성공시킨 사람의 도전 이야기

재미있는 낱말 놀이터 — 뜻이 비슷한 낱말 알기

🍎 다음을 읽고 뜻이 비슷한 낱말에 대해 알아 보세요.

왜 그럴까?

'빼어나다'와 뜻이 비슷한 낱말에는 '대단하다, 뛰어나다' 등과 같은 순우리말이 있고, '탁월하다, 우수하다, 출중하다' 등과 같은 한자어가 있습니다. 모두 '여러 사람 가운데서 특히 뛰어나다'와 비슷한 뜻을 가진 낱말들입니다.

9 문제 해결 방법 찾으며 읽기 ❸

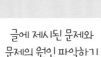

글에 제시된 문제와 문제의 원인 파악하기 | 문제를 해결할 여러 가지 방법 찾기 | 문제의 해결 방법의 타당성 평가하기

공부한 날   월   일

 다음 광고를 보고, 물음에 답해 봅시다.

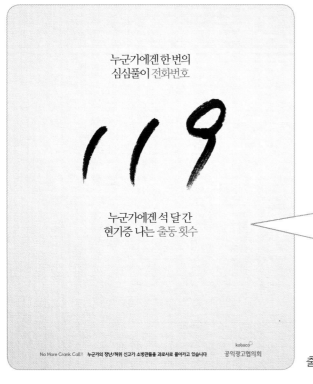

누군가에겐 한 번의
심심풀이 전화번호

누군가에겐 석 달 간
현기증 나는 출동 횟수

누군가의 장난 / 허위 신고가 소방관들을
과로사로 몰아가고 있습니다.

출처: 한국방송광고진흥공사(2016)

1 이 광고에서 문제라고 생각하는 것은 무엇인가요?

① 소방관들의 업무가 많은 것
② 장난이나 허위로 긴급 신고를 하는 것
③ 소방관들에게 현기증이 많이 나는 것
④ 한 사람이 한 번씩 긴급 신고를 하는 것
⑤ 소방관들이 세 달 동안 긴급 출동을 많이 하는 것

2 이 문제를 해결하기 위한 방법으로 알맞지 <u>않은</u> 것은 무엇인가요?

① 허위나 장난으로 긴급 신고를 못 하게 법을 만들자.
② 허위나 장난으로 긴급 신고를 했을 때 처벌을 강화하자.
③ 소방관들이 현기증이 나지 않도록 무료로 건강 검진을 해 주자.
④ 어떤 일에 대한 신고인지 미리 알 수 있도록 하는 제도를 만들자.
⑤ 사람들에게 장난으로 긴급 신고를 하는 것은 심각한 범죄라는 것을 인식시키자.

2017년 문화 체육 관광부의 국민 독서 실태 조사에 따르면 우리나라의 성인은 1년에 8.3권 정도 책을 읽은 데 반해, 우리나라 4~6학년 초등학생들은 1년 동안 평균 67.1권을 읽었다고 한다. 이 결과는 만화책과 교과서를 제외한 수치이다.

다른 조사 대상에 비해서도 초등학교 4~6학년 학생들의 책 읽기는 월등한 결과를 보인다. 그렇다면 우리나라 초등학교 4~6학년 학생들의 책읽기는 정말 우수한 것일까?

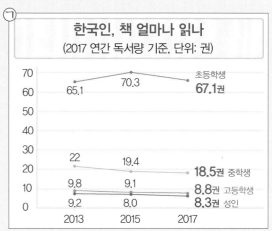

ⓐ 한국인, 책 얼마나 읽나
(2017 연간 독서량 기준, 단위: 권)

자료: 문화체육관광부

대출 순위 10	
1	52층 나무 집
2	65층 나무 집
3	13층 나무 집
4	39층 나무 집
5	26층 나무 집
6	78층 나무 집
7	추리 천재 엉덩이 탐정 1
8	마법 천자문 30
9	마법 천자문 31
10	추리 천재 엉덩이 탐정 2

자료: 도서관 정보 나루 · YES 24

전국 660여 개 공공 도서관의 대출 순위를 살펴보면 위 질문에 "그렇다."라고 답하기 어렵다는 것을 쉽게 확인할 수 있다. 초등학생들이 가장 많이 읽은 책은 만화로 된 『나무 집』 시리즈였으며, 그 뒤를 이어 많이 읽은 책은 학습 만화 책이었다. 가장 많이 대출된 책 10권 중 6권은 『나무 집』 시리즈이고, 2권은 한자를 익히는 학습 만화책이었으며, 나머지 2권도 만화식 구성을 따르고 있었다.

그렇다면 초등학생들이 만화로 된 책을 즐겨 보는 것이 꼭 나쁜 것일까? 전문가들은 만화로 된 책을 즐겨 보는 것은 나쁘다고 말할 수 없다고 이야기한다. 하지만 만화로 된 책만 읽는 것은 문제가 있다고 입을 모은다. 왜냐하면 글로 된 책을 읽을 때 사용하는 독서 전략과 만화로 된 책을 읽을 때 사용하는 독서 전략이 다르기 때문이다. 만화로 된 책을 읽을 때엔 주로 만화를 보느라 글을 제대로 읽지 않게 된다. 그렇기 때문에 만화로 된 책만 읽었을 경우 글로 된 책을 읽을 때 사용해야 하는 독서 전략이 익숙하지 않아 글을 제대로 읽고 이해할 수 없게 된다. 특히 학습 만화와 같은 책은 단편적인 지식에 재미만 더한 형태로 제시되기 때문에 독서 능력을 향상시켜 주지 못한다.

예전과 비교하여 초등학생들이 책을 덜 읽는다는 것도 문제이다. 2015년 초등학생들의 연간 독서량은 70.3 권이었지만, 지난해에는 67.1권으로 줄었다. 공부하느라, 휴대 전화로 게임하느라, 컴퓨터로 인터넷을 하느라 ⓑ책이 손에서 점점 멀어지고 있는 것이다. 읽는 책의 양이 줄어드는 데다가 그마저도 만화로 된 책만 읽기 때문에 학생들의 독서 능력은 점점 떨어질 수밖에 없다.

만화로 구성된 책이 아무리 재미있다고 해도 만화책만 볼 것이 아니라 여러 종류의 책을 읽고, 다양한 독서 경험을 쌓아야 한다.

3 이 글을 쓴 글쓴이의 주장으로 알맞은 것은 무엇인가요?

① 책을 한 권만 깊이 있게 읽자.
② 우리나라 성인들이 책을 많이 읽도록 하자.
③ 아이들이 책을 많이 읽을 수 있는 환경을 만들어 주자.
④ 만화가 있는 책만 읽지 말고 여러 종류의 책을 읽도록 하자.
⑤ 우리나라 초등학교 4~6학년 학생들의 책 읽는 습관을 본받자.

4 다음 중 ㉠을 바르게 해석하지 <u>못한</u> 것은 무엇인가요?

① 성인들은 1년에 10권의 책도 읽지 않는다.
② 고등학생의 독서량은 점점 증가할 것이다.
③ 중학생들의 독서량은 계속 낮아지고 있다.
④ 조사 대상자 중 초등학생의 독서량이 가장 많다.
⑤ 2017년 초등학생들의 독서량은 2015년에 비해 낮아졌다.

5 우리나라 초등학교 4~6학년 학생들의 책읽기가 우수하다고 할 수 <u>없는</u> 까닭은 무엇인가요?

① 주로 만화로 된 책을 많이 읽기 때문에
② 우리나라 책이 아닌 외국에서 만들어진 책을 주로 읽기 때문에
③ 초등학교 저학년 학생들에게 어울릴만한 책을 주로 보기 때문에
④ 공공도서관에서 책을 대출하여 읽고 직접 사서 읽지 않기 때문에
⑤ 주로 동화책 위주로 읽고 과학이나 수학과 관련된 책은 읽지 않기 때문에

6 전문가들이 만화로 된 책만 보는 것은 문제라고 말하는 까닭이 <u>아닌</u> 것은 무엇인가요?

① 만화만 보고 글은 잘 읽지 않고 넘어가기 때문에
② 글로 된 책은 제대로 읽고 이해할 수 없기 때문에
③ 만화로 된 책만 보면 독서 능력을 향상시킬 수 없기 때문에
④ 글로 된 책을 읽을 때에는 사용할 수 없는 독서 전략을 기를 수 있기 때문에
⑤ 글로 된 책을 읽을 때 사용해야 하는 독서 전략에 익숙하지 않게 되기 때문에

7 ㉡의 의미로 가장 알맞은 것은 어느 것인가요?

① 짧은 글만 읽으려고 한다.
② 만화로 된 책만 읽으려고 한다.
③ 글을 읽어도 이해하지 못하게 된다.
④ 책을 읽지 않고 책을 멀리하게 된다.
⑤ 바르지 않은 자세로 책을 보려고 한다.

8 이 글을 읽고 생각한 것으로 알맞지 <u>않은</u> 것은 무엇인가요?

① 초등학교 고학년들이 책을 많이 읽지 않는구나.

② 초등학생들이 지나치게 한 종류의 책만 읽으려고 하는구나.

③ 초등학생의 연간 독서량도 줄고 독서 능력도 점점 떨어지고 있구나.

④ 생활 환경이 변화하였기 때문에 학생들의 책읽기도 점점 소홀해지는구나.

⑤ 책을 많이 읽는 것이 중요한 것이 아니라 책을 깊이 있게 이해하는 것이 중요하구나.

9 독서 편식을 줄이기 위한 해결 방법으로 적절하지 <u>않은</u> 것은 무엇인가요?

① 매달 재미있는 만화책 한 권을 정해 깊이 있게 읽으려는 태도

② 자신이 한 달 동안 읽은 책의 종류가 무엇인지 살펴보려는 태도

③ 글로 된 재미있는 책을 선생님께 추천해 달라고 요청하려는 태도

④ 만화로 된 책 1권과 글로 된 책 3권을 섞어 읽으려고 계획하는 태도

⑤ 내가 어떤 종류의 책읽기를 어려워하는지 스스로 평가해 보려는 태도

 재미있는 **낱말 놀이터**

반대의 상황에 쓰이는 낱말

🍎 빨간색으로 쓴 낱말과 반대의 상황에 쓰이는 낱말을 찾아 선으로 바르게 이어 보세요

서투르다	저하되다	반납하다
일을 여러 번 경험해 보지 못하여 다루는 것이 어설프다.	정도, 수준, 능률 등이 떨어져 낮아지다.	도로 돌려주다.

 그럴까?

같은 화제에 대해 반대의 상황을 이르는 말들이 있습니다. 반대의 상황에 쓰이는 낱말을 잘 알아두면 글의 내용을 이해하는 데 도움이 됩니다. '익숙하다'는 '어떤 일을 여러 번 하여 어설프지 않은 상태에 있다.'는 뜻이고, '대출하다'는 '돈이나 물건을 빌려주거나 빌리다.', '향상하다'는 '실력, 수준, 기술 등이 나아지게 하다.'라는 뜻의 낱말입니다.

 다음 광고를 보고, 물음에 답해 봅시다.

우리 집 바닥이
우리 집 천장이 된다면?

층간 소음으로 인한 이웃 갈등,
거꾸로 생각하면 답이 보입니다.

밤낮없이 쿵쾅거리며 뛰는 우리 아이.
'아이들이 다 그렇지'하는 생각으로 그냥 방치
하고 있진 않으신가요?

밤늦은 시간에도 소음을 견뎌야 하는 아래층
이웃의 입장이 되어 생각해 보세요.
조금만 배려하면 모두가 행복해집니다.

출처: 한국방송광고진흥공사(2013)

1 이 광고에서 제기하는 문제 상황은 무엇인가요?

① 집들이 촘촘하게 붙어 있는 상황
② 자신의 아이만 생각하는 이기적인 사람들
③ 바닥과 천장이 반대로 되어 있는 특이한 집
④ 우리 집에서 일으킨 소음이 아랫집에 피해를 주는 것
⑤ 다른 사람의 슬픈 상황을 공감하고 위로해 주지 못하는 것

2 ①의 문제를 해결하기 위한 방법으로 알맞지 <u>않은</u> 것에 ×표 하세요.

이웃 간의 소통 기회를 자주 마련하고 서로를 이해하고 배려하는 마음을 갖자.	소음을 최소화할 수 있는 건축 자재를 시용하여 적용하여 아파트를 짓자.	윗집에 사는 사람들이 무조건 아랫집 사람들에게 맞추어 생활하도록 하자.
( )	( )	( )

신문 기사로 정보를 얻던 시대에는 신문을 읽어야만 정보를 얻을 수 있었다. 따라서 자연스레 신문에서 제공하지 않는 정보는 얻을 수 없었고, 사람들은 신문사라는 기관을 신뢰하는 오류를 범했다. 다시 말해 신문 기사를 통해 정보를 획득한 사람들은 신문사라는 기관을 무조건적으로 신뢰하여 그 기관에서 제시하는 정보도 모두 "참"일 것이라는 가정을 한 것이다. 그래서 사람들은 신문 기사가 참인지 거짓인지 분별하여 정보를 이해하기보다 그 정보가 참이라는 전제 하에 그 정보를 이해하려고 하였다.

　　하지만 지금은 상황이 다르다. 정보를 제공하는 매체가 다양해졌기 때문에 우리는 다양한 정보를 쉽게 접할 수 있다. 하지만 정보를 쉽게 얻는다는 이점과 달리 정보가 믿을만한지에 대한 고민은 더 깊어졌다. 가짜 뉴스가 진짜처럼 둔갑하여 많은 사람들을 속이는 일이 자주 일어나는 이유도 이것 때문이다. 영국의 사전 출판사 콜린스는 2017년을 대표하는 낱말로 '가짜 뉴스'를 선정하였다.

　　가짜 뉴스란 의도적으로 만들어진 거짓 정보, 사실인지 아닌지를 알지 못한 채 여러 사람에게 퍼지는 정보, 근거 없이 퍼지는 소문 등을 일컫는 말이다. 이런 가짜 뉴스 안에 의도적으로 만들어진 정보도 포함된다. 이 허위 정보의 경우 일부러 사람들을 속이기 위해 계산된 방법으로 퍼져 나가기 때문에 사회에 일으키는 문제가 대단히 크다. 또한 가짜 뉴스는 대체로 사람들의 호기심을 자극하기 때문에 빠른 속도로 퍼지고, 이 뉴스로 인한 피해자는 속수무책으로 당하게 된다는 점에서 아주 심각한 문제를 일으킨다고 할 수 있다. 특히 초등학생들은 정보를 비판적으로 이해하는 능력이 부족하기 때문에 이러한 가짜 뉴스에 현혹되기가 쉽다.

　　한국 언론 진흥 재단이 2016년 전국 초·중·고등학생 2,291명을 대상으로 실시한 '10대 청소년 미디어 이용 조사' 결과에 따르면 인터넷을 통해 본 뉴스의 출처를 알고 있느냐는 물음에 초등학생의 76.3퍼센트가 '거의 모른다'고 대답했다. '거의 다 알고 있다'고 대답한 초등학생은 2.1퍼센트에 불과하였다. 이처럼 초등학생 대부분이 뉴스의 출처 등 정보의 신뢰성을 따지지도 않고 정보를 무분별하게 받아들이는 것은 큰 문제라고 할 수 있다. 이는 우리나라가 초등학생들을 대상으로 한 미디어 교육에 소홀했기 때문이다.

　　우리나라와 달리 핀란드 및 미국과 같은 다른 나라에서는 오래전부터 미디어 교육을 실시해 왔다. 이 교육에서 가중 중요한 내용 중 하나는 '기사를 읽고 뉴스 만들어 보기'이다. 학생들은 직접 뉴스를 만들고 이것을 평가해 봄으로써 진짜 뉴스와 가짜 뉴스를 구별하는 방법을 터득하게 된다.

　　이제 우리나라도 가짜 뉴스를 걸러 내도록 돕는 교육이 필요하다. 정보를 정확하게 읽고 비판적으로 해석하는 힘이 결국 민주 사회를 이끄는 토대가 된다. 실제로 2016년 미국에서는 가짜 뉴스가 대선에서 큰 영향을 끼쳤다. 이러한 일이 앞으로 우리에게도 충분히 일어날 수 있다.

3 사람들이 신문 기사만으로 정보를 얻었던 시대에 생긴 문제는 무엇인가요?

① 사람들이 한 신문사의 신문만 이용하는 것
② 사람들이 신문에 들어간 기사보다 광고를 더 믿는 것
③ 사람들이 신문 기사의 큰 제목만 읽고 작은 제목은 읽지 않는 것
④ 사람들이 자신이 사는 지역에서 만들어진 신문사의 신문만 사서 읽는 것
⑤ 사람들이 신문사를 믿을 수 있다고 생각하여 신문 기사의 내용을 모두 믿는 것

4 과거에 비해 오늘날의 정보가 믿을 만한지를 더 따져 봐야 하는 까닭은 무엇인가요?

① 오늘날에는 과거보다 더 많은 사건이 발생하기 때문에
② 오늘날 사람들이 과거에 비해 더 사람들을 믿지 못하기 때문에
③ 믿을 만한 정보를 더 많이 알고 있는 사람이 유리한 사회이기 때문에
④ 신문사가 하는 일이 많아져서 정확한 정보를 놓치는 경우가 있기 때문에
⑤ 정보를 제공하는 매체가 많아진 것에 반해 믿을만한 정보인지 알 수 없기 때문에

5 다음 중 정보의 신뢰성이 가장 의심되는 것은 무엇인가요?

① 다른 나라의 방송국에서 보도된 내용
② 전문가를 면담하며 얻은 결과를 제시하며 보도한 내용
③ 인기 있는 유명 블로거가 자신의 누리집에 소개한 내용
④ 국가 기관에서 근무하는 사람이 국가 정책에 대해 소개한 내용
⑤ 설문을 전문으로 하는 기관에서 설문 조사를 한 결과를 넣어 보도한 내용

6 허위 정보가 문제가 되는 까닭은 무엇인가요?

① 빠른 속도로 퍼져 나가기 때문에
② 한 번 퍼지면 그것이 다른 나라에도 영향을 미치기 때문에
③ 허위 정보에 가장 쉽게 휘둘리는 사람이 초등학생들이기 때문에
④ 일부러 사람들을 속여 자신들이 원하는 것을 얻으려고 하기 때문에
⑤ 사람들이 정보를 참인지 거짓인지 분별하여 정보를 이해하려고 하기 때문에

7 한국 언론 진흥 재단의 조사 결과가 의미하는 것은 무엇인가요?

① 학생들이 인터넷으로 뉴스를 보지 않도록 교육해야 한다.
② 한국 언론 진흥 재단이 무엇을 하는 곳인지 알려 주어야 한다.
③ 우리나라에서 10대 청소년을 대상으로 하는 미디어 교육이 시급하다.
④ 2016년에 조사를 하고 최근에 조사한 내용이 없으니 다시 조사를 해야 한다.
⑤ 전국의 학생들이 2,300여 명 밖에 없으니 출산율을 높이기 위해 노력해야 한다.

8 이 글을 읽고 든 생각으로 알맞지 <u>않은</u> 것은 무엇인가요?

① 우리나라는 뉴스의 신뢰성을 평가하는 교육이 많이 없구나.
② 우리나라 학생들은 뉴스의 신뢰성을 판단하는 것을 잘 못하는구나.
③ 교육을 해도 미국과 같은 일이 일어나는 걸 보니 미디어 교육을 할 필요가 없겠구나.
④ 세계 여러 나라와 달리 우리나라에서는 미디어 교육이 체계적으로 이루어지지 않는구나.
⑤ 가짜 뉴스와 같은 잘못된 정보는 대선과 같은 국가나 사회의 중요한 일에 큰 영향을 끼칠 수 있구나.

이 문제를 해결하기 위해 다음과 같은 방법을 생각했습니다. 이 해결 방법에 대한 평가로 옳은 것은 무엇인가요?

> 믿을 만한 기관에서만 정보를 만들 수 있도록 해야겠어.

① 다양한 정보를 더 쉽게 얻을 수 있을 것 같아.

② 여러 가지 정보들을 선별하지 않아도 되니까 편리해지겠어.

③ 그러면 굳이 정보가 믿을만한지 따지지 않아도 되니까 좋은 방법인 것 같아.

④ 우리나라보다 외국의 기관이 더 믿을 수 있으니까 외국 뉴스만 받아들이면 좋겠어.

⑤ 만약 특정 기관에서만 정보를 만들게 되면 어떤 일이든 진실을 알기가 어려울 수 있어.

 재미있는 낱말 놀이터

낱말의 뜻 짐작하기

🍎 그림의 상황을 잘 살펴보고, 사다리를 타고 내려가 밑줄 친 낱말의 뜻을 알아 보세요.

왜 그럴까?

잘 모르는 낱말의 뜻을 알기 위해서는 문장의 의미를 따져보는 것이 필요합니다. 그리고 바꾸어 쓸 수 있는 다른 말을 떠올려 보는 것도 중요합니다. 특히 한자어의 경우 한자어를 모르는 그 뜻을 짐작하기가 무척 어렵기 때문에 문장의 의미를 정확하게 파악하는 연습이 필요합니다.

글에 제시된 문제와
문제의 원인 파악하기

문제를 해결할
여러 가지 방법 찾기

문제의 해결 방법의
타당성 평가하기

공부한 날 | 월 | 일

정리 앞에서 배운 '문제 해결 방법 찾으며 읽기'와 관련된 내용을 정리한 것입니다. 빈칸에 알맞은 말을 보기

에서 찾아 써 보세요.

☐☐ 파악하기

• 글쓴이가 생각하는 ☐☐ 가 무엇인지 파악하며 읽어요.
• 문제 상황과 관련된 ☐☐ 을 떠올리며 읽어요.

문제의 ☐☐ 찾기

글쓴이가 생각하는 문제와 관련하여 문제가 생긴 원인이 무엇인지 찾으며 읽어요.

문제를 해결할 ☐☐ 떠올리기

문제가 생겨난 ☐☐ 을 없애거나 그 ☐☐ 을 막을 수 있는 방법을 떠올려요.

문제 해결 방법 찾으며 읽기

해결 방법 ☐☐ 하기

• 자신이 떠올린 해결 방법이 또다른 문제를 일으키지 않는지 살펴보아요.
• 여러 가지 ☐☐ 방법들 중에서 가장 효과적인지 판단해요.

해결 방법 보완하기

• 문제 해결 방법에서 부족한 점을 ☐☐ 해요.
• 문제 해결 방법에서 좋은 점을 극대화해요.

해결 방법 결정하기

| 보기 | 문제 | 방법 | 보완 | 원인 | 질문 | 평가 | 해결 |

다음 글을 읽고, 물음에 답해 봅시다.

(가) 이 순간에도 지구의 많은 생물들이 조용히 죽어 가고 있어요. 2010년 일본 나고야에서 열린 제10회 생물 다양성 총회에서 세계 자연 보전 연맹(IUCN)의 생물 종 연구 결과가 발표됐어요. 이 연구 결과에 따르면, 조사한 척추동물의 약 20퍼센트가 멸종 위험에 처해 있으며, 매년 평균 52종의 포유류, 조류, 양서류가 심각한 멸종 위험에 놓인 것으로 드러났어요. 특히 양서류는 41퍼센트가 멸종 위기에 빠져 있었어요.

(나) 우리나라의 동식물들을 살리려면 어떻게 해야 할까? 나의 고민을 듣더니 어흠 박사가 말했어.

"어흠, 어흠. 우리나라 또한 세계적인 흐름에 발맞춰 가고 있다네. 1993년 국제 연합 환경 계획에서 '생물 다양성 국가 연구에 대한 지침'이라는 것을 발표했지. 이때를 시작으로 사람들은 단순히 멸종 위기 동식물을 보호하는 데에만 신경 쓸 게 아니라, 생태계 전체를 건강하게 만드는 데 힘을 쏟기로 했지. 우리나라 역시 천연기념물을 지정해 보호하는 것뿐만 아니라 우리나라 고유의 생물들을 보존하는 방법을 따로 찾기로 했어. 그렇게 해서 생겨난 것이 바로 깃대종과 지표종이라네."

(다) 어흠 박사가 다시 말했어. "깃대종에는 시베리아호랑이, 판다, 코알라, 두루미처럼 전 세계적으로 유명한 종이 있는가 하면, 우리나라 사람들만 아는 그런 종도 있다네. 또 천연기념물인 종도 있고 아닌 종도 있지. 멸종 위기에 처한 동식물을 보호하는 가장 좋은 방법은 그들이 사는 생태계를 온전하게 보전하는 거라네. 깃대종은 그 지역을 대표하는 생물들이기 때문에 깃대종이 잘 보존된다면 생태계가 무사하다는 증거라고 볼 수 있지."

(라) "자, 두 번째로 지표종에 대해 알아보도록 하지. 지표종은 그 지역의 환경이 얼마나 깨끗한지 측정할 수 있는 종을 말한다네. 예를 들어, 오래전 탄광에서 일하던 광부들은 카나리아를 이용해 몸에 해로운 유독 가스를 측정했어. 공기가 좋은 곳에서 살던 카나리아는 산소가 부족해지면 숨을 쉬기가 힘이 들어서 노래를 멈추었지. 그래서 광부들은 카나리아가 노래를 부르는 동안 안심하고 일을 할 수 있었어. 마찬가지로 민물고기, 옆새우, 플라나리아, 곤충의 애벌레 등을 살펴보면 오염 정도를 쉽게 측정할 수 있다네."

(마) 이제 나 왈왈 탐정은 선언할 수 있어. 일부러 그랬건, 모르고 그랬건 지난 100여 년 동안 지구에서 사라진 동식물의 99퍼센트는 인간 때문이라고 말이야. 하지만 그 피해를 인간도 입을 수밖에 없어. 인간 역시 생태계의 일부분이거든.

(바) 우리와 함께 사는 동식물 친구들을 앞으로 못 보게 된다면? 그만큼 슬픈 일도 없을 거예요. 더 이상의 멸종을 막기 위해 ㉠우리가 직접 할 수 있는 일들을 알아봐요!

- 백은영, 『지켜라! 멸종 위기의 동식물』 중에서

이 글의 내용으로 알맞지 <u>않은</u> 것은 무엇인가요?

① 지구의 많은 생물들이 죽어 가고 있다.
② 양서류의 41퍼센트가 멸종 위기에 빠져 있다.
③ 세계 자연 보전 연맹(IUCN)은 생물 다양성 국가 연구 결과를 발표했다.
④ 매년 평균 52종의 포유류, 조류, 양서류가 심각한 멸종 위험에 놓여 있다.
⑤ 세계 자연 보전 연맹은 생물 연구를 위해 멸종 위기의 동물들을 마구 잡아들이고 있다.

2 우리나라가 멸종 위기에 처한 동물을 구하기 위해 쏟은 노력에는 어떠한 것인가요?

① 해마다 생물 종 연구 결과를 발표하고 있다.
② 멸종 위기 동물을 보호하는 데에만 신경을 쓰고 있다.
③ 세계 여러 나라의 좋은 보호 방법을 받아들여 그 모든 방법을 다 사용하고 있다.
④ 생태계 전체를 건강하게 만들어 우리나라 고유의 생물들을 보존하기 위해 노력하고 있다.
⑤ 우리나라 고유의 야생 동물을 보호하기 위해 외국에서 들어온 종들은 모두 없애려고 하고 있다.

3 깃대종과 지표종에 대한 설명과 해당하는 생물로 알맞은 것을 선으로 바르게 이어 보세요.

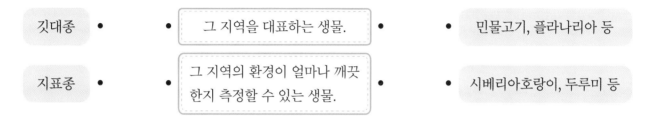

깃대종 •　　• 그 지역을 대표하는 생물. •　　• 민물고기, 플라나리아 등

지표종 •　　• 그 지역의 환경이 얼마나 깨끗한지 측정할 수 있는 생물. •　　• 시베리아호랑이, 두루미 등

4 오래전 탄광에서 일하던 광부들은 카나리아를 무엇에 이용하였나요?

① 탄광에 산소가 있는지를 확인하는 것
② 힘든 광부 일을 하면서 카나리아 노래를 듣고 휴식을 취하는 것
③ 카나리아를 탄광으로 날려 보내 그 지형을 먼저 알아보게 하는 것
④ 카나리아에게 말을 하면서 자신이 유독 가스를 얼마나 마셨는지 점검하는 것
⑤ 탄광에 카나리아가 먹이를 먹는지를 보고 사람이 일을 할 수 있는지 확인하는 것

5 다음 중 지표종이 <u>아닌</u> 것에 ◯표 하세요.

옆새우　　　　　　코알라　　　　　　곤충의 애벌레

(　　　　)　　　　(　　　　)　　　　(　　　　)

6 다음 중 ㉠에 해당하지 <u>않는</u> 것은 무엇인가요?

① 환경을 보호하기 위해서 물을 아껴 쓴다.
② 희귀한 동물은 사람의 보살핌이 필요하므로 모두 잡아들인다.
③ 생태계를 온전하게 보전하기 위해 쓰레기를 함부로 버리지 않는다.
④ 지구 온난화를 예방하기 위해서 집 안의 사용하지 않는 가전제품은 플러그를 뽑아 놓는다.
⑤ 멸종 위기 동물의 서식지 근처는 보호 구역으로 지정하여 사람들의 발길이 닿지 않게 한다.

보기 의 공익 광고를 참고하여 이 글의 문제를 많은 사람들에게 알리는 광고를 만들려고 합니다. 알맞은 의견을 제시한 친구의 답에 ○표 하세요.

보기

쓸수록 줄어듭니다.
지구 온난화의 원인 일회용 종이컵,
쓸수록 북극곰들의 집은 줄어듭니다.

kobaco
공익광고협의회

출처: 한국방송광고진흥공사(2016)

승아: 동물원이야말로 야생 동물들을 보다 안전하게 보호할 수 있는 곳이라는 점을 강조하는 광고를 만들어야겠어. ☐

준서: 인간의 욕심으로 자연환경이 파괴되고, 야생 동물이 안전하게 살 수 있는 곳이 줄어들고 있다는 점을 강조하여 광고를 만들어야겠어. ☐

 재미있는 **낱말놀이터**

반대되는 뜻을 가진 표현

🍎 그림의 상황을 보고, 빈칸에 들어갈 알맞은 낱말을 보기 에서 찾아 쓰세요.

보기　　들게　　내리게　　넘게　　살리게　　처하게　　무너지게

왜 그럴까?

국어에는 하나의 낱말이 가지고 있는 여러 가지 뜻이 다른 낱말과 결합되어 특정한 의미가 되는 경우가 많습니다. '위기에 처하다'와 반대되는 말은 '위기를 넘기다'입니다.

10 주제 파악하기 ❶

전체 내용을 파악하며 글 읽기 · 글의 중심 내용 파악하기 · 중심 내용을 바탕으로 주제 정리하기

공부한 날   월   일

힘 내봉 45일

　글쓴이가 전하고자 하는 중심 생각을 '주제'라고 합니다. 글의 주제를 파악하려면 전체 내용을 종합하여 판단하며 글쓴이가 전하려는 바가 무엇인지 알아야 합니다. 이야기 글에서 주제는 사건이 전개되는 과정에서 드러나기 때문에 주요 인물의 말이나 행동을 통해 살펴봐야 하고, 시의 주제는 말하는 이가 처한 상황과 그 상황 속에서 느끼는 감정을 잘 살펴보아야 합니다. 설명하는 글이나 주장하는 글에서는 각 문단별로 중심 내용을 파악하며 읽어야만 글쓴이의 의도와 주제를 찾을 수 있습니다.

　자, 이제 여러 가지 종류의 글을 읽으며 주제를 파악해 볼까요?

다음 만화를 보고, 물음에 답해 봅시다.

벼락 맞은 대추나무

1. ⓐ벼락 맞은 대추나무에 대해 들어본 적이 있나요?

2. 우리의 눈에 벼락은 대추나무에게 큰 시련처럼 보입니다.

3. 하지만 벼락을 맞은 대추나무는 이전보다 더욱 단단해져, 도장의 재료로 높은 인기를 누린다고 합니다.

4. 사람도 마찬가지입니다.

5~6. 고난과 역경을 이겨 낸 사람은 이전보다 더욱 단단하고 멋진 사람으로 거듭날 수 있습니다.

---

1 도장의 재료로 각광 받는 나무는 어떤 나무인가요?

① 오래 된 대추나무
② 벼락을 맞은 대추나무
③ 키가 작은 대추나무
④ 햇볕을 많이 받은 대추나무
⑤ 비를 많이 맞은 대추나무

2 ⓐ은 무엇을 의미하는지 5 에서 찾아 쓰세요.

(   )

3 이 만화의 주제와 비슷한 뜻을 가진 속담은 무엇인가요?

① 고생 끝에 낙이 온다.
② 바늘 가는 데 실 간다.
③ 걷기도 전에 뛰려고 한다.
④ 낫 놓고 기역 자도 모른다.
⑤ 원숭이도 나무에서 떨어진다.

다음 시를 읽고, 물음에 답해 봅시다.

내 가슴에

정혜진

친구야,
내 가슴엔
보고 싶은 얼굴이
가득 채워져 있단다.

친구야,
내 가슴엔
다정한 눈동자가
가득 담겨져 있단다.

친구야,
내 가슴엔
정다운 목소리가
가득 고여져 있단다.

4 말하는 이의 가슴에 있다고 한 친구의 모습은 무엇인가요? (정답 3개)

① 따뜻한 마음씨
② 다정한 눈동자
③ 정다운 목소리
④ 부드러운 손길
⑤ 보고 싶은 얼굴

5 다음 중 말하는 이가 처한 상황과 그 상황에서 느낀 감정을 바르게 파악한 것에 ○표 하세요.

말하는 이는 좋아하는 친구를 만나지 못하는 상황이야. 지금 볼 수 없는 친구가 보고 싶어서 그리워하고 있어.	말하는 이가 친구에게 질투를 느끼는 상황이야. 질투가 나는 친구의 모습을 하나하나 떠올리며 부러워하고 있어.	말하는 이가 친구와 함께 즐거운 시간을 보내는 상황이야. 말하는 이는 친구와 잊지 못할 추억을 만들어서 기뻐하고 있어.
( )	( )	( )

6 이 시의 주제와 비슷한 시를 찾아 ○표 하세요.

(1)
봉숭아
김상옥

비 오자 장독간에 봉숭
아 반만 벌어

해마다 피는 꽃을 나만
두고 볼 것인가.

세세한 사연을 적어 누
님께로 보내자.

(   )

(2)
친구 생각
김일연

등나무에 기대서서
신발코로 모래 파다가

텅 빈 운동장으로
힘 빠진 공을 차 본다.

내 짝꿍 왕방울눈 울보가
오늘
전학을 갔다.

(   )

(3)
꽃눈
심후섭

바람 달콤해
꽃나무 가지로
나들이 나온 아기 산새

'아이, 간지러워!'

발바닥 옴츠리며
내려다보면

아,
지금 마악 돋고 있는
뾰족한 젖니 하나
연노랑 꽃눈 하나.

(   )

재미있는 낱말 놀이터 '이'와 관련된 낱말

🍎 다음 그림을 보고, 알맞은 낱말과 뜻을 찾아 선으로 바르게 이어 보세요.

덧니	간니	젖니	사랑니
젖니 곁에 포개어 난 이.	젖니가 빠진 뒤에 나는 이.	유아기에 사용한 뒤 갈게 되어 있는 이.	어금니가 다 난 뒤에 어른이 되어 맨 안쪽 끝에 새로 나는 작은 어금니.

왜 그럴까?

'이'가 다른 낱말과 함께 쓰여 새로운 낱말을 만들 때에는 '-니'로 씁니다. 예를 들어 '젖+이'는 '젖니'로 쓰고 [전니]라고 읽습니다. 유아기에 사용한 뒤에 갈게 되어 있는 이를 '젖니'라고 하는데, '배냇니'라고 부르기도 하고, 한자어로는 '유치'라고 합니다. 젖니가 빠진 뒤에 나는 이는 '간니'로 한자어로는 '성치'라고 합니다. '영구치'는 젖니가 빠진 뒤에 나는 이와 뒤어금니를 통틀어 이르는 말입니다.

10 주제 파악하기 ②

전체 내용을 파악하며 글 읽기　　글의 중심 내용 파악하기　　중심 내용을 바탕으로 주제 정리하기

공부한 날　　월　　일

 다음 편지를 읽고, 물음에 답해 봅시다.

영진이에게

　영진아, 네가 전에 다녔던 학교에서 친구들하고 사이가 안 좋았다고 내가 거짓말을 했어. 우리 반 친구들이 학급 회장인 나보다 너를 더 좋아하니까 질투가 났어. 그래서 나도 모르게 너에 대하여 나쁘게 거짓말을 해 버렸어. 정말 미안해.

　이튿날 학교에 가서 솔직하게 말하려고 했어. 그런데 그렇게 하면 네가 나를 좋아하지 않을 것 같고, 다른 친구들도 나를 거짓말쟁이라고 할 것 같아 용기가 나지 않았어. 너하고 가장 친한 내가 그래서 더 놀라고 서운했지? 너는 잘못한 것이 없는데 이상한 소문이 나서 화도 많이 났을 거야. 내가 너라도 무척 속상하고 힘들었을 거야.

　영진아, 내가 친구들에게 솔직하게 말할게. 나도 내가 한 일에 대하여 후회하고 있어. 늦었지만 내 사과를 받아 줄래?

20○○년 ○○월 ○○일

친구 성희가

---

1 성희가 친구들에게 거짓말을 한 까닭은 무엇인가요?

① 솔직하게 말할 기회가 없어서
② 영진이와 다투고 사이가 멀어져서
③ 다른 친구들이 성희에게 거짓말쟁이라고 놀려서
④ 이전 학교 친구들에게 영진이에 대한 소문을 들어서
⑤ 친구들이 학급 회장인 자신보다 영진이를 더 좋아해서

2 글쓴이가 이 편지를 통해 말하고자 하는 것은 무엇일까요?

① 정직한 생활의 중요성 강조　　② 거짓말을 한 것에 대한 원망
③ 서운해하는 영진이에 대한 비판　　④ 영진이에게 미안한 마음 사과
⑤ 친구와 사이좋게 지내는 방법 설명

다음 글을 읽고, 물음에 답해 봅시다.

(가) 개미귀신은 정말 신기한 곤충이다. 우선 생긴 모습부터가 그렇다. 크기는 내 엄지손톱만 하고 몸집은 뚱뚱한데, 머리는 몸에 달린 혹처럼 작다. 게다가 온몸이 털로 덮여 있는 털북숭이다.

(나) 그러나 매우 강하고 야무지다. 작은 머리통에 사슴벌레의 집게처럼 생긴 단단한 턱이 길고 날카롭게 나와 있다. 몸통에 있는 여섯 개의 다리로 모래밭을 빠르게 파고 들어갈 수 있다. 그래서 마치 긴 창으로 무장을 하고 튼튼한 군화를 신은 용감한 군인처럼 보인다. 또, 몸의 색깔이 모래 색깔과 비슷한 황갈색이어서 모래에 숨으면 잘 보이지 않는다.

(다) 개미귀신은 이름만큼이나 사는 방법도 신기하다. 개미를 주로 잡아먹기 때문에 이런 이름이 붙었다고 하는데, 개미를 잡는 방법이 무척 특이하다. 이들은 모래밭에 절구 모양의 구덩이를 파고, 그 속에서 모래를 덮고 가만히 숨어서, 지나가는 개미가 구덩이에 빠지기를 기다린다. 개미는 구덩이에 빠지면 허우적거리다가 제풀에 지쳐 죽게 된다. 빠져나갈 힘이 있더라도 개미귀신의 방해로 결국 떨어져 잡아먹히게 된다.

(라) 개미귀신은 보지도 못하고 냄새를 맡지도 못한다고 한다. 다만, 털에 닿는 것이면 아무리 작은 것이라도 민감하게 알아챈다고 한다. 과학자들은, 개미귀신이 모래 속에서 살기 때문에 시각과 후각이 없어지고, 몸으로 느끼는 감각이 발달했을 것이라고 말한다.

(마) 그런데 가장 흥미로운 점은 개미귀신이 명주잠자리의 애벌레라는 사실이다. 이 못생긴 곤충이 고운 날개를 가진 명주잠자리의 애벌레라니! 그러고 보니 개미귀신은 모래 속에 숨어서 먹잇감을 기다릴 뿐만 아니라 예쁜 날개를 달고 날아오를 날을 꿈꾸기도 하나 보다.

 3 다음 중 이 글을 읽고 개미귀신에 대하여 알 수 있는 사실이 <u>아닌</u> 것은 무엇인가요?

① 천적   ② 사는 방법

③ 감각 기관   ④ 몸의 색깔

⑤ 몸집과 머리의 크기

4 이 글에서 설명하는 내용을 바탕으로 개미귀신을 찾아 ○표 하세요.

   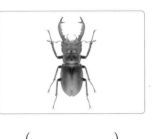

(   )   (   )   (   )   (   )

5 '개미귀신'에 대한 설명으로 알맞은 것은 무엇인가요?

① 머리가 매우 크다.
② 다리가 여덟 개이다.
③ 모래에 숨으면 눈에 잘 띈다.
④ 개미귀신은 잡기 쉬운 곤충이다.
⑤ 개미귀신은 앞을 거의 보지 못한다.

6 다음 빈칸에 들어갈 알맞은 말을 (마) 문단에서 찾아 쓰세요.

> 개미귀신의 가장 흥미로운 점은 개미귀신이 (   )의 애벌레라는 점이다.

7 (가) 문단과 (나) 문단의 설명 방법에 대하여 <u>잘못</u> 말한 것은 무엇인가요?

① (가)는 전체의 크기와 모습을 설명하였다.
② (가)는 작은 것에서 큰 것의 순서로 설명하였다.
③ (나)는 각 부분의 특성과 그로 인한 장점을 설명하였다.
④ (나)는 대상의 모습을 다른 대상에 빗대어 설명하였다.
⑤ (나)에서 색깔은 크기나 모양새와는 다른 특징으로 분리하여 썼다.

8 (가) 문단과 (나) 문단 같이 묘사의 방법으로 대상을 설명한 글을 찾아 ○표 하세요.

(1) 내 짝의 얼굴형은 달걀형입니다. 키가 크고 머리는 조금 곱슬곱슬합니다.

눈썹은 짙고 쌍꺼풀이 있어 눈이 큰 편입니다. 코는 작고 오똑합니다. 그리고 입은 큽니다.

얼굴은 검은 편이고 쑥스러울 때에 머리를 긁적입니다. 그리고 웃을 때에는 덧니가 보입니다.

(   )

(2) 고유어는 우리말에 본디부터 있던 말이나 그것에 기초하여 새로 만들어진 말을 일컫습니다. '어머니, 아버지, 하늘, 땅, 아름답다' 등이 고유어입니다.

한자어는 한자를 바탕으로 만들어진 말입니다. 삼국 시대에 사람 이름, 땅 이름 등을 한자로 표기하면서 한자어가 우리말에 많이 들어왔습니다. '감기, 고생, 학교, 가정' 등이 한자어입니다.

외래어는 다른 나라 말에서 빌려와서 우리말처럼 쓰는 말입니다. '테이블, 레슨' 등이 외래어의 예입니다.

외국어는 어디까지나 다른 나라의 말로, '굿모닝, 선데이' 등이 외국어의 예입니다.

(   )

9 빈칸에 들어갈 알맞은 말을 보기에서 찾아 쓰세요.

이 글의 중심 생각은 '(   )은 (   ) 곤충이다.'라는 것이다.

보기   개미귀신   개미   무서운   신기한   생김새   사는 방법

'개미'와 관련된 속담

🍎 다음 그림의 상황을 보고, 밑줄 친 속담에 담긴 뜻을 선으로 바르게 이어 보세요.

개미구멍이 둑을 무너뜨린다.

개미가 큰 바윗돌을 굴리려고 하는 셈.

개미 금탑 모으듯.

재물 등을 조금씩 알뜰하게 모은다는 뜻.

자기 힘으로는 도저히 당해 낼 수 없는 대상에게 무모하게 대든다는 뜻.

작은 문제라고 해서 무시하다가는 나중에 더 큰 문제를 가져오게 된다는 뜻.

왜 그럴까?

'개미는 작아도 탑을 쌓는다', '개미가 절구통 물고 나간다' 등과 같이 '개미'와 관련된 속담이 있습니다. 이러한 속담은 주로 개미의 생김새나 특성으로부터 나온 것이 많습니다. 이처럼 대상의 특성을 생각하며 속담을 읽으면 속담의 뜻을 쉽게 알 수 있습니다.

10 주제 파악하기 ❸

전체 내용을 파악하며 글 읽기 ● 글의 중심 내용 파악하기 ● 중심 내용을 바탕으로 주제 정리하기

공부한 날 　월　일

 다음 이야기를 읽고, 물음에 답해 봅시다.

　　옛날, 깊은 산골에 가난한 청년이 부모님을 모시고 살고 있었어. 그런데 가난해도 얼마나 가난한 지 하루에 한 끼가 아니라 삼 일에 한 끼씩 먹을 정도였지. 이렇게 지내다가는 굶어 죽겠다고 생각한 청년은 돈을 벌려고 큰 마을에 가기로 하였지.

　　청년은 워낙 산골에서만 지낸 터라 큰 마을로 가는 길도 잘 몰랐어. 길을 잘못 들었는지 가도 가 도 산길만 나왔지. 그러다가 날이 저물어 하룻밤 잘 곳을 찾는데 깊은 산골에 어울리지 않는 으리으 리한 기와집이 있었어. 청년은 그 기와집으로 가서 하룻밤만 묵어가게 해 달라고 하였지. 그러자 하 얀 소복을 입은 아가씨가 나와서 그 청년을 극진히 대접하며 이렇게 말하였어.

　　"얼마 전에 부모님께서 돌아가셨습니다. 그런데 돌아가시기 전에 저에게 어떤 청년이 올 테니 그 청년의 아내가 되라고 하셨습니다."

　　청년은 얼떨결에 아가씨와 결혼하여 살게 되었지. 그로부터 몇 달이 지난 뒤에 청년은 할아버지 제삿날에 맞추어서 집에 가기로 하였지. 아가씨는 다음에 같이 가기로 하고 많은 음식을 싸 보냈어.

　　"금방 다녀오리다."

　　그런데 고향에 가 보니 예전에 살던 초가집은 온데간데없고 좋은 기와집에 부모님이 살고 계셨 어. 부모님께서는 청년이 보내 준 돈으로 잘살고 있다고 하셨어. 아마도 그 아가씨가 보낸 거겠지? 청년은 속으로 아가씨가 더 고마워졌어.

1 가난한 청년이 집을 떠난 까닭은 무엇인가요?

① 고향이 싫어져서　　　　　　　　② 깊은 산 속에서 길을 잃어서

③ 부모님을 모시고 살기 위해서　　　④ 굶을 때가 많이 돈을 벌기 위해서

⑤ 부잣집에 사는 아가씨와 결혼을 하여서

2 이 글에서 아가씨가 한 일은 무엇인가요? (정답 2개)

① 청년의 부모님에게 돈을 보냈다.

② 청년의 부모님을 함께 모시고 살았다.

③ 청년과 함께 할아버지 제사를 준비하였다.

④ 부모님의 말씀을 거역하고 청년과 결혼하였다.

⑤ 할아버지 제사에 가려는 청년에게 많은 음식을 싸 보냈다.

할아버지 제사를 마치고 청년은 아가씨가 있는 집으로 다시 갔어. 가는 길에 잠시 쉬고 있는데 돌아가신 할아버지께서 가마를 타고 지나가다가 청년을 부르셨어.

"나를 알아보겠느냐? 그런데 너 요즘 같이 살고 있는 아가씨가 있지? 그 아가씨는 사람이 아니라 천 년 묵은 지네이니라. 오늘 밤 집에 돌아가거든 담장 옆에 있는 작은 구멍으로 몰래 들어가 달빛에 비치는 아가씨의 모습을 보면 알게 될 것이다. 이제 내가 시키는 대로 하여라. 그렇지 않으면 너는 죽게 되느니라. 내일 아침에 밥을 먹을 때 바로 먹지 말고 한 숟가락 떠서 상 위에 놓고 잠시 기다렸다가 먹도록 하여라. 그러면 너 대신 그 지네가 죽게 될 것이다."

㉠집에 도착한 청년은 아가씨 몰래 집 안으로 들어가서 방안을 살펴보았어. 그런데 정말 커다란 지네가 환한 달빛에 비늘을 드러내고 자고 있거든. 청년이 다시 마음을 가라앉히고 대문으로 돌아가서 부르니 그 아가씨가 나와서 청년을 반갑게 맞이했어. ㉡청년도 막상 아가씨를 보니 무서운 생각이 들었지만 한편으로는 반가운 마음도 들었어.

이튿날 아침이 되었어. 아가씨는 다른 날보다 더 많은 반찬을 상에 올려놓고 먹지도 않은 채 긴장한 표정으로 청년을 바라보고 있었어. ㉢청년은 고민이 되었지.

'그래, 죽으면 죽었지. ㉣나에게 이렇게 잘 대해 준 사람에게 어떻게 그런 짓을 한단 말인가?'

침을 꿀꺽 삼키며 밥을 떠서 입으로 바로 가져갔어. 그런데 그것을 본 아가씨의 표정이 갑자기 환하게 밝아지고 평소와 달리 팔짝팔짝 뛰면서까지 좋아하는 거야. 그러고는 청년에게 연신 고맙다고 했지.

"어제 돌아가신 할아버지를 만났지요? 그분은 당신 할아버지가 아니고 건너 산골에 사는 천 년 묵은 구렁이가 변신한 것이랍니다. 저와 내기를 하였지요. 오늘 제 생일에 당신께서 그 구렁이의 말을 따르면 저는 천 년 동안 수행한 것이 수포로 돌아가서 인간이 될 수 없고, 그 말을 따르지 않으면 인간이 될 수 있었습니다. 그런데 어째서 그 구렁이의 말을 따르지 않으셨습니까?"

"내가 당신께 받은 은혜가 가득합니다. ㉤그래서 죽기로 결심하고 밥을 먹었지요."

"오히려 밥을 드시지 않았다면 해를 입으셨겠지요. 천 년의 제 수행이 수포로 돌아가니까요. 이제 저는 완전히 인간이 되었고 당신만 허락하신다면 평생 부부로 잘 살 수 있습니다."

"오히려 내가 당신께 고맙소."

그 뒤로 부부는 고향으로 내려가서 부모님을 모시고 행복하게 잘 살았다고 해.

3 청년이 할아버지의 말씀을 듣지 <u>않은</u> 까닭은 무엇인가요?

① 할아버지와 원래 사이가 좋지 않아서

② 할아버지의 말이 거짓말인 것을 알아서

③ 아가씨가 자신에게 잘 대해 주었던 것이 생각나서

④ 구렁이가 할아버지의 모습으로 변신한 것을 눈치채서

⑤ 돌아가신 할아버지가 살아서 말을 하는 것이 이상해서

4 청년이 밥을 먹고 나서 알게 된 사실이 <u>아닌</u> 것은 무엇인가요?

① 밥을 차린 날은 아가씨의 생일이다.
② 구렁이는 오래 전부터 아가씨를 괴롭혀 왔다.
③ 아가씨와 천 년 묵은 구렁이가 내기를 하였다.
④ 돌아가신 할아버지는 천 년 묵은 구렁이가 변신한 것이다.
⑤ 청년이 구렁이의 말을 따랐다면 아가씨가 천 년 동안 수행한 것이 수포로 돌아간다.

5 이 이야기에서 사건이 일어난 순서대로 번호를 쓰세요.

• 청년이 돈을 벌기 위하여 길을 떠남.	1
• 청년은 할아버지의 말을 듣지 않고, 죽기를 각오하고 아가씨가 차린 밥을 먹음.	
• 청년과 아가씨가 결혼을 함.	
• 청년은 할아버지 제삿날에 맞추어 집으로 감.	
• 돌아가신 할아버지가 청년을 불러 아가씨가 지네라는 사실과 청년이 살 방법을 알려 줌.	
• 청년은 아가씨가 부모님께 돈을 보낸 사실을 알게 됨.	
• 아가씨는 돌아가신 할아버지가 천 년 묵은 구렁이이며 청년 덕분에 자신이 인간이 되었다고 말함.	
• 아가씨와 청년은 부부가 되어 평생 행복하게 잘 살아감.	
• 청년이 길을 잃어 찾은 기와집에서 아가씨를 만남.	

6 ㉠~㉤ 중 이 글의 주제가 가장 잘 드러난 문장은 무엇인가요?

① ㉠: 집에 도착한 청년은 아가씨 몰래 집 안으로 들어가서 방안을 살펴보았어.
② ㉡: 청년도 막상 아가씨를 보니 무서운 생각이 들었지만 한편으로는 반가운 마음도 들었어.
③ ㉢: 청년은 고민이 되었지.
④ ㉣: 나에게 이렇게 잘 대해 준 사람에게 어떻게 그런 짓을 한단 말인가?
⑤ ㉤: 그래서 죽기로 결심하고 밥을 먹었지요.

7 이 글의 주제로 알맞은 것은 무엇인가요? (정답 2개)

① 부모님께 정성껏 효도를 하자.
② 은혜를 갚으면 복을 받을 수 있다.
③ 진실한 마음으로 다른 사람을 대하자.
④ 이유 없이 잘해 주는 사람은 의심해야 한다.
⑤ 미리 준비하면 큰일을 당하여도 문제가 없다.

이 이야기와 주제가 비슷한 이야기를 골라 ○표 하세요.

(1) 옛날 한 선비가 과거 시험을 보러 가는 길이었습니다. 이상한 소리가 들려 가 보니 구렁이 한 마리가 새끼 까치들을 공격하고 있었습니다. 선비는 새끼 까치들을 구하려고 구렁이를 활로 쏘아 죽였습니다.

그날 밤, 주막에서 잠이 들었는데 이상한 기분이 들어 눈을 떠 보니 큰 구렁이가 자신의 몸을 칭칭 감고 있는 게 아니겠습니까? 그 구렁이는 "네가 낮에 죽인 구렁이는 나의 서방님이다. 만약 내일 날이 밝기 전 절의 종이 세 번 울린다면 너를 살려 줄 것이다. 그러나 종이 세 번 울리지 않는다면 너는 죽임을 당할 것이다."라고 말하였습니다. 평소에 절의 종은 울린 적이 없으므로 선비는 꼼짝없이 죽었다고 생각하였습니다.

그런데 날이 밝기 직전, 종이 세 번 울렸습니다. 선비는 어서 절에 가 보았습니다. 거기에는 까치가 머리로 종을 받은 뒤에 죽어 있었습니다.

(   )

(2) 옛날 오누이와 홀어머니가 산속에서 가난하게 살고 있었습니다. 어느 날 떡장수인 어머니가 팔고 남은 떡을 이고 산을 넘다가 호랑이를 만났습니다. 호랑이는 어머니를 잡아먹고는 오누이를 찾아갔습니다.

호랑이는 어머니 흉내를 냈지만 오누이는 속지 않았고, 호랑이를 피해 나무 위로 도망을 갔습니다. 호랑이도 오누이를 따라 나무 위로 올라왔습니다. 오누이가 하늘에 대고 살려달라고 빌자, 하늘에서 동아줄이 내려왔습니다. 호랑이도 오누이를 따라 하늘에 동아줄을 내려 달라고 빌었지만 썩은 동아줄이 내려와 땅으로 떨어지고 말았습니다.

하늘로 올라간 여동생은 해님, 오빠는 달님이 되었습니다.

(   )

재미있는 낱말 놀이터 '물거품'의 여러 가지 뜻

🍎 그림의 상황을 보고 빨간색으로 쓴 단어의 뜻을 찾아 선으로 바르게 이어 보세요.

서준이는 파도가 만드는 물거품을 한참동안 바라보고 있었다. •

• 물이 다른 물이나 물체에 부딪쳐서 생기는 거품.

그동안의 노력이 물거품 •

• 노력이 헛되게 된 상태를 비유적으로 이르는 말.

왜 그럴까?

'물거품'은 '물이 다른 물이나 물체에 부딪쳐서 생기는 거품'이라는 뜻의 낱말입니다. 그러나 상황에 따라 '노력이 헛되게 된 상태를 비유적으로 이르는 말'로 쓰이기도 합니다. 이 경우에는 주로 '~이 되다', '~처럼 사라지다', '~로 돌아가다'와 같은 형태로 많이 사용됩니다.

읽기 목표
10 주제 파악하기 ❹

전체 내용을 파악하며 글 읽기 글의 중심 내용 파악하기 중심 내용을 바탕으로 주제 정리하기

공부한 날	월	일

 다음 시를 읽고, 물음에 답해 봅시다.

마늘

남궁낭

학교 마치고 집에 오니
㉠엄마가 코까지 골며 자고 있다.
옆에는 까진 마늘도 있고
안 까진 것도 있다.

엄마가 요즘 얼마나 힘들었으면
몇 개 까고 말았을까?

책가방 내려놓고
자고 있는 엄마 옆에서
㉡조용히 마늘을 깐다.

1 ㉠, ㉡을 통해 짐작할 수 있는 시 속의 상황을 골라 선으로 바르게 이어 보세요.

㉠ 엄마가 코까지 골며 자고 있다. •

㉡ 조용히 마늘을 깐다. •

• 엄마가 시끄러워서 짜증남.

• 엄마가 매우 피곤한 상태임.

• 피곤하신 엄마를 돕고 싶음.

2 이 시의 주제는 무엇인가요?

① 집안일의 어려움
② 농사일의 고단함
③ 어머니에 대한 사랑
④ 고향을 그리워하는 마음
⑤ 가족을 위해 헌신하는 삶

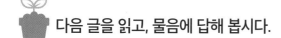

미국 ○○○○○대학병원에는 '신의 손'이라는 별명을 가진 벤 카슨 박사가 있다. 그는 소아 신경외과 의사인데, 1987년에 세계에서 처음으로 머리와 몸이 붙은 채 태어난 샴쌍둥이를 분리하는 수술에 성공하였고, 이 수술을 통하여 '신의 손'이라는 별명을 얻게 되었다.

그러나 벤 카슨은 흑인 빈민가 출신으로 어두운 성장기를 보냈으며, 어린 시절에 그를 보고 지금과 같은 세계적인 의사가 되리라고 생각한 사람은 아무도 없었다. 피부가 검다는 이유로 백인 친구들에게 따돌림을 당하였고, 초등학교 때는 항상 꼴찌를 벗어나지 못한 소년이었다. 이런 소년이 어떻게 오늘날 세계 의학계에서 '신의 손'이라는 칭송을 얻을 만큼 대단한 사람이 되었을까?

어느 날, 벤 카슨에게 기자가 찾아와 "오늘의 당신을 만들어 준 것은 무엇입니까?"라고 물었다. 그러자 그는 "나의 어머니 덕분입니다. 어머니는 흑인이라고 따돌림을 당하고 꼴찌만 하는 내게 '벤, 넌 마음만 먹으면 무엇이든 할 수 있어!'라며 격려와 용기를 주셨습니다."라고 대답하였다.

벤 카슨은 "노력만 하면 무엇이든 할 수 있다."라는 어머니의 끊임없는 격려에 힘을 얻고, 중학교에 들어가면서부터 공부에 집중하기 시작하였다. 그러자 성적이 오르기 시작하여 우등생이 될 수 있었고, 고등학교를 3등으로 졸업하였으며, 의과 대학에 입학하여 '신의 손'으로 칭송받는 의사가 되었다.

빈민가의 불량소년, 꼴찌 소년, 놀림과 따돌림을 받던 흑인 소년을 오늘날의 벤 카슨으로 변화시킨 것은 바로 그의 어머니가 해 준 말 한마디였다.

"벤, 넌 할 수 있어. 노력만 하면 무엇이든 할 수 있어!"

말은 보이지 않지만 무한한 창조력과 힘을 가지고 있다. 사람은 말의 열매를 먹고 산다. 말 속에는 크고 놀라운 비밀이 숨겨져 있다.

- 박필, 『당신의 말이 행복을 만든다』 중에서

3 벤 카슨의 어린 시절에 대한 설명으로 알맞은 것은 무엇인가요?

① 친구들에게 따돌림을 당하고 성적은 꼴찌였다.
② 진학과 관련하여 어머니와 의견이 맞지 않았다.
③ 샴쌍둥이로 태어나 여러 번 수술을 받아야 했다.
④ 의사인 아버지를 본받아 의사가 되고 싶어 하였다.
⑤ 성적은 항상 우수했지만 친구들과 잘 지내지 못했다.

4 벤 카슨이 '신의 손'이라는 별명을 얻게 된 까닭은 무엇인가요?

① 어떤 수술도 짧은 시간 안에 끝내기 때문에
② 샴 쌍둥이를 분리하는 수술에 성공했기 때문에
③ 마음만 먹으면 어떤 일이든 다 할 수 있기 때문에
④ 의과 대학에 입학한 뒤에 많은 사람들에게 인기가 있었기 때문에
⑤ 중학교 때 성적이 오르기 시작해 고등학교를 3등으로 졸업했기 때문에

5 벤 카슨을 변화시킨 어머니의 말은 무엇인가요?

① 벤, 넌 마음만 먹으면 무엇이든 할 수 있어!
② 아들아, 넌 신의 손이 될 재능을 타고 났단다.
③ 다른 친구들이 놀리는 말에 너무 마음 아파하지 말렴.
④ 벤, 너는 실력이 누구보다 뛰어나니까 못 이룰 일이 없단다.
⑤ 피부색은 중요하지 않아. 네가 어떤 마음을 가지는 지가 더 중요하단다.

6 이 글의 주제를 생각하며 빈칸에 들어갈 알맞은 말을 써 보세요.

말은 (   )과/와 (   )을/를 가지고 있어서 사람의 삶을 바꿀 수 있다.

7 이 글의 주제와 가장 비슷한 뜻을 가진 속담은 무엇인가요?

① 말이 씨가 된다.
② 말은 청산유수다.
③ 발 없는 말이 천 리 간다.
④ 호랑이도 제 말 하면 온다.
⑤ 낮말은 새가 듣고 밤말은 쥐가 듣는다.

8 이 글을 읽고 할 수 있는 말로 알맞은 것은 무엇인가요? (정답 2개)

① 말만 하고 행동을 하지 않는 사람은 성공할 수 없어.
② 세상에 비밀이란 없으니 말을 항상 신중하게 해야 해.
③ 말로 다른 사람에게 용기를 줄 수 있다는 것을 알았어.
④ 소문은 매우 빨리 퍼지니까 다른 사람을 험담해서는 안 돼.
⑤ 말은 자신이나 다른 사람의 삶을 변화시킬 수 있다는 것을 느꼈어.

이 글과 비슷한 주제의 글을 찾아 ○표 하세요.

**오늘도 다른 사람의 마음에
구멍을 내진 않으셨습니까?**

우리가 의미 없이 남기는 인터넷 댓글들, 누군가는 그 말로 인해 마음에 큰 구멍을 안고 평생을 살아가야 할 수도 있습니다.
다른 사람의 마음을 생각하는 인터넷 문화를 만들어 나갑시다.

(　　　)

**피부색은 사람을 판단하는
기준이 될 수 없습니다.**

'살색', 한 가지의 색만을 떠올리진 않으신가요?
인종에 따라 다양한 피부색이 있습니다.
피부색이 달라도 우리 모두는 같은 '사람'입니다.
인종을 차별하지 않고 함께 살아가는 사회를 만듭시다.

(　　　)

 재미있는 낱말 놀이터 '손'과 관련된 관용 표현

🍎 다음 그림의 상황을 보고, 밑줄 친 관용 표현의 뜻을 찾아 선으로 바르게 이어 보세요.

귀여운 내 동생이 고사리 같은 손으로 큰 장난감을 가지고 놀고 있다.

민하의 끈질긴 부탁에 엄마는 두 손 두 발 다 들고 허락해 주었다.

요리를 하던 중 소금이 다 떨어져 옆집에 손을 벌렸다.

·

·

자기 능력에서 벗어나 그만두다.

무엇을 달라고 요구하거나 부탁하다.

어린아이의 여리고 포동포동한 손을 비유적으로 이르는 말.

 그럴까?

우리말에는 '손에 익다', '손을 끊다', '손이 크다' 등과 같이 '손'과 관련된 관용 표현이 있습니다. 각각 어떤 상황에서 어떤 의미로 쓰이는지를 알아 둔다면 글을 더욱 잘 이해할 수 있습니다.

읽기 목표

10 주제 파악하기 ⑤

전체 내용을 파악하며 글 읽기 · 글의 중심 내용 파악하기 · 중심 내용을 바탕으로 주제 정리하기

파이팅!
49일

공부한 날   월   일

 다음 글을 읽고, 물음에 답해 봅시다.

우리 민족은 언제 어디에서나 노래를 즐겨 불렀습니다. 우리 민족의 생각과 감정을 담고 있는 것이 민요입니다. 민요는 지역에 따라 경기 민요, 남도 민요, 서도 민요, 동부 민요, 제주 민요로 나눌 수 있습니다.

경기 민요는 서울, 경기, 충청 북부를 중심으로 발달하였는데, 서정적이고 부드러우며 맑고 경쾌한 느낌이 특징입니다. 「도라지 타령」, 「늴리리야」, 「군밤 타령」 등이 있습니다.

남도 민요는 전라도와 충청남도 일부 지역의 민요로, 기교가 뛰어나고 표현이 구성집니다. 대표적인 곡으로는 「새타령」, 「농부가」 등이 있습니다.

서도 민요는 황해도와 평안도 지방을 중심으로 발달하였습니다. 음색이 얇고 콧소리를 많이 내어 마치 우는 듯한 느낌을 주는 것이 특징입니다. 「수심가」가 대표적인 곡입니다.

동부 민요는 태백산맥 동쪽에 있는 함경도, 경상도 지역을 중심으로 발달하였는데, 대체로 꿋꿋하고 소박한 느낌을 줍니다. 「한오백년」, 「쾌지나 칭칭 나네」 등이 대표적입니다.

마지막으로 제주 민요는 제주도를 중심으로 독자적으로 발달하였으며, 제주도의 아름다운 경치나 부녀자에 대한 노래가 많은 것이 특징입니다. 대표적인 곡으로는 「오돌또기」, 「이야홍」 등이 있습니다.

- 안종란 외, 『주니어 라이브러리 음악』 중에서

1 지역에 따른 민요의 특징으로 알맞은 것을 찾아 선으로 바르게 이어 보세요.

경기 민요 •	• 부녀자에 대한 노래가 많음.
남도 민요 •	• 음색이 얇고 콧소리를 많이 냄.
서도 민요 •	• 기교가 뛰어나고 표현이 구성짐.
동부 민요 •	• 서정적이고 부드러움.
제주 민요 •	• 꿋꿋하고 소박함.

2 다음 중 이 글의 주제를 바르게 말한 친구에게 ○표 하세요.

윤지: 우리의 소중한 문화인 민요를 보존하고 발전시켜야 한다. ☐

연서: 우리 민족의 생각과 감정을 담고 있는 민요는 지역마다 특징이 다르다. ☐

윤진: 예전과 같이 언제 어디서나 민요를 부를 수 있도록 민요를 널리 알려야 한다. ☐

사람의 마음을 농사짓는 밭에 비유한다면, 그 마음에서 생겨나는 '착한 생각'은 무엇에 비유할 수 있을까요? 그것은 아마도 밭에서 자라는 보리나 콩이나 채소 같은 것들이겠지요.

그렇다면 그 마음에서 생겨나는 '나쁜 생각'은 무엇에 비유할 수 있을까요? 글쎄요, 아마도 잡초라고 하면 어떨까요? 그럴듯하지 않습니까? 나쁜 생각이 우리의 바른 성장을 방해하듯이 잡초는 유익한 곡식들이 자라는 것을 방해하지요. 그뿐만 아니라, 잡초는 대단히 끈질겨서 뽑아 내도 자꾸 생겨난답니다.

사실, 우리들 마음에도 나쁜 생각이 한번 비집고 들면 쉽게 사라지지 않고 우리를 계속 꼬이려 하지 않습니까? 그리고 이런 나쁜 생각들이 마음에 자리 잡으면, 착한 생각이 발붙일 틈이 없게 되어 자라기가 어렵게 되지요. 마치 잡초가 무성한 밭에 곡식이나 채소가 잘 자랄 수 없는 것처럼 말입니다.

밭에 배추나 무를 심어 본 사람들은 압니다. 잘 가꾸기 위해서는 많은 노력을 기울여야 한다는 것을. 밭에 씨만 뿌려 놓는다고 해서 배추나 무가 잘 자란다면 얼마나 좋겠습니까? 거름도 주어야 하고, 날씨가 가물면 물도 주어야 합니다. 무엇보다도 잡초가 생기면 바로 뽑아 주어야 합니다. 잡초는 그대로 두면 퍼져 나가는 힘이 커서 밭을 온통 차지하니까요.

우리들 마음이 착한 생각으로 가득하면 어떻게 될까요? 농사가 잘된 것처럼 풍성한 수확을 거두게 되겠지요. 좋은 곡식과 채소는 우리 몸에 유익합니다. 마음의 밭에서 잘 길러진 착한 생각도 우리가 훌륭한 사람이 되는 데에 반듯이 필요합니다.

이번에는 사람의 마음을 방이라고 생각하여 봅시다. 그렇다면 사람의 얼굴 표정은 무엇에 비유하는 것이 적절할까요? 마음이 겉으로 드러나는 것이 얼굴 표정이니까 창이라고 비유하면 되지 않겠습니까? 바깥에서 방을 보면 방이 직접 보이지는 않고 창만 보입니다. 그래서 "마음은 방이요, 표정은 창이다."라고 표현할 수 있는 거지요.

방은 창으로 들여다볼 수 있습니다. 방이 어두우면 창이 어둡고, 방이 밝으면 창도 밝을 수밖에 없습니다. 좋은 마음은 좋은 표정으로 나타납니다. 그러므로 우리는 우울하고 나쁜 마음을 버리고 밝고 착한 마음을 가져야 합니다. 그것이 그대로 표정이 되어서 얼굴에 나타나니까요.

3 이 글의 내용과 알맞은 것은 무엇인가요?

① 마음은 겉으로는 절대로 나타나지 않는다.
② 잡초가 생기면 한동안 그대로 두어야 한다.
③ 잡초가 무성한 밭에서는 곡식도 잘 자란다.
④ 잡초는 유익한 곡식들이 자라는 것을 방해한다.
⑤ 대부분의 채소는 밭에 씨만 뿌려 놓아도 잘 자란다.

4 이 글에서 사람의 마음을 비유한 것을 모두 찾아 쓰세요. (정답 2개)

(   ), (   )

5 이 글에서 잘못 쓰인 낱말을 찾아 바르게 고쳐 쓰세요.

(   ) → (   )

6 다음 중 글쓴이의 의견에 해당하는 것에는 '의'를, 사실에 해당하는 것에는 '사'를 쓰세요.

(1) 잡초는 그대로 두면 퍼져 나가는 힘이 커서 밭을 온통 차지한다.	
(2) 채소를 잘 가꾸기 위해서는 많은 노력을 기울여야 한다.	
(3) 마음의 밭에서 잘 길러진 착한 생각은 우리가 훌륭한 사람이 되는 데에 필요하다.	

7 이 글의 주제가 가장 잘 드러난 문장은 무엇인가요?

① 밭에 배추나무를 심어 본 사람들은 압니다.
② 농사가 잘 된 것처럼 풍성한 수확을 거두게 되겠지요.
③ 이번에는 사람의 마음을 방이라고 생각하여 봅시다.
④ 바깥에서 방을 보면 방이 직접 보이지는 않고 창만 보입니다.
⑤ 그러므로 우리는 우울하고 나쁜 마음을 버리고 밝고 착한 마음을 가져야 합니다.

8 다음은 이 글의 내용을 요약한 것입니다. 빈칸에 들어갈 말을 글에서 찾아 쓰세요.

> 사람의 마음을 농사짓는 밭에 비유한다면 (   )은/는 곡식이나 채소, (   )
> 은/는 잡초에 비유할 수 있습니다. 그런데 곡식이나 채소를 잘 가꾸기 위해서는 꾸준히 노력하여야 합니다. 좋은 곡식과 채소가 우리 몸에 유익하듯이 (   )도 우리가 훌륭한 사람이 되는 데에 꼭 필요합니다.
> 사람의 마음을 방에 비유한다면 (   )은/는 창에 비유할 수 있습니다. 좋은 마음은 좋은 표정으로 나타나므로 우리는 밝고 착한 마음을 가져야 합니다.

⑨ 이 글의 주제를 한 문장으로 요약하여 쓰세요.

재미있는 낱말 놀이터 '꼬이다'의 서로 다른 뜻

🍎 '꼬이다'가 비슷한 뜻으로 쓴 문장끼리 선으로 이어 보세요.

형이 같이 라면을 먹자고 나를 꼬였다.

숙제가 처음부터 꼬이기 시작하더니 마칠 때까지 힘이 들었다.

오늘은 하는 일마다 꼬여서 되는 게 없다.

미끼를 풀자 금세 붕어들이 꼬였다.

여름철 날파리가 꼬이자 소들이 꼬리를 흔들었다.

영수는 학원을 가지 말고 오락실에 가자고 서원이를 꼬였다.

왜 그럴까?

'꼬이다'는 모양은 같지만 서로 다른 뜻를 가진 낱말입니다. 하는 일 등이 순순히 되지 않고 얽히거나 뒤틀릴 때, 비위에 거슬려 마음이 뒤틀릴 때 '꼬이다'를 씁니다. 그리고 그럴듯한 말이나 행동으로 남을 속이거나 부추겨서 자기 생각대로 끈다는 의미도 있습니다. 또 사람이나 벌레가 한 곳에 많이 모인다는 뜻으로도 쓰입니다.

읽기 목표
10 주제 파악하기 ❻

전체 내용을 파악하며 글 읽기 · 글의 중심 내용 파악하기 · 중심 내용을 바탕으로 주제 정리하기

공부한 날 월 일

 앞에서 배운 '주제 파악하기'와 관련하여 다음에 제시된 문장이 맞으면 ○표, 틀리면 ×표 하세요.

주제를 찾을 때는 읽는 사람이 자기 마음대로 이해해도 돼요. ☐

문학 작품을 읽을 때 인물의 말이나 행동에 주목하는 것은 주제를 파악하는 데에 별로 도움이 되지 않아요. ☐

시의 주제를 잘 찾으려면 전체 내용보다는 세부 내용에 주의를 기울여야 해요. ☐

주제는 글쓴이가 말하고자 하는 중심 생각이나 삶의 자세라고 할 수 있어요. ☐

이야기의 줄거리, 주요 인물의 말과 행동에 담긴 생각이나 느낌을 바탕으로 주제를 파악해요. ☐

주제를 파악할 때 글을 읽는 이의 생각이나 느낌은 중요하지 않아요. ☐

설명하는 글에는 주제가 없어요. ☐

설득하는 글에서의 주제는 글쓴이의 의견에 잘 드러나요. ☐

갈래에 상관없이 글의 주제는 여러 개이므로 글을 읽으며 모두 찾아야 해요. ☐

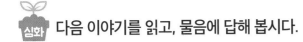

[앞부분 이야기] 오소리는 원숭이 마을의 먹이를 몽땅 빼앗아 먹기 위하여 고민을 하다가 원숭이에게 꽃신을 선물한다. 원숭이는 꽃신이 별 필요가 없었지만 꽃신을 신은 모습이 점잖고 훌륭해 보인다는 오소리의 칭찬에 기분이 좋아져 꽃신을 신게 된다. 얼마 후 오소리는 원숭이에게 또 꽃신을 선물하였고, 원숭이는 점점 꽃신에 적응하게 되어 꽃신이 없이는 걸을 수 없는 상황에 이르게 된다. 원숭이는 오소리를 찾아가 꽃신을 한 켤레 더 달라고 하지만, 오소리는 더 이상 꽃신을 공짜로 줄 수 없다고 하며 잣 다섯 개를 달라고 한다. 그리고 시간이 갈수록 점점 더 많은 잣을 요구한다. 원숭이는 칡덩굴 껍질과 마른 억새풀로 신을 만들어 보려고 하였지만, 뜻대로 되지 않았다. 오소리를 찾아가 신을 만드는 방법을 알려 달라고 부탁해 보았지만 오소리는 가르쳐 주지 않았다. 겨울이 올 무렵까지도 신을 만들지 못한 원숭이는 오소리에게 또 신을 사야 했다.

"이것은 겨울철 신이니 더 비쌉니다. 잣 백 개만 주시오."

원숭이는 꽃신값이 너무 비싸 말문이 막히고 분한 마음이 울컥 치밀어 올랐다.

"왜 말이 없소? 우리는 남이 싫어하는 짓은 안 하오. 싫거든 맨발로 다니시오."

원숭이는 아무 말도 못하고 잣 백 개를 주고 신을 샀다. 원숭이는 겨울 동안 어떻게 하든지 제 손으로 꽃신을 만들어 보려고 연구를 하였다. 그러나 겨울이 다 가고 봄이 오도록 원숭이는 꽃신을 만들지 못하였다. 게다가 원숭이에게는 남은 잣이 없었다.

"무엇을 도와 드릴까요?"

오소리가 수염을 만지작거리며 말하였다.

"신을 새로 사야 하는데 잣이 하나도 없습니다. 제발 도와주십시오."

"도와 드리지요. 이렇게 합시다. 일 년에 꽃신 네 켤레를 드리겠소. 잣은 가을에 가서 받기로 하지요. 그 대신 잣을 오백 개 주셔야 합니다."

원숭이는 기가 막혔다.

"왜 대답이 없소?"

"잣을 다 거두어도 오백 개가 안 됩니다."

"그러면 잣은 삼백 개만 주시고, 그 대신 원숭이 나리께서 날마다 우리 집 청소를 하고, 내가 개울을 건널 때에는 업어 주셔야 합니다."

"내가 당신의 종이 되라는 말입니까?"

"천만에요. 우리는 남의 권리를 존중합니다. 다만 서로 맡은 일을 다하자는 것뿐이지요."

원숭이는 할 수 없이 오소리의 말대로 해야 하였다. 오늘도 원숭이는 오소리의 굴을 깨끗이 청소하여 주었다. 그러고는 오소리를 업고 개울을 건넜다. 원숭이의 온몸에서 땀이 솟고 숨이 찼다. 오소리는 하늘을 쳐다보며 소리 없이 웃었다.

원숭이가 개울물에 비친 제 꼴을 내려다보니 마음이 아팠다.

'내 손으로, 내 손으로……'

원숭이는 꽃신이 디디는 발짝마다 다짐을 하였다.

- 정휘창, 『원숭이 꽃신』 중에서

1 이글의 내용으로 알맞은 것은 무엇인가요?

① 원숭이는 오소리가 선물하기 전부터 꽃신이 필요하였다.

② 오소리는 처음부터 원숭이에게 꽃신 값을 올릴 것이라고 하였다.

③ 오소리는 처음 꽃신을 신은 원숭이에게 훌륭해 보인다고 칭찬하였다.

④ 오소리가 원숭이의 먹이를 빼앗을 속셈으로 꽃신을 선물한 것은 아니다.

⑤ 겨울 동안 열심히 연구한 끝에 원숭이는 제 손으로 꽃신을 만들 수 있게 되었다.

2 이 이야기에서 사건이 일어난 순서대로 번호를 쓰세요.

• 오소리가 원숭이 마을의 먹이를 빼앗아 먹기 위하여 원숭이에게 꽃신을 선물함.	1
• 오소리가 꽃신 값을 점점 올림.	
• 점차 꽃신에 적응하게 된 원숭이는 꽃신을 신지 않고는 걸을 수 없게 됨.	
• 원숭이가 오소리의 칭찬과 아첨에 우쭐해져서 꽃신을 신음.	
• 원숭이는 오소리에게 꽃신 만드는 방법을 가르쳐 달라고 하였지만 오소리는 가르쳐 주지 않음.	
• 원숭이는 오소리의 요구 사항을 다 들어주고 꽃신을 계속 사 신게 됨.	

3 인물들의 말과 행동에 나타난 원숭이와 오소리의 성격으로 알맞은 것을 보기 에서 모두 골라 쓰세요.

보기   교활하다   겸손하다   욕심이 많다   지혜롭다   어리석다   남을 잘 믿는다

인물	성격
원숭이	
오소리	

4 이 글의 주제를 바르게 말한 것을 골라 ○표 하세요.

어떤 일이든 대가 없는 일은 없어. 다른 사람의 호의를 받을 때에는 이유를 생각해 보아야 해.	친구의 답을 몰래 보고 썼더니 시험 점수가 높게 나왔어. 하지만 내 실력이 아니어서 마음이 좋지 않았어. 꾀를 부리지 말고 정직하게 살아야 해.	낡은 옷을 입었다가 사람들에게 무시를 당한 적이 있어. 따라서 겉모습도 어느 정도는 가꿀 줄 알아야 해. 그렇지 않으면 다른 사람에게 무시를 당할 수 있어.
( )	( )	( )

재미있는 낱말 놀이터 모양은 비슷하지만 뜻이 전혀 다른 말

🌱 ( ) 안에 들어갈 알맞은 낱말을 골라 ○표 하세요.

 (1) 성하는 큰 상을 받았지만 전혀 내색을 하지 않는 (겸손한 / 경솔한) 성격이다.

 (2) 원우는 (겸손하게 / 경솔하게) 행동하다가 말실수를 하고 말았다.

 (3) 체중을 적절하게 유지하기 위해서는 밤늦게 기름진 음식을 먹는 행동을 (지양 / 지향)해야 한다.

 (4) 많은 사람들이 남한과 북한의 평화를 (지양 / 지향)하고 있다.

왜 그럴까?

낱말 중에는 모양이 비슷하지만 뜻은 전혀 다른 것들이 있습니다. '겸손하다'는 '남을 존중하고 자기를 내세우지 않는 태도가 있다.'라는 뜻이지만 '경솔하다'는 '말이나 행동이 조심성 없이 가볍다.'라는 뜻입니다. 또 '지양하다'는 '더 높은 단계로 오르기 위하여 어떠한 것을 하지 아니하다.'라는 뜻이지만 '지향하다'는 '어떤 목표로 뜻이 쏠리어 향하다.'라는 뜻입니다.

| 부모님용 |

바른답과 지도 방법

하루 한 장 학습지의 안에 수록된 QR 코드를 찍어 보세요.
바른 답은 물론, 수록된 글에 대한 설명과 문제의 해설을 확인하실 수 있습니다.

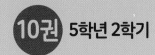 **5학년 2학기**

읽기 목표	주요 학습 내용	학습 일차
1. 글자가 같은 낱말 뜻 파악하며 읽기	한 낱말인데 여러 가지 뜻을 가진 것과 소리는 같은데 뜻이 다른 낱말 뜻을 구분하고, 문맥을 고려하여 글자가 같은 낱말의 뜻을 짐작할 수 있어요.	1~5일차
2. 관점의 차이 파악하기	신문 기사와 뉴스라는 매체의 특성을 이해하고, 신문 기사와 뉴스의 표현을 통해 서로 다른 관점을 비교할 수 있어요.	6~11일차
3. 다른 사람이 쓴 글 바르게 고치기	다른 사람이 쓴 글을 읽고 잘못 쓴 낱말이나 문장을 고치거나, 문단이나 글에서 어색한 부분을 바르게 고칠 수 있어요.	12~15일차
4. 어휘의 적절성 판단하며 글 읽기	문맥을 고려하여 어휘의 뜻을 짐작하고, 잘못 사용된 어휘를 바르게 고칠 수 있어요.	16~20일차
5. 사건 전개와 인물의 마음 변화 이해하기	사건이 전개되는 내용을 파악하고, 그 속에서 드러나는 인물의 말이나 행동을 통해 사건 전개에 따라 달라지는 인물의 마음 변화를 파악할 수 있어요.	21~25일차
6. 문장의 구조 파악하며 읽기	기본적인 문장 성분을 통해 다양한 문장 구조를 파악하고, 문장 구조를 고려하여 긴 문장의 뜻도 바르게 이해할 수 있어요.	26~30일차
7. 작품 속 다양한 삶의 모습 이해하기	작품 속 인물이 자신이 처한 환경이나 갈등 상황에서 어떤 말과 행동을 하는지를 통해 어떤 삶의 태도를 갖고 있는지 이해하고, 그 인물과 비슷한 삶의 모습을 찾을 수 있어요.	31~35일차
8. 비판적으로 읽기	주장하는 글을 읽을 때, 글에 제시된 정보의 정확성과 주장과 근거의 타당성, 주장의 실현 가능성 등을 판단하며 비판적으로 읽을 수 있어요.	36~39일차
9. 문제 해결 방법 찾으며 읽기	글에 제시된 문제와 문제의 원인을 파악하여 문제를 해결할 수 있는 적절한 방법을 떠올리고, 자신이 생각한 해결 방법이 적절한지 평가할 수 있어요.	40~44일차
10. 주제 파악하기	전체 내용을 읽으며, 글을 통해 글쓴이가 전달하고자 하는 중심 내용을 파악하고, 중심 내용을 바탕으로 주제를 정리할 수 있어요.	45~50일차

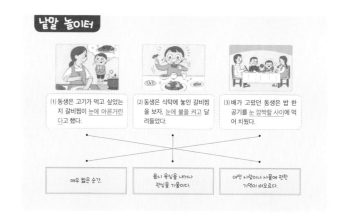

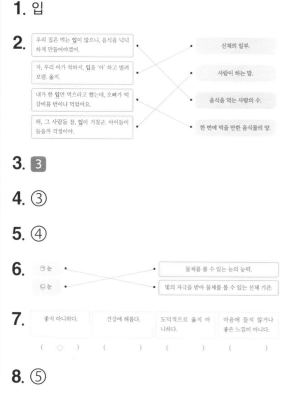

읽기 목표 1
글자가 같은 낱말 뜻 파악하며 읽기

❶-1일차

1. 입

2.

우리 집은 먹는 **입**이 많으니, 음식을 넉넉하게 만들어야겠어.	신체의 일부.
자, 우리 아가 착하지, **입**을 '아' 하고 벌려 보렴. 옳지.	사람이 하는 말.
내가 한 **입**만 먹으려고 했는데, 오빠가 떡갈비를 반이나 먹었어요.	음식을 먹는 사람의 수.
허, 그 사람들 참, **입**이 거칠군. 아이들이 들을까 걱정이야.	한 번에 먹을 만한 음식물의 양.

3. ③

4. ③

5. ④

6.

㉠눈	물체를 볼 수 있는 눈의 능력.
㉡눈	빛의 자극을 받아 물체를 볼 수 있는 신체 기관.

7.

좋지 아니하다.	건강에 해롭다.	도덕적으로 옳지 아니하다.	마음에 들지 않거나 좋은 느낌이 아니다.
(○)	( )	( )	( )

8. ⑤

9. ⑤

❷ '입'은 다의어입니다. 다의어는 여러 의미들 사이에 연관성이 있습니다. 낱말이 원래 뜻하던 중심적 의미인 '입(신체의 한 부분)'에서 의미 변화가 일어나 '음식을 먹는 사람의 수', '한 번에 먹을 만한 음식물의 양', '사람이 하는 말'과 같이 주변적인 의미를 갖게 된 것입니다.

❻ '눈'은 '빛의 자극을 받아 물체를 볼 수 있는 신체 기관', '물체를 볼 수 있는 눈의 능력', '사물을 보고 판단하는 힘' 등의 뜻을 가진 다의어입니다. 이 글에서 ㉠은 '빛의 자극을 받아 물체를 볼 수 있는 신체 기관'이란 뜻으로, ㉡은 '물체를 볼 수 있는 눈의 능력'이란 뜻으로 쓰였습니다.

❼ ㉢에 사용된 '나쁘다'는 야맹증 증상을 설명하며 '빛이 부족한 밤에 눈이 나빠진다.'라는 문장에 사용되었으므로 그 뜻은 '좋지 아니하다.'가 적절합니다.

❷-2일차

1. ①

2. ①

3.

'1, 윗옷의 겨드랑이 밑의 가슴과 등을 두르는 부분의 넓이.	'2, 윗옷을 입었을 때 가슴과 옷 사이의 틈.	'3, 두 팔을 벌려서 안을 때의 가슴.	'4, 따뜻한 보호를 받는 환경을 비유적으로 이르는 말.

4. ④

5. ④

6. ③

7. ④

8.

'1, 윗옷의 겨드랑이 밑의 가슴과 등을 두르는 부분의 넓이.	'2, 윗옷을 입었을 때 가슴과 옷 사이의 틈.	'3, 두 팔을 벌려서 안을 때의 가슴.	'4, 따뜻한 보호를 받는 환경을 비유적으로 이르는 말.

9.

㉢ 바람	매우 빠름을 이르는 말.
㉣ 바람	뒷말의 근거나 원인을 나타내는 말.

10. (1) ㉯ (2) ㉮ (3) ㉮ (4) ㉯

❷ 이 글의 '나'는 '언니와 형부' 대신 초록이의 학예회에 간다고 하였으므로 '나'는 초록이의 이모입니다.

❹ 조카 초록이의 부채춤 공연을 보던 '나'는 20여 년 전 부채춤 공연을 하루 앞두고 최종 연습을 하던 날 누군가 한복 자락을 밟아 공연 때 입으려고 했던 한복이 찢어졌던 일을 떠올리고 있습니다.

⑦ 뒤에 '후회가 든다.'라는 내용이 이어지므로 ⓒ에는 자신의 행동에 대한 잘못이나 뉘우침을 나타내는 내용이 들어가기에 알맞습니다. '나'는 결국 어머니께서 싸 주신 한복을 입지 않고 부채춤을 추었다고 했으므로, 앞의 내용을 고려했을 때 이를 뉘우치는 내용이 들어가야 합니다.

⑧ '따뜻한 보호를 받는 환경을 비유적으로 이르는 말'로 쓰인 ③번과 다르게 여기에서의 '품'은 '두 팔을 벌려 안을 때의 가슴'을 뜻합니다. 같은 글자로 쓰인 '품'의 다양한 뜻을 알 수 있도록 설명해 주세요.

1. ⑤   **2.** (1)○

3.

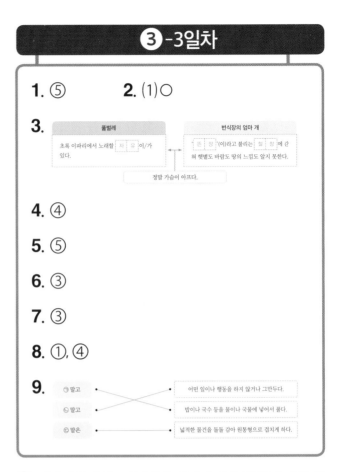

4. ④

5. ⑤

6. ③

7. ③

8. ①, ④

9.

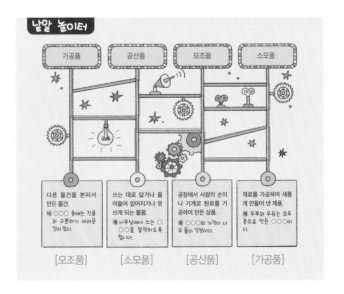

❷ 제시된 문장에 쓰인 '발'은 글자가 같을 뿐 뜻이 다른 동음이의어(동형어)입니다. '사람이나 동물의 다리 맨 끝부분'을 의미하는 ⊙과 뜻이 같은 것은 (1)입니다. (2)의 '발'은 '총알, 포탄, 화살 등을 세는 단위'를 의미하고, (3)의 '발'은 '가늘고 긴 대를 줄로 엮거나 나란히 늘어뜨려 만든 물건'을 의미합니다.

1. 보릿고개

2. 배¹ 사람이나 동물의 몸에서, 가슴 아래에서 다리 위까지의 부분. ◯ ｜ 배² 사람이나 짐 등을 싣고 물 위로 떠다니도록 나무나 쇠 등으로 만든 물건. ｜ 배³ 배나무의 열매.

3. ①, ③

4. ②

5. ①

6. ③

7.

⊙ 벌어지다	(1) 갈라져서 사이가 벌어지다.	
	(2) 어떤 일이 일어나거나 진행되다.	◯
ⓒ 잘되다	(1) 일, 현상, 물건 등이 썩 좋게 이루어지다.	◯
	(2) 일정한 수준이나 정도에 이르다.	

8. ⑤

9.

주변에 먹을 것이 널렸는데도 배고프거나 굶주리는 사람들이 있는 이유

[광 료]의 불균형	[지 연 재 해]	[분 쟁]	갑자기 오른 [식 량] 가격

2 앞 문장에서는 '먹을 게 없는 매우 어려운 시기'라는 표현이 있고, 문장 안에는 '나무껍질을 벗기고 풀뿌리를 뽑아서'라는 표현이 있습니다. 따라서 문맥을 미루어 보았을 때, '배를 채우다'는 '나무껍질과 풀뿌리를 먹었다'라는 의미이므로 이때의 '배'는 신체의 일부를 뜻한다고 할 수 있습니다.

8 ⓒ은 '어떤 일을 하는 데 시간이나 돈을 들이다'라는 뜻입니다. ⑤ '아이들의 선물을 사는 데에 많은 돈을 <u>썼다</u>.'에서 '쓰다'는 '돈을 들이다'라는 의미로 쓰였으므로 ⓒ과 같은 뜻입니다.

낱말 놀이터

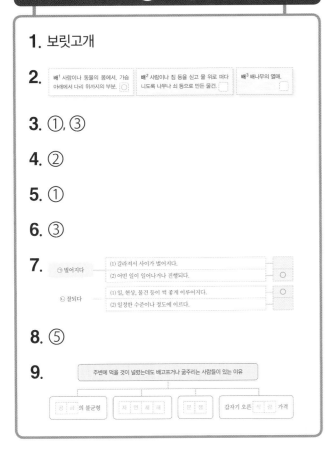

1. ③

2.

ⓒ 사람 •	• 「1, 생각할 수 있으며 언어와 도구를 만들어 사용하고 사회를 이루어 사는 존재.
ⓓ 사람 •	• 「2, 일정한 자격이나 인격을 갖춘 존재.
	• 「3, 인격에서 드러나는 됨됨이나 성질.

3. ⑤

4. ②

5. ⑤

6.

	인간 동물원	동물원
차이점	• 스스로 전시되기를 원하는 원주민들이 있었다. • [원 주 민]들은 일종의 [수 입]을/를 챙기고 공연을 했다.	• 동물들은 스스로 전시되기를 원하지 않는다. • [동 물]들은 수입을 챙기지 않았고, 인간에 의해 [사 육] 된 것이다.
공통점	• 전시된 대상을 사람과는 다른 [미 개]한 종족이라고 여긴다. • 미개하니까 그런 식으로 [전 시] 되어도 좋다고 여긴다. • 사람들이 [돈]을/를 내고 구경하며, 그 [돈]으로 부자가 되는 사람도 있다.	

5 (라) 문단에서 인간 동물원이 20세기 중반에 막을 내린 것은 사람들이 동물원에 전시된 원주민들도 자신들과 다르지 않은 인간이라는 사실을 깨닫자 왠지 돈을 내고 들어간 것이 아깝다는 생각을 하게 되어서라고 했습니다.

낱말 놀이터

(1) 그 사람은 문화 인류학에 권위 있는 [학 자]이다.
뜻: 학문에 능통한 사람. 또는 학문을 연구하는 사람.

(2) 이곳은 [관 계 자] 외 출입 금지입니다. 들어가지 마십시오.
뜻: 어떤 일에 관련이 있는 사람.

(3) 양국 정상은 [통 역 사]가 함께 참석한 가운데, 회담을 시작했다.
뜻: 말이 통하지 않는 사람 사이에서 뜻이 통하도록 말을 옮겨 주는 일을 하는 사람.

관점의 차이 파악하기

①-6일차

1. ④

2. • 언제: 9월 14일
• 어디에서: 시민 종합 운동장

3. ④

4. [예시 답안] 최선을 다한 값진 결과, 영광의 준우승 김경준 학생 / 우승 못지않은 귀한 준우승! 김경준 학생의 노력의 결실

5. ③   **6.** ⑤   **7.** ③

8.

제과업체의 과자, 과대 포장 점점 심해진다	포장 상자를 사면, 과자 포장 무료로 해 준다	포장 상태에 따라 과자를 선택하는 소비자 점점 늘어
(○)	( )	( )

③ 기자는 마지막 부분에서 김경준 학생이 다음 대회에 다시 도전하여 우승을 기대해도 될 것이라고 하였습니다. 하지만 실제로 두 번째로 출전한 전국 대회에서 우승을 차지했는지의 여부는 이 기사에서 확인할 수 없습니다.

④ 이 기사에서는 전국 육상 대회에서 준우승을 차지한 김경준 학생 이야기를 전하며, '영광의 준우승', '연습의 결과', '최선을 다한 결과', '우승 못지않은 의미'와 같이 김경준 학생이 준우승을 하게 되기까지의 노력의 결과에 주목하고 있습니다. 이러한 관점이 잘 드러나는 제목을 붙일 수 있도록 지도해 주세요.

⑦ 한 관계자와의 면담 내용 중 '과자가 부서지지 않게 한다는 이유로 포장을 부풀리는 사례가 많다.'라는 부분을 통해 과대 포장한 이유를 알 수 있습니다.

낱말 놀이터

(낙숫물이 댓돌을 뚫는다)고, 매일 그렇게 열심히 하더니 경준이가 전국 초등학교 육상 경기 대회에서 준우승을 차지했구나!
뜻: 작은 힘이라도 꾸준히 계속하면 큰일을 이룰 수 있음을 비유적으로 이르는 말.

(눈 가리고 아웅)식으로 소비자를 속일 것이 아니라, 제과업체는 양심에 따라 행동해야 한다.
뜻: 얕은수로 남을 속이려 한다는 말.

(빛 좋은 개살구)라고, 포장을 다 뜯고 보니, 과자는 얼마 안 들었네.
뜻: 겉보기에는 먹음직스러운 빛깔을 띠고 있지만 맛은 없는 개살구라는 뜻으로, 겉만 그럴듯하고 실속이 없는 경우를 비유적으로 이르는 말.

②-7일차

1.

디지털 이용 교육 전문가 활동 기대돼	자극적인 콘텐츠를 제작하는 초등생 증가	동영상 제작업체들 어린이 동영상 제작 부추겨
□	☑	□

2. • ⓛ: 소제목   • ⓒ: 본문

3. [답] 욕심, 모방, 자극적

4. ①

5.

전문가	일반 시민	취재 기자	뉴스 진행자
( )	(×)	( )	( )

6.

자막	통계 자료	면담 자료	현장 사진
( )	(○)	( )	( )

7. ④

8. [답] 진행자, 보도, 도입, 보도, 면담, 통계, 마무리

9.

허리 위는 10대 급증	척추 옆굽음증 환자 10대 절반	쉽게 허리가 튼튼해지는 길, 맨손 체조 열풍 부나
( )	( )	(×)

① 제목은 기사의 전체적인 내용을 한눈에 알아볼 수 있는 것이어야 합니다. 기사를 쓴 사람의 관점과 기사의 주요 내용이 잘 드러나는 제목을 고를 수 있도록 지도해 주세요.

② 기사문은 제목, 소제목, 요약문, 본문의 짜임으로 구성됩니다.

④ 이 뉴스에서는 10대 척추 옆굽음증 환자가 늘고 있다며, 10대의 경우 성장에 방해가 될 수 있으므로 증상을 빨리 발견하는 것이 중요하다는 내용을 전하고 있습니다. 척추 옆굽음증 환자의 절반이 10대라고 하였지, 초등학생이라고 한 것은 아닙니다.

⑤ 일반 시민을 면담한 자료가 아닌 전문가인 △△대 의대 정형외과 교수와의 면담 자료를 사용하였습니다.

⑧ '진행자의 도입'은 진행자가 뉴스의 핵심 내용을 요약하여 안내하는 역할을 하고, '기자의 보도'는 뉴스 진행자가 안내한 내용을 기자가 자세하게 보도하는 역할을 합니다.

⑨ 뉴스의 자막은 뉴스를 보는 사람들이 뉴스의 내용을 빨리 파악하고, 화면의 내용에서 중요한 내용이 무엇인지 파악할 수 있도록 도움을 주는 역할을 합니다. 따라서 뉴스의 내용을 잘 파악할 수 있는 것을 찾을 수 있도록 이끌어 주세요.

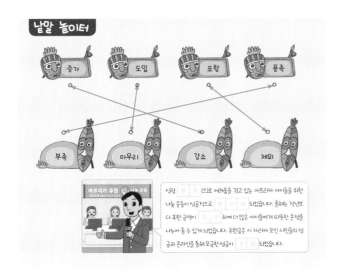

1.
(1) 🎈 기사문 —— 대한초등학교 발야구팀
(2) 🎈 기사문 —— 민국초등학교 발야구팀

2. ⑤

3. ②, ⑤

4. ④

5. ②

6. ③

7. ⑤

8.

뉴스의 표현	표현에 담긴 생각
㉠ 무려 200명이나 되는 시민	참석한 사람이 예상보다 적었다.
㉡ 200명 남짓한 시민	참석한 사람이 예상보다 많았다.

9. • 행복 방송사: (4)
• 희망 방송사: (2)

❸ 🎈의 관점은 "아깝게 패하였습니다."에서 파악할 수 있습니다. 🎈의 관점은 "짜릿한 승리를 거두었습니다.", "극적인 역전승을 거둘 수 있었습니다."에서 파악할 수 있습니다.

❺ 계속된 시민들의 열람실 좌석 확대 요구를 다룬 것은 🎈의 희망 방송사에서 보도한 내용입니다.

❽ '200명 남짓한'이라는 표현에는 참석한 사람의 수가 예상보다 적었다는 생각이 담겨 있고, '무려 200명이나 되는'이라는 표현에는 참석한 시민의 수가 예상보다 많았다는 생각이 담겨 있습니다.

❾ 🎈의 행복 방송사의 뉴스는 '새롭게, 강화, 편의, 편리' 등의 긍정적인 느낌의 표현을 주로 쓴 반면, 🎈의 희망 방송사의 뉴스는 '불편, 반발, 부족, 어려움' 등의 부정적 느낌의 표현을 주로 썼습니다. 이처럼 뉴스에 사용된 표현을 통해 관점을 알 수 있다는 점을 설명해 주세요.

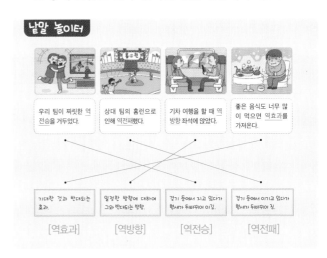

❹ - 9일차

1.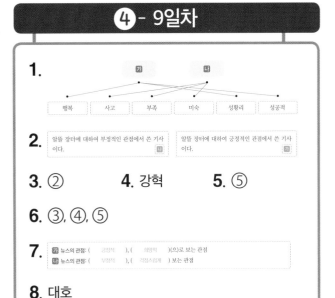

가	너
행복	사고	부족	미숙	성황리	성공적

2. 알뜰 장터에 대하여 부정적인 관점에서 쓴 기사이다. **나** 알뜰 장터에 대하여 긍정적인 관점에서 쓴 기사이다. **가**

3. ②   **4.** 강혁   **5.** ⑤

6. ③, ④, ⑤

7.
- **가** 뉴스의 관점: (긍정적), (희망적)(으)로 보는 관점
- **나** 뉴스의 관점: (부정적), (걱정스럽게) 보는 관점

8. 대호

❷ **가** 기사는 '성황리, 성공적, 희망, 기쁜, 행복' 등의 표현으로 보아, 알뜰 장터에 대해 긍정적인 관점에서 쓴 것임을 알 수 있습니다. 반면, **나** 기사는 '사고, 부족, 미숙' 등의 표현으로 보아 알뜰 장터에 대해 부정적인 관점에서 쓴 것임을 알 수 있습니다.

❸ **가** 뉴스에서 정부(국토해양부)는 단기간에 북극 항로 개척을 기대하는 것은 성급한 일이라며 중·장기적으로 추진하겠다는 입장이라고 하였습니다.

❹ 세계자연기금의 면담 자료를 제시한 것은 **나** 뉴스에 해당하는 설명입니다. **가** 뉴스에서는 정부 관계자와 해양 산업 분야의 사람들을 면담하였습니다.

❻ 뉴스의 관점을 찾기 위해서는 어떤 느낌의 표현을 썼는지 살펴보아야 합니다.

❼ **가**와 **나** 뉴스 모두 북극 항로 개척을 다루고 있지만, **가** 뉴스는 북극 항로 개척을 긍정적이고, 희망적으로 보는 관점에서 보도한 반면, **나** 뉴스는 북극 항로 개척에 대해 부정적이고 걱정스럽게 보는 관점에서 보도하였습니다.

낱말 놀이터

(1) 목이 아파서 죽(은커녕) 물도 삼키기 힘들다.

(2) 돈을 다 써서, 천 원(은커녕) 백 원도 없다.

(3) 오랜만에 만난 친구는 인사(는커녕) 알은체도 하지 않고 지나갔다.

(4) 형은 청소를 도와주기(는커녕) 방해를 하는 것 같았다.

❺ -10일차

1.
- **가**: 제과 회사 관계자들
- **나**: ○○ 청소년 상담 센터 대표

2.

가		부담, 부족, 소외, 과도한, 멍든다.		기념일을 찬성하는 관점
나		사랑, 우정, 활력, 기회, 기대한다.		기념일을 반대하는 관점

3. ⑤

4. ⑤

5. ②, ④

6. · **가**: (2)   · **나**: (1)

7. (1) **나**   (2) **가**

8. 혁이: **가** 뉴스는 인공 지능 비서 서비스를 긍정적 관점에서 소개하고 있고, **나** 뉴스는 인공 지능 비서 서비스를 부정적인 관점에서 소개하고 있습니다.   별이: **가** 뉴스는 인공 지능 비서 도입을 반대하는 관점이고, **나** 뉴스는 인공 지능 비서의 관리함을 소개하며 찬성하는 관점입니다.

(○)   ( )

❷ **가** 기사는 '사랑, 우정, 활력, 기대한다' 등의 긍정적인 표현을 쓴 것으로 보아 기념일을 찬성하는 관점임을 알 수 있습니다. **나** 기사는 '부담, 부족, 소외, 과도한, 멍든다' 등의 부정적인 표현을 쓴 것으로 보아 기념일을 반대하는 관점임을 알 수 있습니다.

❹ 현재 또박또박 발음해야만 명령을 인식하는 기술적 한계가 있다고 하였습니다.

❼ 인공 지능 비서 서비스의 긍정적인 측면을 보도한 **가** 뉴스를 본 사람은 인공 지능 비서 서비스에 대해 긍정적으로 바라볼 것이고, 인공 지능 비서 서비스의 부정적인 측면을 보도한 **나** 뉴스를 본 사람은 인공 지능 비서 서비스의 개인 정보 유출 문제를 걱정할 것입니다.

낱말 놀이터

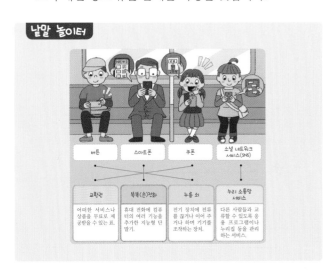

버튼	스마트폰	쿠폰	소셜 네트워크 서비스(SNS)
교환권	똑똑(손)전화	누름 쇠	누리 소통망 서비스
어떠한 서비스나 상품을 무료로 제공받을 수 있는 표.	휴대 전화에 컴퓨터의 여러 기능을 추가한 지능형 단말기.	전기 장치에 전류를 끊거나 이어 주거나 하며 기기를 조작하는 장치.	다른 사람들과 교류할 수 있도록 응용 프로그램이나 누리집 등을 관리하는 서비스

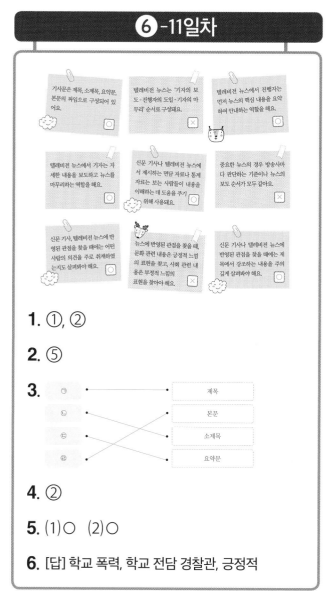

1. ①, ②

2. ⑤

3.

㉠	제목
㉡	본문
㉢	소제목
㉣	요약문

4. ②

5. (1)○ (2)○

6. [답] 학교 폭력, 학교 전담 경찰관, 긍정적

③ ㉠은 제목, ㉡은 소제목, ㉢은 요약문, ㉣은 본문에 해당합니다.

④ 현재 전국 모든 학교에 학교 전담 경찰관이 배치되어 활동하고 있다고 하였습니다.

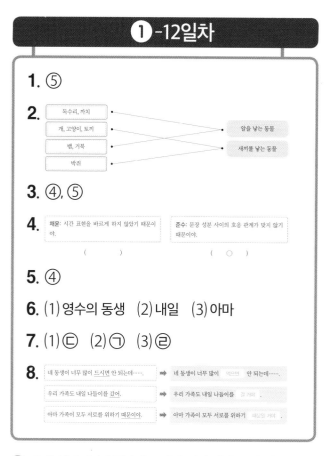

1. ⑤

2.

독수리, 까치	
개, 고양이, 토끼	알을 낳는 동물
뱀, 거북	새끼를 낳는 동물
박쥐	

3. ④, ⑤

4.

채윤: 시간 표현을 바르게 하지 않기 때문이야.	준수: 문장 성분 사이의 호응 관계가 맞지 않기 때문이야.
( )	(○)

5. ④

6. (1) 영수의 동생 (2) 내일 (3) 아마

7. (1) ㉡ (2) ㉠ (3) ㉣

8.

네 동생이 너무 많이 드시면 안 되는데……	➡	네 동생이 너무 많이 먹으면 안 되는데……
우리 가족도 내일 나들이를 갔어.	➡	우리 가족도 내일 나들이를 갈 거야.
아마 가족이 모두 서로를 위하기 때문이야.	➡	아마 가족이 모두 서로를 위하기 때문일 거야.

③ ④의 부사어 '비록'은 '-ㄹ지라도', '-지마는'과 함께 쓰여야 합니다. ⑤는 번식하는 방법에 따라 동물을 분류하는 방법을 설명하는 문장으로 '동물로 나눌 수 있습니다.'로 고쳐 써야 합니다.

⑧ 강현이는 영수의 동생에게 높임법을 써서 '드시면'이라고 하였으므로 이를 '먹으면'으로 고쳐 써야 합니다. 민지는 '내일'이라는 시간 표현에 어울리지 않는 서술어를 사용하였으므로, '갔어.'를 '갈 거야.'로 고쳐 써야 합니다. 진희는 추측의 뜻을 나타내는 말인 '아마'라는 말을 사용했으므로 '때문이야.'를 '~때문일 거야.'로 고쳐 써야 합니다.

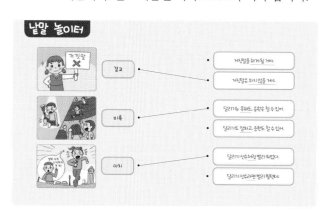

1. (1) 미세먼지　(2) 명란젓
　　(3) 된장찌개　(4) 괘씸했다.

2. (2) ○　　**3.** [답] 청소, 재희, 지민　　**4.** ③

5.

글		글쓴이의 의도
(가)		화난 까닭을 강조하기 위해서
(나)		빨리 갈 수밖에 없었던 까닭을 말하기 위해서
(다)		잘못에 대하여 사과하고 잘 지내자고 하기 위해서
(라)		청소하기 싫어서 간 것이 아니라는 것을 설명하기 위해서

6.

		짝을 이루는 말	바르게 고쳐 쓰기
㉠	그제야	생각날 거야.	생각났어.
㉡	비록	지냈어.	지내자.
㉢	어머니께	가방이라서	가방이지만
㉣	앞으로	말했거든.	말씀드렸거든.

7. ⑤

❶ 틀리기 쉬운 낱말의 표기를 확인하고, 바르게 쓸 수 있도록 지도해 주세요. '괘씸하다'는 '기대나 믿음에 어긋나는 못마땅한 행동을 하여 밉살스럽다.'라는 뜻입니다.

❷ '몸무게'는 뒤에 오는 서술어 '무겁다'와 호응이 되지만 '키'는 '무겁다'와 호응이 되지 않습니다. '키'는 '크다'라는 서술어를 써야 합니다. 이처럼 문장은 주어와 서술어가 호응이 되도록 써 주어야 한다는 점을 설명해 주세요.

❺ 이 글은 재희가 쓴 편지글로, (가)에서는 청소하기 싫어서 간 것이 아니라는 것을 설명하기 위해, (나)에서는 화난 까닭을 강조하기 위해, (다)에서는 빨리 갈 수밖에 없었던 까닭을 강조기 위해, (라)에서는 잘못에 대하여 사과하고 잘 지내자고 하기 위한 의도를 담았습니다.

❻ ㉠에는 '그제야'와 '생각날 거야.', ㉡에는 '비록'과 '가방이라서', '아버지께서'와 '사 주신', ㉢에는 '어머니께'와 '말했거든.', ㉣에는 '앞으로'와 '지냈어.'라는 말이 짝으로 쓰였습니다. 이를 호응 관계에 맞게 쓰려면 ㉠의 '생각날 거야.'를 과거형으로 고쳐서 '생각났어.'로, ㉡의 '가방이라서'를 '가방일지라도'나 '가방이지만'으로 고쳐야 합니다. 높임법이 잘못 쓰인 ㉢에서는 '말했거든.'을 '말씀 드렸거든.'으로, ㉣에서는 '지냈어.'를 '지내자.'로 고쳐야 합니다.

낱말 놀이터

육게장	→	육개장		설눙탕	→	설렁탕
김차되개	→	김치찌개		계란마리	→	계란말이

1. 아버지

2. 까닭

3. 종우

4. ③　　　　**5.** ③　　　　**6.** ③

7. 저작권

8.

(가)		사람들의 낮은 저작권 의식 때문에 큰 어려움을 겪었다.
(나)		꿈을 이루고자 하는 이들에게 자신의 경험이 도움이 되기를 바란다.
(다)		초등학생 때 선생님의 격려 덕분에 동화 작가의 꿈을 가졌고 꿈을 이루기 위해 노력하였다.
(라)		자신과 타인의 저작물을 소중히 하고, 어려움이 있어도 포기하지 말자.

9. 재경

10. ㉡

11. (3) ○

12. ③

❸ ㉡은 아버지와 야구장에 가서 응원하고 대화를 나누었던 경험과 아버지께 감사한 마음을 표현한 글의 전체적인 내용과 관련 없는 문장이므로 삭제해야 합니다.

❿ '그런데 저에게 가장 큰 어려움은 사람들의 낮은 저작권 의식이었습니다.'는 (라) 문단의 중심 문장이므로 맨 앞으로 오는 것이 적절합니다.

⓬ ③은 글 수준에서 고칠 때 쓰는 방법입니다.

낱말 놀이터

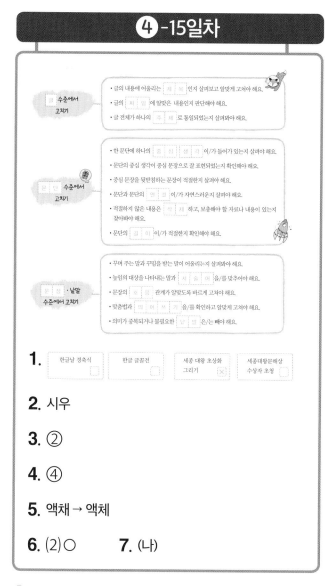

1.

| 한글날 경축식 □ | 한글 글꼴전 □ | 세종 대왕 초상화 그리기 ☒ | 세종대왕문해상 수상자 초청 □ |

2. 시우

3. ②

4. ④

5. 액채 → 액체

6. (2)○　　**7.** (나)

❷ 시간 표현 '지난해에는'과 어울리는 서술어는 과거형이므로 이에 어울리는 '하였습니다'를 사용해야 합니다.

❼ (나) 문단의 중심 내용은 '식물은 곤충이 자기를 먹으려고 하는 것을 여러 가지 방법으로 막는다.'입니다. 그런데 마지막 문장인 '식물과 곤충을 많이 관찰하려면 경기도 물향기 식물원에 가면 좋다.'는 중심 생각과 관련 없는 내용이므로 삭제해야 합니다.

낱말 놀이터

읽기 목표 4
어휘의 적절성 판단하며 글 읽기

❶-16일차

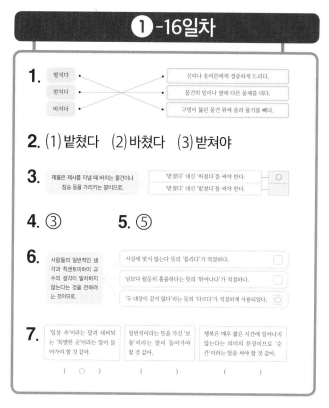

❸ 효녀 심청이 자신을 제물로 '바쳤다'가 올바른 표현입니다. 제물이란 '신을 위한 제사에 쓰이는 음식물'을 뜻하는 것으로 신은 인간보다 높은 존재이므로 '바치다'라고 표현하는 것이 알맞습니다. '받쳤다'는 물건의 밑이나 옆에 다른 것을 댈 때 사용하는 표현이므로 사람에게는 사용할 수 없습니다.

❺ 몰입은 노력을 통해 이루어질 수 있다고 하였습니다. 그 노력으로 목표를 분명하게 세우고, 해결해야 할 문제를 파악한 뒤, 몰입할 수 있는 환경을 마련하여 그 문제를 계속 생각하는 연습을 매일 하는 것을 제시했습니다.

❻ ㉠의 경우 사람들의 일반적인 생각과 연구자의 생각이 일치하지 않는다는 의미이므로 '비교가 되는 두 대상이 서로 같지 아니하다'라는 뜻의 '다르다'를 사용해야 합니다.

낱말 놀이터

1. ①　　**2.** ⑤

3.

| 소이: 붙어 있는 미역을 떨어지게 하는 것이므로 '떼어 내더니'가 적절하다. ○ | 아진: 미역의 양을 적게 하는 것이므로, '덜어 내더니'가 적절하게 사용되었다. ☐ | 정후: 가방에 붙어 있는 미역의 흔적을 없애는 것에는 '지우더니'가 적절하다. ☐ |

4. [답] 유엔 국제 아동 긴급 기금 → 유엔 아동 기금

5. ①　　**6.** ②

7.

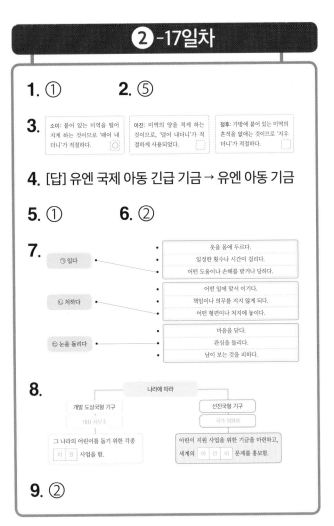

8.

나라에 따라
개발 도상국형 기구 — 대표 사무소 — 그 나라의 어린이를 돕기 위한 각종 [지][원] 사업을 함.
선진국형 기구 — 국가 위원회 — 어린이 지원 사업을 위한 기금을 마련하고, 세계의 [어][린][이] 문제를 홍보함.

9. ②

③ 이 글의 문맥상 ⓒ에는 '붙어 있거나 잇닿는 것을 떨어지게 하다.'라는 뜻의 '떼어 내더니'가 들어가야 합니다.

⑤ '어린이는 우리의 미래입니다.'라는 말은 어린이는 앞으로 우리 사회를 이끌어 갈 중요한 사람으로, 우리 사회의 미래가 어린이들에게 담겨 있다는 의미를 담고 있습니다.

⑧ 유니세프는 회원국이 개발 도상국과 같이 도움이 필요한 나라일 경우에는 도움을 주기 위해 사무소를 설치하고, 선진국일 경우는 지원 사업을 통해 도움을 줄 수 있도록 국가 위원회를 두고 있다고 하였습니다.

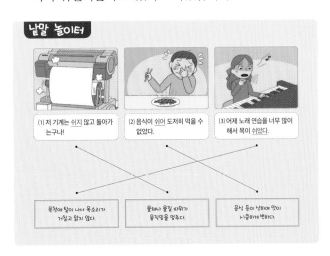

낱말 놀이터

(1) 저 기계는 쉬지 않고 돌아가는구나!
(2) 음식이 쉬어 도저히 먹을 수 없었다.
(3) 어제 노래 연습을 너무 많이 해서 목이 쉬었다.

목청에 탈이 나서 목소리가 거칠고 맑지 않다.
물체나 물질 따위가 움직임을 멈추다.
음식 등이 상하여 맛이 시금하게 변하다.

1. ⑤　　**2.** ③

3.

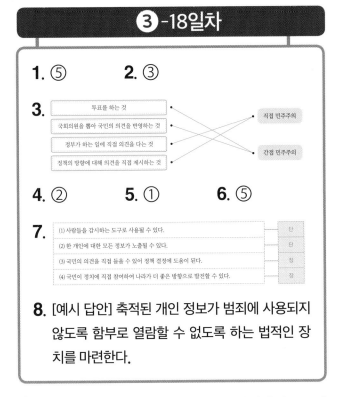

투표를 하는 것
국회의원을 뽑아 국민의 의견을 반영하는 것
정부가 하는 일에 직접 의견을 다는 것
정책의 방향에 대해 의견을 직접 제시하는 것

직접 민주주의
간접 민주주의

4. ②　　**5.** ①　　**6.** ⑤

7.

(1) 사람들을 감시하는 도구로 사용될 수 있다.	단
(2) 한 개인에 대한 모든 정보가 노출될 수 있다.	단
(3) 국민의 의견을 직접 들을 수 있어 정책 결정에 도움이 된다.	장
(4) 국민이 정치에 직접 참여하여 나라가 더 좋은 방향으로 발전할 수 있다.	장

8. [예시 답안] 축적된 개인 정보가 범죄에 사용되지 않도록 함부로 열람할 수 없도록 하는 법적인 장치를 마련한다.

② ⓒ에는 '두 물체를 서로 맞닿게 하여 떨어지지 않도록 하는데'라는 뜻의 '붙이는데'가 와야 합니다.

③ 직접 민주주의란 국가 정책의 결정이나 집행에 국민이 직접 참여하는 것으로, 인터넷의 누리집을 통해 의견을 개별로 제시하거나 전자 투표와 같이 특정한 사안에 대해서 어떤 의견을 가지는지를 직접 제시하는 방법으로 참여할 수 있습니다. 간접 민주주의란 국민이 국가 정책의 결정이나 집행에 직접 참여하지 않고 대리인을 통해 참여하는 것을 의미합니다.

⑥ ⓜ을 제외한 낱말은 모두 그 의미를 적절하게 담고 있습니다. ⓜ은 민주주의에 더 가까이 갈 수 있도록 도움을 주고 있다는 의미이므로 '유혹'보다 사람이나 물건을 목적한 장소나 방향으로 이끎.'이란 뜻의 '유도'가 더 적절한 표현입니다.

낱말 놀이터

쉽고 작은 일도 해낼 수 없으면서 어렵고 큰 일을 하려고 나섬을 이르는 말.
세상의 온갖 것이 한번 번성하면 다시 쇠하기 마련이라는 말.
아무리 급해도 순서를 밟아서 밀어야 함을 비유적으로 이르는 말.

1. ⑤

2. ④

3. ③

4. ③

5.
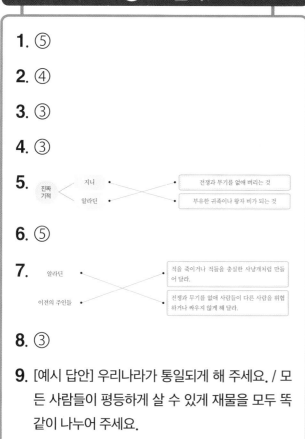

진짜 기적
- 지니 • → 전쟁과 무기를 없애 버리는 것
- 알라딘 • → 부유한 귀족이나 왕자 비가 되는 것

6. ⑤

7.
- 알라딘 • → 전쟁과 무기를 없애 사람들이 다른 사람을 위협하거나 싸우지 않게 해 달라.
- 이전의 주인들 • → 적을 죽이거나 적들을 충실한 사냥개처럼 만들어 달라.

8. ③

9. [예시 답안] 우리나라가 통일되게 해 주세요. / 모든 사람들이 평등하게 살 수 있게 재물을 모두 똑같이 나누어 주세요.

❸ 지니는 주인이 된 알라딘에게 부유한 귀족이나 왕자 비와 같이 큰 부를 누리며 살 수 있는 사람으로 만들어 주겠다며, 자신은 그 모든 것을 이룰 수 있는 힘과 능력이 있다는 점을 강조하고 있습니다. 또, 알라딘이 자신의 힘을 마음껏 이용하기를 바라고 있습니다.

❻ ⓒ과 <보기>의 문장을 비교했을 때, <보기>의 '마음'이란 어휘를 ⓒ에서는 '능력'이라는 어휘로 사용했다는 것을 알 수 있습니다. 알라딘이 지니에게 능력이 없을 수 있다고 말하자, 발끈한 지니는 "이 몸은 램프의 요정 지니란 말입니다. 난 뭐든지 할 수 있어요."라고 말하며 자신이 할 수 있다는 것을 보여 주게 된 것입니다.

낱말 놀이터

오늘 본 영화가 너무 슬퍼서 (눈물)을/를 금치 못했다.

독도를 일본 영토라고 우기다니 정말 (분노)을/를 금치 못하겠다.

세상에! 물을 무서워하던 네가 다이빙을 하다니 (놀라움)을/를 금치 못하겠다.

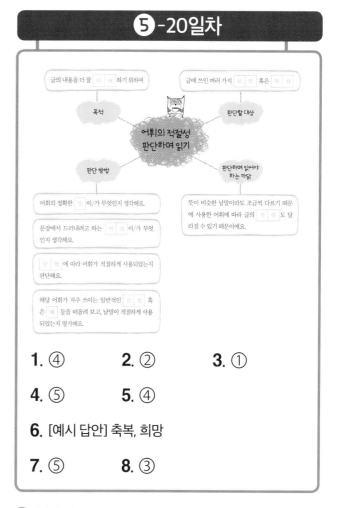

1. ④   2. ②   3. ①

4. ⑤   5. ④

6. [예시 답안] 축복, 희망

7. ⑤   8. ③

❷ '사이'의 가장 기본적인 뜻은 '물체와 물체까지의 거리나 공간'을 의미하지만 여기에서는 '서로 맺은 관계. 또는 사귀는 정분'을 뜻합니다.

❺ '나'의 아버지가 남자에게 돈을 주는 과정에서 받는 사람의 입장과 상황을 배려한 점을 알 수 있도록 이끌어 주세요.

❽ '나'의 아버지는 아이들이 보는 앞에서 남자가 자존심을 지킬 수 있도록 일부러 바닥에 지폐를 떨어뜨린 뒤에 주워 주는 방법으로 돈을 주었습니다. 이러한 '나'의 아버지의 행동은 남자의 입장을 이해하고 배려하는 마음이 담긴 것이라고 볼 수 있습니다.

낱말 놀이터

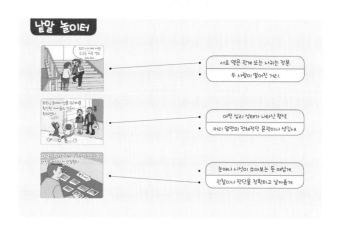

- → 서로 맺은 관계 또는 사귀는 정분.
- → 두 사람이 떨어진 거리.
- → 어떤 심리 상태가 나타난 행색.
- → 머리 얼면의 전체적인 윤곽이나 생김새.
- → 눈매나 시선이 쏘아보는 듯 매섭게.
- → 관찰이나 판단을 정확하고 날카롭게.

사건 전개와 인물의 마음 변화 이해하기

❶-21일차

1. ②

2. ③

3. | 큰 감동을 받고 자신의 잘못을 뉘우쳤습니다. ◎ | 경찰에게 화를 내면서 은촛대까지 챙겼습니다. ☐ | 당당한 모습으로 미리엘 신부님의 집을 나섰습니다. ☐ |

4. 열매줍기 대회

5. 승연이의 바구니

6. ㉠

7. ③

❸ 장발장은 은그릇을 훔쳐 달아났음에도 자신의 잘못을 감싸고 용서한 미리엘 신부님의 모습을 보고 큰 감동을 받습니다. 그 이후에는 자신이 그동안 저질렀던 죄를 반성하고, 열심히 일을 해서 모은 돈을 어려운 사람들을 위해 베풀며 착하게 살게 되었다는 내용이 이어집니다.

❼ 말과 행동을 통해 인물의 마음이 어떻게 변화하는지 파악할 수 있습니다. 승연이는 처음에는 '대회에서 이기고 싶은 마음'과 '은애에게 지기 싫은 마음'이 강했지만, 은애가 자신의 바구니에 열매를 가득 부어 주자 이기려고만 했던 자신이 부끄러워졌을 것입니다.

낱말 놀이터

승연이는 누구보다 (승부욕)이 강해 경기에서 지는 법이 없곤 했다.

(열의)이 강한 김 박사는 그 분야에서 최고가 되기 위해 끊임없이 연구했다.

양반은 (물욕)이 강해서 갖고 싶은 물건이 있으면 어떻게 해서든 그것을 손에 넣곤 했다.

1. 버스

2. ③

3. [답] 사건, 말, 행동

4. ②

5. ②

6. ④

7. ⑤

8. ㉯

9. ①

10. | 보람되고 뿌듯한 마음 ◎ | 속상하고 섭섭한 마음 ☐ | 우울하고 당황스러운 마음 ☐ |

11. ①

❷ 이 글에서는 우산을 잃어버리고, 다시 찾게 되기까지 사건이 전개되고 있으며, 그에 따라 앞부분에는 우산을 잃어버리고 속상한 마음이, 뒷부분에는 우산을 되찾을 수 있다는 생각에 기뻐하는 마음이 담겨 있습니다.

❼ 정호는 창수와 함께 놀기로 약속했는데 엄마가 심부름을 시키시는 바람에 놀지 못하게 되어 짜증이 났습니다. 하지만 마지못해 엄마의 심부름을 하였습니다. 또한 심부름 가는 정호의 모습을 표현한 '힘없이 발을 떼었습니다.'에서도 정호의 기분을 짐작할 수 있습니다.

낱말 놀이터

정호는 심부름을 하느라 친구와의 약속을 지키지 못해 어깨가 처졌다.

칭찬을 해 주시는 아버지와 일꾼 아저씨들 덕분에 정호는 어깨가 으쓱해졌다.

정호는 아저씨들과 어깨를 나란히 하며 볏단을 나르는 일을 열심히 도왔다.

같은 목적으로 함께 일하다.

뽐내고 싶은 기분이나 떳떳하고 자랑스러운 기분이 되다.

실망하여 풀이 죽고 기운이 없다.

1. (2)○

2. ㉢ → ㉡

3. ④

4. ⑤

5. ㉢

6. ①

7. 지영

8. ④

9.

(1) 수박 속에서 어린아이가 나왔다.

(2) 깊은 산속에서 길을 잃은 수박돌이가 거인에게 붙잡혔다. ③

(3) 수박돌이가 아픈 거인을 정성껏 보살펴 주었다. ④

(4) 할아버지, 할머니가 강에 나갔다가 커다란 수박을 건졌다. ①

❶ 사건의 전개에 따른 인물의 변화를 이해하려면 누구에게 어떤 일이 있었는지 잘 살펴본 뒤에 그 사건에 대한 인물의 말과 행동을 파악해야 합니다. 여기서는 물통을 엎었을 때 온유가 도와준 일이 중심 사건입니다. 물을 쏟은 인오가 처음에는 매우 당황했지만, 온유가 도와주자 고마운 마음으로 바뀌었다는 것을 파악할 수 있도록 이끌어 주세요.

❼ 인물의 마음 변화를 이해하기 위해서는 사건의 전개에 따라 인물의 자세나 태도 등이 어떻게 바뀌는지를 잘 살펴보아야 합니다. 이는 인물이 하는 말이나 행동으로 알 수 있습니다. 거인은 자신이 병이 났을 때 수박돌이가 손으로 그를 어루만져 주고 정성껏 보살펴 준 것이 고마워서 집에 돌아가고 싶다는 소원을 들어준 것입니다.

낱말 놀이터

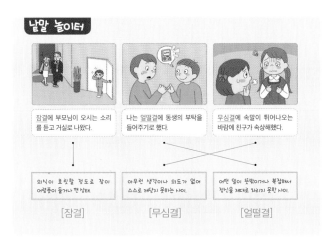

잠결에 부모님이 오시는 소리를 듣고 거실로 나왔다.

나는 얼떨결에 동생의 부탁을 들어주기로 했다.

무심결에 속말이 튀어나오는 바람에 친구가 속상해했다.

의식이 흐릿할 정도로 잠이 어렴풋이 들거나 깬 나절.

아무런 생각이나 의도가 없이 스스로 깨닫지 못하는 사이.

어떤 일이 뜻밖이거나 불잡혀서 정신을 제대로 차리지 못한 사이.

[잠결]　　　　[무심결]　　　　[얼떨결]

---

1. ①

2.

시후: (가)에서 내기에 이겨서 송아지를 얻을 상상을 하며 설레다가, (나)에서 윷놀이 내기에 져서 내기를 한 것을 후회했을 거야.

진솔: (가)에서 영도 할머니가 윷놀이에 이기기를 바라는 마음이었다가, (나)에서 할머니가 내기에서 이기자 축하하는 마음으로 바뀌었을 거야.

(　○　)　　　　(　　　)

3. ②

4. ③

5. ②

6. ⑤

7. ②

8. ㉓ → ㉔

9. ①

❷ 동해는 영도 할머니와의 윷놀이 내기에서 송아지를 걸었습니다. 처음에는 자신이 내기에서 이길 것이라고 확신하며 설레지만, 윷놀이에서 지고난 뒤에는 자신이 엄청난 짓을 저질렀다는 생각에 후회를 합니다.

❽ (라)에서 동해는 가족들 모르게 한숨을 쉬며 송아지 내기를 한 것을 후회하였고, 영도 할머니가 찾아올까 봐 걱정하였습니다. 그러다가 (바)에서 동해는 송아지를 가져가지 않겠다는 영도 할머니 말씀을 듣고서야 마음을 놓으며 안도하고 있습니다. 사건의 전개에 따라 동해의 마음이 변화되는 것을 파악할 수 있도록 이끌어 주세요.

❾ '함부로 내기를 하면 안 된다, 남의 물건을 탐내면 안 된다, 문제가 생기면 어른들께 말씀드리고 해결해야 한다'와 같이 영도네 송아지를 빼앗아 올 속셈으로 덜컥 내기를 하고, 집안 어른들께는 말하지 못해 속앓이를 했던 동해의 행동에 대해 조언할 수 있는 내용이어야 합니다.

낱말 놀이터

우리 집에서 키우는 소가 새끼를 (뱄다 / 벴다). ③

열심히 뛰었더니, 옷에 땀이 (뱄다 / 벴다). ①

나는 침대에 누워 베개를 (배고 / 베고) 이불을 덮었다. ④

빨갛게 잘 익은 사과를 크게 한 입 (배어 / 베어) 물었다. ②

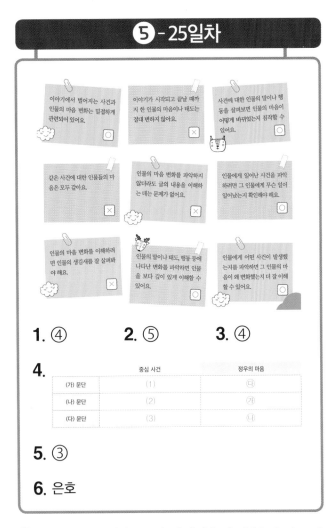

1. ④　　**2.** ⑤　　**3.** ④

4.

	중심 사건	정우의 마음
(가) 문단	(1)	㉡
(나) 문단	(2)	㉮
(다) 문단	(3)	㉯

5. ③

6. 은호

④ (가)에서 아버지와 보물을 발견했을 때 정우는 놀랍고 당황스러운 마음이 들었고, (나)에서 믿었던 아버지가 불상을 숨기려고 하자 실망스러운 마음이 들었습니다. 그런데 (다)에서 갈등을 겪던 아버지가 군청에 감추었던 불상을 신고하러 가시는 모습을 본 뒤에 정우는 눈물을 흘리며 기쁘고 자랑스럽게 여기는 마음이 들었습니다.

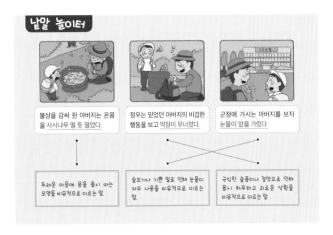

---

1. ⑤

6. (1) 홀　(2) 겹　(3) 겹

④ ㉠과 같이 주어와 서술어가 하나씩 있는 문장은 (1)과 (2)입니다. (2) '나는 운동장을 달렸다.'의 경우 목적어인 '운동장을'이 있지만 주어(나는)와 서술어(달렸다)는 각각 한 개입니다. (3)과 (4)는 주어와 서술어가 각각 두 개씩 있는 문장입니다.

⑦ 제시된 문장은 한 문장 속에 다른 문장이 들어간 형태로, '나는 / 알았다'라는 문장 속에 '대표팀이 우승할 것이다'라는 문장이 포함된 구조입니다. 주어와 서술어가 모두 두 개씩 나타나므로 이 문장은 겹문장입니다.

1.
- 봄철과 가을철에 일시적으로 나타난다.
- 갑자기 일시적으로 추워지는 기상 현상이다. ✕
- 꽃이 피는 것을 시샘한다고 하여 붙여진 이름이다.

2. ⊙ 개구리는 겨울잠에서 깨고, 사람들은 봄옷으로 갈아입습니다.

→ 개구리는 (겨울잠에서) 깨다 **깨고** 사람들은 (봄옷으로) 갈아입습니다.
　　주어　　　　　　서술어　　　주어　　　　　　서술어

3. ③　　　　**4.** ②

5.

사실을 여러 번 확인하여 진실이 아닌 내용은 쓰지 않는다.	글을 잘 쓰기 위해 남의 글을 베껴 자신이 쓴 글인 것처럼 한다.	비록 읽는 사람이 상처를 받을지라도 다른 사람들이 알고 싶어 하는 내용이면 쓴다.	어떤 자료를 이용할 경우 자신이 직접 쓴 부분과 자료에서 인용한 부분을 명확하게 밝힌다.
(　　)	(✕)	(✕)	(　　)

6. ⑤

7. [답] 하지만, 주어

8. ②

9. [예시 답안] 새로운 생각을 많이 만들어 내야 문화가 발전한다. 그런데 새로운 생각은 하지 않고 다른 사람의 생각만 베낀다면 아무도 새로운 생각을 하려고 하지 않을 것이다.

❸ ③번은 '나는 / 싫어한다'라는 문장 속에 '내 동생이 자꾸 조른다.'라는 문장이 포함된 구조입니다.

❻ ㉠은 이어 주는 말인 '하지만'으로 두 개의 문장이 연결된 구조입니다. 두 번째 문장에 생략된 주어는 첫 번째 문장의 주어가 되는 것이 자연스럽습니다. 하지만 두 번째 문장에 첫 번째 문장의 주어인 '쓰기 윤리의 시작은'을 넣었을 때 서술어인 '받을 수도 있다'와 자연스럽게 연결되지 않기 때문에 이 문장은 어색한 문장입니다.

낱말 놀이터

예절	예법	예의
예의에 관한 모든 절차나 질서.	예의로써 지켜야 할 규칙.	존경의 뜻을 표하기 위하여 예로써 나타내는 말투나 몸가짐.

---

1. 도현: '나'는 새로 이사를 간 곳에서 어떤 가족을 만났어.　　　　채율: 새로운 가족이 '나'의 옆집으로 이사를 왔어.

(　　　　)　　　　　　　　　　(○)

2. ㉡

3. ⑤　　　　**4.** ②　　　　**5.** ⑤

6.
- 이 모양을 서로 맞붙여 입체 도형을 만들 수 있어.
- 여러 층으로 쌓을 경우 믿음 지지하는 힘이 부족해 쉽게 무너질 수 있어.
- 이 모양을 서로 맞붙이면 입체 도형을 빈틈없이 채울 수 있어.
- 여러 층으로 쌓기 위해서는 정육각형에 비해 두 배 정도의 도형이 더 필요해.

정삼각형
정삼각형

7. ②　　　　**8.** ②　　　　**9.** ①

❷ ㉮는 한 문장 속에 다른 문장이 포함된 구조입니다. 겹문장을 읽을 때에는 주어가 각각 어떤 서술어와 호응되는지를 알아야만 문장의 뜻을 바르게 파악할 수 있습니다. ㉮에서 주어 '나는'은 서술어 '알았다'와 호응되고, 주어 '새로운 가족'은 서술어 '이사를 왔다'와 호응됩니다. 따라서 이 문장은 '나는 / 알았다'와 '옆집에 새로운 가족이 / 이사를 왔다'로 나눌 수 있습니다. ㉡ 역시 '나는 / 보았다'라는 문장에 '(내 또래의) 아이가 / 있다'라는 문장을 포함한 구조입니다.

❺ ㉠은 두 문장이 연결 어미에 의해 이어진 겹문장의 구조로, ①~④번은 ㉠과 문장의 구조가 같습니다. 반면, ⑤번은 '응원단은 / 기원하였다'라는 문장 속에 '축구 국가 대표 팀이 / 이기다'라는 문장을 포함한 구조로 나머지와 다릅니다.

낱말 놀이터

꽃을 만들려면 먼저 색종이를 반으로 접어 오린 다음. 오린 종이의 양 끝을 ㅁㅂㄷ 고정시켜야 한다.

약속 시간을 지킬 수 없을 때에는 미리 약속 시간을 ㄴㄷ 것이 가장 좋다.

곤히 자고 있는 아기 옆에서 큰 소리를 내는 것은 아기를 ㅇㄷ 행동이다.

1. ③

2.

문장이 길지만, 자세하게 설명되어 있어 무엇을 전달하려는 것인지 명확하게 알 수 있다.	문장이 길고, 문장 안에 주어와 서술어가 생략되어 있어 전달하려는 바를 명확하게 알 수 없다.
( )	(○)

3. • 서술어: [예시 답안] (이) 있습니다. / (을) 갖추었습니다.
  • 주어: [예시 답안] 여러분들은 / 고객님들은

4.
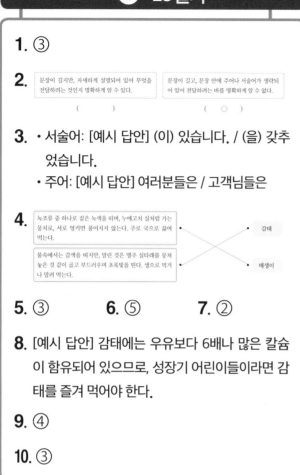

녹조류 중 하나로 짙은 녹색을 띠며, 누에고치 실처럼 가는 뭉치로, 서로 엉기면 풀어지지 않는다. 주로 국으로 끓여 먹는다. ── 매생이

물속에서는 갈색을 띠지만, 말린 것은 명주 실타래를 뭉쳐 놓은 것 같이 곱고 부드러우며 초록빛을 띤다. 생으로 먹거나 말려 먹는다. ── 감태

5. ③   **6.** ⑤   **7.** ②

8. [예시 답안] 감태에는 우유보다 6배나 많은 칼슘이 함유되어 있으므로, 성장기 어린이들이라면 감태를 즐겨 먹어야 한다.

9. ④

10. ③

6 감태가 통증을 줄여 주는 효과가 있지만 그것은 감기로 인한 목의 통증 정도이지, 수술과 같은 큰 고통이 따르는 일에 통증을 느끼지 못하도록 하는 것은 아닙니다.

9 ⓒ은 '감태는 / (효과도) 있다'와 '통증을 / 완화한다'와 같이 두 부분으로 나눌 수 있습니다. 한 문장이 다른 문장을 포함하고 있는 구조이므로 이와 같은 구조를 지닌 문장은 ④번입니다. ④번은 '줄넘기는 / (도움이) 된다', '키가 / 자란다'와 같이 나눌 수 있습니다.

낱말 놀이터

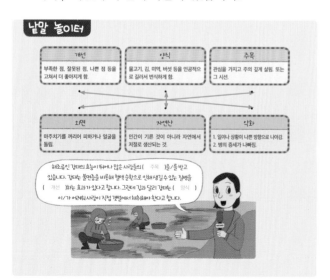

개선	양식	주목
부족한 점, 잘못된 점, 나쁜 점 등을 고쳐서 더 좋아지게 함.	물고기, 김, 미역, 버섯 등을 인공적으로 길러서 번식하게 함.	관심을 가지고 주의 깊게 살핌. 또는 그 시선.

외면	자연산	악화
마주치기를 꺼리거나 피하여 얼굴을 돌림.	인간이 기른 것이 아니라 자연에서 저절로 생산되는 것.	1. 일이나 상황이 나쁜 방향으로 나아감. 2. 병의 증세가 나빠짐.

해초류인 감태의 효능이 뛰어나 많은 사람들의 (주목)을/를 받고 있습니다. 감태는 불면증을 비롯해 혈액 순환으로 인해 생길 수 있는 질병을 (개선)하는 효과가 있다고 합니다. 그런데 김과 달리 감태는 (양식)이/가 어려워 사람이 직접 갯벌에서 채취해야 한다고 합니다.

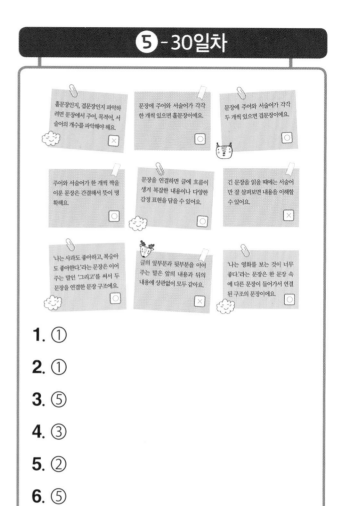

1. ①

2. ①

3. ⑤

4. ③

5. ②

6. ⑤

2 ㉠은 주어와 서술어가 각각 한 개씩 있는 홑문장 구조로 이와 같은 구조는 ①번입니다.

3 글쓴이는 이 글에서 사람은 동전의 양면과 같이 장점과 단점을 모두 가지고 있다고 하였습니다. 그렇기 때문에 어떤 사람의 특정한 행동만 보고 그 사람 전체를 평가하게 되면, 보지 못한 부분에 대한 평가는 반영되지 않으므로 그 사람 전체에 대한 올바른 판단을 할 수 없다고 하였습니다.

5 ㉡은 이어 주는 말인 '그리고'를 이용하여 '너 자신도 힘들다'와 '상대방도 유쾌하지 않다'라는 두 개의 문장을 연결한 문장입니다.

낱말 놀이터

수컷 공작은 암컷에게 잘 보이기 위해 ┌겉┐┌치┐┌장┐에 신경을 많이 쓴다.

동생과 나는 할아버지께서 맛있는 은행 열매의 ┌겉┐┌껍┐┌질┐을/를 다 벗길 때까지 군침을 흘리며 기다렸다.

엄마는 나의 모자를 만들어 주시려고 뜨개질바늘로 열심히 ┌겉┐┌뜨┐┌기┐을/를 하셨다.

❶-31일차

1.

허리가 몹시 아파서	얼굴을 깨끗이 씻기 위해서	일본을 향해 허리를 굽히지 않으려고
( )	( )	(○)

2. ④

3. ④

4. ①

5. ⑤

6. ④

❸ 이 글에서 신채호는 우리나라를 빼앗은 일본과 관련된 것이라면 절대로 허용하지 않는 모습을 보여 주고 있습니다. 이는 신채호가 나라를 아끼고 사랑하는 마음을 크기 때문입니다. 따라서 이러한 신채호의 삶의 모습은 나라와 민족에 대한 자부심을 갖고 올곧게 살아가는 사람과 비슷하다고 볼 수 있습니다.

❻ 버스 운전기사 아저씨는 한뫼 마을 학생들이 고장이 나서 오지 않는 버스를 무작정 기다리다가 학교에 늦을까 봐 걱정하고 있습니다. 그래서 버스가 고장 난 사실을 알려 주고자 혼자 걸어서라도 먼 거리에 있는 한뫼 마을에 가려고 합니다. 이를 통해 버스 운전기사 아저씨가 자신이 맡은 일에 책임을 다하려고 노력하는 사람임을 알 수 있습니다.

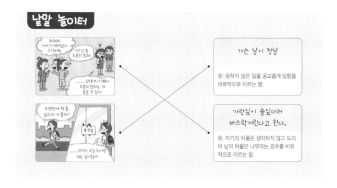

❷-32일차

1. ⑤   **2.** ⑤

3. ⑤   **4.** ②

5. ⑤   **6.** ⑤

7. ⑤   **8.** ①

9. ①, ⑤

❷ 박지원은 신기한 동물인 낙타가 지나갈 때 자신을 깨우지 않은 하인에게 '이렇게 보고 듣는 것이야말로 억만 냥을 주고도 살 수 없는 값진 것'이라고 말하였습니다. 또한 경치가 빼어난 곳이나 값비싼 물건을 파는 곳에 가는 대신 새로운 물건들이 넘쳐 나는 곳에서 새로운 것들을 보고 경험하려고 시장 구석구석을 돌아다녔습니다. 이를 통해 박지원은 배움에 대한 열정이 있고 늘 새로운 것을 배우려는 자세를 지닌 인물임을 알 수 있습니다.

❼ 결혼반지를 자꾸 쓰다듬는 행동에서 할아버지가 사실은 북에 있는 가족들의 소식을 매우 궁금해하고 있으며, 가족들을 많이 그리워하고 있음을 알 수 있습니다. 고향 집 주소와 자녀들의 이름을 말하고 싶지만, 원칙에 맞는 일이 아니라는 생각에 차마 말하지 못하고 고민하고 있는 것입니다.

❽ 교통 신호를 지키기 위해 새벽바람이 찬 데도 불구하고 아래쪽 건널목으로 가서 한참 기다렸다가 길을 건너온 것과 북에 있는 가족들의 안부를 알 수 있는 기회가 생겼음에도 고향 집 주소를 끝내 말하지 않는 할아버지의 행동을 보았을 때 원칙에 따라 행동하고 이를 지키려고 노력하는 인물이라는 것을 알 수 있습니다.

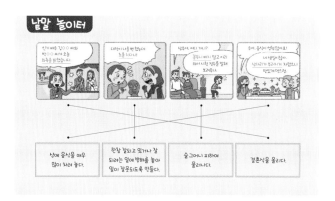

1. ⑤

2. ㉡

3. ⑤

4. ④

5. ③

6. ㉢

7. ⑤

8. 라온

9. ①

10. 따오기

11. ①

❷ 마리 퀴리는 지식은 빼앗을 수 없다고 생각하며 폴란드를 위해 살기로 결심하고 자신이 발견한 방사성 원소의 이름도 자신의 조국인 폴란드를 본떠서 지었습니다. 그리고 자유를 찾은 뒤 폴란드에도 라듐 연구소를 세우고 폴란드를 잊은 적이 없다고 말하였습니다. 이를 통해 마리 퀴리가 조국을 위하고 사랑하는 삶을 살았음을 알 수 있습니다. 그러나 방사성 원소를 발견한 것만으로는 조국을 사랑하는 인물의 삶의 태도를 짐작할 수 없습니다.

❽ 황새는 따오기가 준 선물을 받고 꾀꼬리와 뻐꾸기의 노랫소리가 아름답다고 생각했으면서도 따오기의 편을 들어주었습니다. 재판에서 셋 중에 목소리가 가장 좋은 새를 가려 주기로 했음에도 황새는 원칙을 지키지 않고 공정한 자세를 취하지 않은 것입니다.

1. (3)○

2. ㉢

3. ⑤   4. ①

5. ②   6. ⑤

7. ⑤   8. ①

9. ④   10. ⑤

11.
| 은자: 인물이 하는 말이나 행동을 잘 살펴보는 것이 좋아. ○ | 민주: 인물들에게 어떤 일이 일어났는지 생각해 봐야 해. ○ | 수호: 인물의 생김새를 주의 깊게 살펴보는 것이 좋아. |

❸ 이 시에서 말하는 이는 남을 위해 내 마음을 내어 주는 것을 행복이라고 생각하고 있습니다. 그러므로 용돈을 절약해서 아프리카 친구들을 도울 수 있어 행복하다고 한 미연이가 비슷한 가치관을 가졌다는 것을 알 수 있도록 지도해 주세요.

❼ 자신의 죽음을 예견한 노인은 새벽녘부터 줄을 매기 시작하며 한시 바삐 마을 사람들에게 줄타기를 보여 주기 위해 마음이 조급하였습니다.

❿ 노인은 줄타기와 같이 사라져 가는 우리의 전통문화를 사랑하는 사람으로 이것이 후대에도 이어지기를 바라고 있습니다.

⓫ 이야기 속에서 인물의 삶의 모습을 파악하기 위해서는 인물들에게 어떤 일이 일어났는지, 각자 처한 상황에서 어떤 말을 하고 어떻게 행동하였는지를 잘 살펴보아야 합니다.

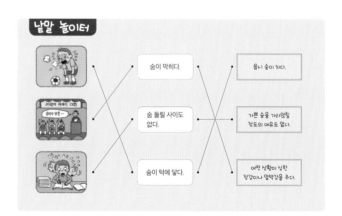

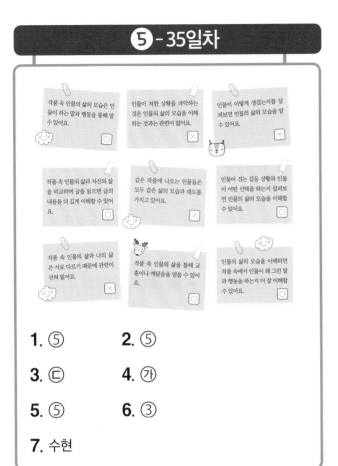

작품 속 인물의 삶의 모습은 인물이 하는 말과 행동을 통해 알 수 있어요. ○

인물이 처한 상황을 파악하는 것은 인물의 삶의 모습을 이해하는 것과는 관련이 없어요. ✕

인물이 어떻게 생겼는지를 살펴보면 인물의 삶의 모습을 알 수 있어요. ✕

작품 속 인물의 삶과 자신의 삶을 비교하며 글을 읽으면 글의 내용을 더 깊게 이해할 수 있어요. ○

같은 작품에 나오는 인물들은 모두 같은 삶의 모습과 태도를 가지고 있어요. ✕

인물이 겪는 갈등 상황과 인물이 어떤 선택을 하는지 살펴보면 인물의 삶의 모습을 이해할 수 있어요. ○

작품 속 인물의 삶과 나의 삶은 서로 다르기 때문에 관련이 전혀 없어요. ✕

작품 속 인물의 삶을 통해 교훈이나 깨달음을 얻을 수 있어요. ○

인물의 삶의 모습을 이해하면 작품 속에서 인물이 왜 그런 말과 행동을 하는지 더 잘 이해할 수 있어요. ○

1. ⑤   **2.** ⑤

3. ㉢   **4.** ㉮

5. ⑤   **6.** ③

7. 수현

❹ (다)에서 우후루 공원에 복합 빌딩을 건설하는 것에 대한 케냐 국민들의 반대가 거세어지고 세계 언론이 이 문제를 보도하자 케냐 정부는 복합 빌딩 건설을 포기하였다고 했습니다.

❺ 왕가리 마타이는 케냐의 파괴된 환경을 보고, 나무 심기를 결심하고 어려움이 있어도 포기하지 않고 나무를 심기 운동을 추진하였습니다. 그리고 나이로비에 있는 우후루 공원에 복합 빌딩이 건설되는 것을 끝까지 반대하여 공원을 지켜 냈습니다. 이를 통해 왕가리 마타이는 자신의 일에 최선을 다하고 끊임없이 노력을 하는 인물이라는 것을 알 수 있습니다.

낱말 놀이터

이 은행나무는 수백 년이나 된 (고목)이란다.

이 (뗏목)으로 건너편까지 건너게 해 줄 테니 우선 그 집을 이리 주시오.

아빠, 뭐하세요?

장미의 (묘목)을 심었단다.

비판적으로 읽기

1. ③

2. ③

3.

(1) '근자감, 핵노잼, 노답, 멘붕' …… 무슨 뜻인지 아십니까? 당신의 고운 말! 우리말을 지키는 지름길입니다. ( )

(2) 우리 회사의 매직 걸레를 사용하여 바닥을 한 번 닦으면 하루 종일 먼지가 생기지 않습니다. 없던 먼지까지도 닦아 주는 제품! (○)

4. ②

5. ③

6.
윤하: 난 초콜릿을 먹으면 기분이 좋아져. 굶주리는 아프리카 사람들에게 미안해도 꾸준히 사 먹을 수밖에 없어. ( )

현지: 무작정 초콜릿을 안 먹기보다는 카카오 생산자들에게 이익이 돌아갈 수 있도록 하는 공정 무역의 방법을 찾는 게 좋지 않을까? (○)

7.
공정 무역은 약자를 보호하는 방법이라고 할 수 없어. 그러므로 차라리 초콜릿이나 커피, 설탕을 먹지 않는 것이 좋아. □

공정 무역은 생산자가 더 많은 이익을 가질 수 있도록 하는 데에 별 도움이 되지 못해. 그러므로 공정 무역을 할 필요가 없어. □

기업이 생산자에게 이익을 돌려주지 않는 건 공정 무역이 아니야. 그러므로 기업이 이익을 돌려주지 않을 것이라 생각하고 초콜릿을 사 먹지 않는 것은 잘못된 생각이야. ○

❸ 이 광고에서 '최신 휴대 전화를 한 푼도 내지 않고 바꿀 수 있습니다.'는 과장된 표현입니다. 이처럼 과장된 내용이 있는지 살펴봐야 하는 것은 (2)입니다. 매직 걸레를 사용하여 바닥을 한 번 닦으면 하루 종일 먼지가 생기지 않는다는 것과 없던 먼지까지도 닦아 준다는 것은 과장된 표현입니다.

낱말 놀이터

(1) 현준이가 새로 산 장난감은 (불량품 / 불양품)이었다.

(2) 더운 여름날 집에서 시원하게 수박을 먹고 있으면, (낙원 / 락원)이 따로 없다는 생각이 든다.

(3) 초등학교에 입학한 동생은 유치원에 다닐 때에 비하면 많이 (늠름 / 름름)해졌다.

1. [답] 주장, 근거

2.

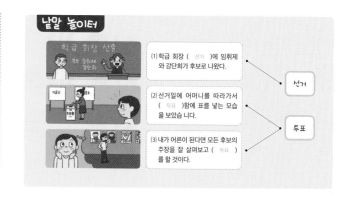

다솔	현수	다미	하준	사연
타당한 주장입니다.	근거가 타당하지 않습니다.	실천 가능성이 없습니다.	주장에 알맞지 않은 근거가 있습니다.	

3. ③

4. ①, ⑤

5. (1) ㉠: 시작하는 말하기 (2) ㉡: 자기소개하기
(3) ㉢: 공약 말하기 (4) ㉣: 공약 말하기
(5) ㉤: 마지막 지지 부탁하기

6.

지우		가치 있고 중요한 주장인지 판단한다.
하윤		주장에 대한 근거가 이치에 맞고 옳은지 판단한다.
수진		주장과 근거를 말하는 사람이 믿을 만한지 판단한다.
민우		실천 가능한 주장인지 판단한다.

7. [답] 선거, 유세, 관심, 적절성, 실천

8. [예시 답안] 강단희 후보를 뽑을 것입니다.
왜냐하면 학급 친구들의 고민을 듣고 해결해 주는
회장의 역할이 더욱 가치 있기 때문입니다.

❷ 주장을 할 때에는 알맞은 근거를 제시해야만 상대를 설득할 수 있습니다. 제시한 주장이나 근거가 실천 가능성이 낮거나 근거가 너무 감정적이어서 타당하지 않은 경우, 그리고 주장을 뒷받침하기에 적절한 근거가 아닌 경우에는 설득력이 떨어집니다.

❹ 휘제는 자신을 회장으로 뽑아 달라고 주장하며 '반의 학생 수만큼 최신형 게임기를 가져다 두겠다.'라는 공약과 '일주일에 한 번씩 급식 대신 햄버거와 탄산음료를 먹을 수 있도록 하겠다.'라는 공약을 내세우고 있습니다.

❻ 선거 유세에서 후보자의 공약이 적절한지 판단하기 위해서는 실천 가능한 주장인지, 가치 있고 중요한 주장인지, 주장과 근거를 말하는 사람이 믿을 만한지, 주장에 대한 근거가 이치에 맞고 옳은지 판단해야 합니다.

❽ 선거 유세를 들을 때에는 후보자들의 주장과 근거의 적절성을 판단해야 합니다. 즉, 가치 있고 중요한 주장인지, 실천 가능한 주장인지, 주장과 근거를 말하는 사람이 믿을 만한지, 주장에 따른 근거가 이치에 맞고 옳은지 판단해야 합니다.

낱말 놀이터

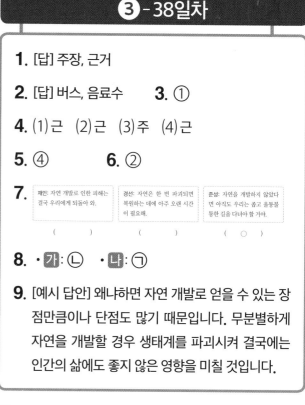

(1) 학급 회장 (선거)에 임휘제와 강단희가 후보로 나왔다. ────● 선거

(2) 선거일에 어머니를 따라가서 (투표)함에 표를 넣는 모습을 보았습니다. ────●

(3) 내가 어른이 된다면 모든 후보의 주장을 잘 살펴보고 (투표)를 할 것이다. ────● 투표

1. [답] 주장, 근거

2. [답] 버스, 음료수   **3.** ①

4. (1) 근 (2) 근 (3) 주 (4) 근

5. ④   **6.** ②

7.

재인: 자연 개발로 인한 피해는 결국 우리에게 되돌아 와.	경선: 자연은 한 번 파괴되면 복원하는 데에 아주 오랜 시간이 필요해.	준성: 자연을 개발하지 않았다면 아직도 우리는 좁고 울퉁불퉁한 길을 다녀야 할 거야.
( )	( )	(○)

8. • 가 : ㉡   • 나 : ㉠

9. [예시 답안] 왜냐하면 자연 개발로 얻을 수 있는 장점만큼이나 단점도 많기 때문입니다. 무분별하게 자연을 개발할 경우 생태계를 파괴시켜 결국에는 인간의 삶에도 좋지 않은 영향을 미칠 것입니다.

❸ 주장하는 글이므로 주장이 타당한지, 뒷받침하는 근거는 알맞은지 등을 비판적으로 판단하며 읽어야 합니다. 그런데 음료수를 가지고 버스에 타서 생기는 문제가 더 많지 않겠느냐는 ①번의 질문은 글쓴이의 주장과 같은 입장이므로 비판인 질문이라고 보기 어렵습니다.

❹ 주장은 어떤 문제에 대한 글쓴이의 견해나 입장을 뜻합니다. 또, 근거는 이러한 견해와 입장을 갖게 된 이유를 말합니다. 이 글의 글쓴이는 자연 개발을 해야 한다고 주장하며, 그 근거로 자연재해를 막을 수 있다는 것, 편리한 삶을 누릴 수 있다는 것, 국토를 계획적으로 개발하여 효율적으로 활용해야 한다는 것 등을 들었습니다.

❺ 댐 건설로 태풍과 홍수, 가뭄의 피해를 막을 수 있는 것은 자연 개발의 결과 중 첫 번째인 '자연재해 피해 방지'에 해당합니다.

6 특히, 우리나라는 세계적으로 인구 밀도가 높은 나라이다. 이렇게 많은 인구가 좁은 땅에서 살아가려면 더 많은 땅이 필요하다.'라는 부분을 보면 왜 국토를 효율적으로 활용해야 하는지 알 수 있습니다.

낱말 놀이터

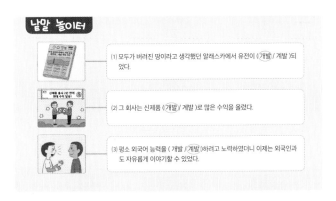

(1) 모두가 버려진 땅이라고 생각했던 알래스카에서 유전이 ((개발) / 계발)되었다.

(2) 그 회사는 신제품 ((개발) / 계발)로 많은 수익을 올렸다.

(3) 평소 외국어 능력을 (개발 / (계발))하려고 노력하였더니 이제는 외국인과도 자유롭게 이야기할 수 있었다.

1 **가**와 **나**는 광고입니다. 광고는 물건을 구입하도록 읽는 이를 설득하는 글이며, 구입을 유도하기 위하여 과장된 내용이나 거짓된 정보가 있는 경우가 있으므로 비판적으로 읽어야 합니다.

3 2번 문제에서 답한 '몇 번만 해도 금방 피로가 없어지고 살이 빠지는 최고의 발명품'이란 것은 사실과 다를 확률이 높은 광고 문구입니다. 또 줄넘기는 오래 전부터 해 오던 운동으로 이 회사에서 발명한 것이 아니기 때문에 이 부분은 거짓된 정보입니다. 비판적으로 읽기 위해선 이와 같은 거짓 정보와 과장된 내용은 없는지 판단하며 읽어야 합니다. **가**에서 쌩쌩 줄넘기가 '재미있게 건강해질 수 있는 유일한 방법'이라고 하였지만, 이 외에도 여러 가지 방법이 더 있을 수 있다고 생각하는 것은 비판적 읽기에 해당합니다.

낱말 놀이터

[금방]   [금세]   [단숨에]

---

4 - 39일차

1. ①, ②, ③   **2.** ③

3. 재미있게 건강해질 수 있는 방법은 줄넘기 외에도 많이 있다. ⬜ | 많은 어린이와 부모님의 사랑을 받는 줄넘기라고 하니 믿음이 간다. ⬜ | 다른 줄넘기는 몇 번 한다고 해도 피로가 없어지지는 않는데 쌩쌩 줄넘기는 그렇다니 참 좋은 제품이다. ⬜

4. ②

5. 윤호: 새로 나온 제품이라고 했으니 이전에 나온 제품보다는 무조건 더 좋을 거야. ( ) | 연정: '비싼 만큼'이라고 한 것으로 보아 가격이 꽤 높을 것 같아. 다른 제품과 가격을 비교해 봐야겠어. (○) | 하준: 강력하게 청소하는 힘을 큰 소리로 확인할 수 있다고 한 것으로 보아 더 이상 먼지 걱정은 하지 않아도 될 것 같아. ( )

6. (1) 어린이들이 좋아하는 선물 1위에 빛나는 어린이들이 좋아하는 ○○ 완구!   ○

(2) 누가 써도 반듯한 글씨를 쓸 수 있는 연필! 하루 만에 예쁜 글씨 보장! △△연필!   ○

(3) 영화 상영 중에는 앞 사람의 좌석을 발로 차지 말고, 휴대 전화의 전원을 꺼 주세요.

문제 해결 방법 찾으며 읽기

❶-40일차

1. ④

2.

앞으로 계속 보라카이 섬에 관광객을 받지 않으면 돼.		여행 비용이 늘어나 관광객이 보라카이 섬을 찾지 않을 수 있다.
보라카이 섬을 이용하는 관광객에게 쓰레기 처리 요금을 받으면 어떨까?		쓰레기가 많아진 근본적인 원인을 해결할 수 없다.
쓰레기를 바로바로 치울 수 있게 쓰레기를 치우는 업체를 많이 만들면 돼!		관광으로 인한 수입이 줄어들기 때문에 보라카이 섬에 사는 사람들에게 좋지 않은 영향을 줄 수 있다.

3. ④ **4.** ⑤ **5.** ①

6. ③ **7.** ④

❸ 글을 읽고 문제를 해결하는 방법을 떠올릴 때에는 그 문제를 해결할 수 있는 방법인지, 경제적으로 혹은 시간적으로 많은 이득이 있는지 등을 고려해야 합니다. 만약 떠올린 방법이 또 다른 문제를 일으킬 수 있는 것이라면 그 해결 방법은 좋은 것이라고 할 수 없습니다.

❻ 이 글은 견학 기록문을 쓰기 위해 내용을 조직한 것으로 새롭게 알게 된 점을 파악하려면 견문과 감상의 내용을 잘 살펴야 합니다. 이글에서 글쓴이는 수돗물이 생각보다 많은 과정을 거쳐서 만들어진다는 사실에 놀라웠다고 하였으므로 ③번은 적절하지 않습니다.

❼ '우리나라는 물 부족 국가인데 강이나 호수의 물을 함부로 써도 되는가'라는 질문은 이 글에 제시되지 않았습니다. ⑤번은 수돗물을 만드는 과정이 복잡하다는 것에서 수돗물을 만들기 위해 많은 비용이 발생할 수 있다는 사실을 추론할 수 있으므로 이 글을 읽고 떠올릴 수 있는 질문으로 적절합니다.

낱말 놀이터

(1) 가라앉은 찌꺼기를 깨끗하게 걸러 낸 뒤에 남아 있는 세균을 없애기 위하여 염소를 넣는다. — 거르다

(2) 아버지를 따라 여행을 가기로 결정하였다. — 따르다

(3) 나는 하늘을 우러러 한 점 부끄럼이 없다. — 우러르다

❷-41일차

1. ④   **2.** ⑤

3. ①   **4.** ⑤

5. ④   **6.** ③

7. 실버시터

8. ①   **9.** ②

10. ①

❷ 우리나라에서 물 부족 현상이 나타나는 이유는 특정한 계절에만 비가 많이 오기 때문입니다. 또 일상생활에서 물을 낭비하는 것도 문제입니다. 따라서 특정한 계절에 쏟아지는 비를 저장할 수 있는 방법이나 생활 속에서 물을 낭비하지 않는 방법 등이 문제를 해결하는 데 적합합니다.

❾ 글쓴이는 직업을 선택할 때 나에게 적합한 직업이 무엇인지만 생각할 것이 아니라 미래에 유망한 직업이 무엇인지도 생각해야 한다고 하였습니다. 왜냐하면 미래의 전망을 생각하지 않고 직업을 선택하였다가 그 직업이 사라질 위기에 처하면 매우 난감해질 수 있기 때문입니다.

❿ 이 글을 읽고 하연이가 문제라고 생각한 부분은 미래에 유망한 직업이 어떠한 것인지 잘 모르기 때문에 직업 선택에 어려움을 겪는다는 것입니다. 따라서 이 문제를 해결하기 위해서는 미래의 유망한 직업 순위와 같은 자료가 도움이 될 것입니다.

낱말 놀이터

1. ②	**2.** ③
3. ④	**4.** ②
5. ①	**6.** ④
7. ④	**8.** ①
9. ①	

❷ 이 광고에서 문제로 생각한 것은 심심풀이로 하는 허위 신고나 장난 전화로 인해 긴급 출동하는 일 때문에 소방 관들의 출동 횟수가 늘어난다는 점입니다. 따라서 허위 나 장난으로 신고를 하는 경우가 없도록 하는 것이 이 문 제를 해결할 수 있는 방법입니다. 그런데 소방관들에게 건강 검진을 무료로 해 주자는 것은 문제의 해결 방안으 로 알맞지 않습니다.

❹ ㉠의 그래프를 통해 조사 대상자 중 초등학생이 가장 독 서를 많이 한다는 것과 성인들은 1년에 9권의 책도 읽지 않는다는 것을 알 수 있습니다. 고등학생이나 중학생의 경우 2013년도부터 독서량이 점점 감소하고 있으므로 앞으로의 독서량도 감소할 것이라는 점을 예상할 수 있 습니다.

❻ 전문가들은 만화로 된 책을 보는 것이 꼭 나쁜 것은 아니 라고 합니다. 하지만 만화로 된 책만 읽으면 만화를 보는 데 익숙해져서 글로 된 책을 제대로 읽지 못하게 된다고 하였습니다. 또 글로 된 책을 읽을 때에 사용해야 하는 독서 전략에 익숙하지 않아 글을 제대로 읽고 이해할 수 없게 되며 독서 능력을 향상시켜 주지 못한다고 하였습 니다.

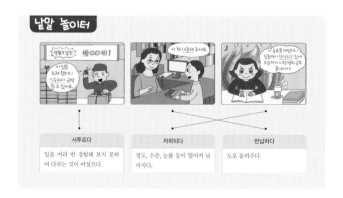

1. ④		
2. 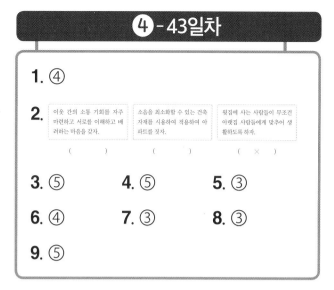		
3. ⑤	**4.** ⑤	**5.** ③
6. ④	**7.** ③	**8.** ③
9. ⑤		

❷ 이 광고는 층간 소음 문제를 다루고 있습니다. 층간 소음 문제를 해결하기 위해서 소음 발생을 차단할 수 있는 기 술을 적용하여 아파트를 짓는 것도 필요하지만 서로를 이해하는 태도를 지니는 것도 중요합니다. 그러나 윗집 에 사는 사람들이 무조건 아랫집에 사는 사람들에게 맞 추도록 하는 것은 좋은 해결 방법이 아닙니다.

❺ 정보의 신뢰성이란 그 정보가 믿을 만한 것인가를 의미 합니다. 정보가 믿을 만한 것인가를 알기 위해서 정보의 출처를 파악하는 것이 무엇보다도 중요합니다. 유명 블 로거가 인기가 있다고 하더라도 그 사람은 익명에 존재 하는 인물이며 전문성을 갖추었다고 보기 어렵습니다. 따라서 유명 블로거가 자신의 누리집에 소개한 내용이 정보의 신뢰성이 가장 의심된다고 할 수 있습니다.

❻ 허위 정보가 문제가 되는 이유는 의도적으로 정보를 만 든 것이기 때문입니다. 사람들을 속여 자신이 얻고자 하 는 이익을 쉽게 얻도록 하기 위해서 허위 정보를 퍼뜨리 는 것이기 때문에 이 정보는 심각한 문제라고 할 수 있습 니다.

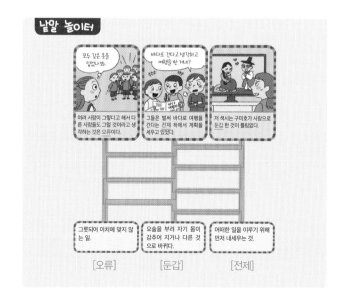

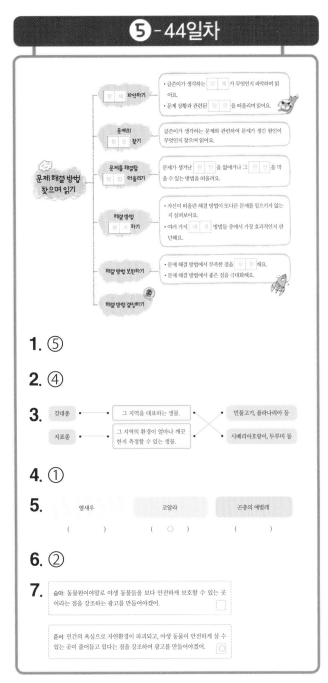

문제 해결 방법 찾으며 읽기

- 문제 파악하기
  - 글쓴이가 생각하는 □문제□가 무엇인지 파악하며 읽어요.
  - 문제 상황과 관련된 □질문□을 떠올리며 읽어요.
- 문제의 □원□인 찾기
  - 글쓴이가 생각하는 문제와 관련하여 문제가 생긴 원인이 무엇인지 찾으며 읽어요.
- 문제를 해결할 □방□법 떠올리기
  - 문제가 생겨난 □원□인을 없애거나 그 □원□인을 막을 수 있는 방법을 떠올려요.
- 해결 방법 □평□가하기
  - 자신이 떠올린 해결 방법이 또다른 문제를 일으키지 않는지 살펴봐요.
  - 여러 가지 □해□결 방법들 중에서 가장 효과적인지 판단해요.
- 해결 방법 보완하기
  - 문제 해결 방법에서 부족한 점을 □보완□해요.
  - 문제 해결 방법에서 좋은 점을 극대화해요.
- 해결 방법 결정하기

1. ⑤

2. ④

3.

깃대종 •———• 그 지역을 대표하는 생물. •———• 민물고기, 플라나리아 등

지표종 •———• 그 지역의 환경이 얼마나 깨끗한지 측정할 수 있는 생물. •———• 시베리아호랑이, 두루미 등

4. ①

5.

옆새우	코알라	곤충의 애벌레
( )	(○)	( )

6. ②

7.

승아: 동물원이야말로 야생 동물들을 보다 안전하게 보호할 수 있는 곳이라는 점을 강조하는 광고를 만들어야겠어. □

준서: 인간의 욕심으로 자연환경이 파괴되고, 야생 동물이 안전하게 살 수 있는 곳이 줄어들고 있다는 점을 강조하여 광고를 만들어야겠어. ◎

② 멸종 위기 동물은 현재 보호가 시급한 동물을 말합니다. 그런데 (나) 문단에서 우리나라는 '멸종 위기의 동식물을 보호하는 데에만 신경 쓸 게 아니라, 생태계 전체를 건강하게 만드는 데 힘을 쏟기로' 했다고 하였습니다. 즉, 모든 동물이 안전하게 살 수 있도록 환경 자체를 보호하려는 노력을 하고 있는 것입니다.

⑦ 동물들이 멸종 위기에 빠진 원인으로 자연환경의 파괴를 꼽을 수 있습니다. 자연환경을 보존하기 위해 할 수 있는 노력들이 이 문제를 해결하는 방법이 될 것입니다. 제시된 광고는 일회용품을 적게 쓰자는 의미를 담고 있습니다. 이와 유사한 해결 방법이 잘 드러나는 광고를 기획한 내용을 찾을 수 있도록 지도해 주세요.

낱말 놀이터

주제 파악하기

①-45일차

1. ②

2. [답] 고난과 역경을 이겨 낸 사람

3. ①

4. ②, ③, ⑤

5.

말하는 이는 좋아하는 친구를 만나지 못하는 상황이야. 지금 볼 수 없는 친구가 보고 싶어서 그리워하고 있어.	말하는 이가 친구에게 질투를 느끼는 상황이야. 질투가 나는 친구의 모습을 하나하나 떠올리며 부러워하고 있어.	말하는 이가 친구와 함께 즐거운 시간을 보내는 상황이야. 말하는 이는 친구와 잊지 못할 추억을 만들어서 기뻐하고 있어.
(○)	( )	( )

6. (2)○

② '역경'은 '일이 순조롭지 않아 매우 어렵게 된 처지나 환경'을 뜻합니다. 글쓴이는 대추나무가 벼락이라는 역경을 딛고 더욱 단단해지는 것처럼 고난과 역경을 견뎌 낸 사람 또한 더욱 단단하고 멋진 사람이 될 수 있다고 하였습니다.

③ '고생 끝에 낙이 온다.'는 '고된 일을 겪은 뒤에는 반드시 즐겁고 좋은 일이 생긴다.'라는 뜻의 속담입니다. 이는 고난과 역경을 이겨 낸 사람은 이전보다 더욱 단단하고 멋진 사람으로 거듭날 수 있다는 이 만화의 주제와 비슷합니다.

⑤ 이 시의 말하는 이는 친구의 얼굴, 눈동자, 목소리를 떠올리는 것으로 보아 친구를 그리워하고 있습니다.

⑥ 이 시의 주제는 '친구에 대한 그리움'으로 이와 비슷한 주제의 시는 (2)의 '친구 생각'입니다. (2)의 말하는 이 역시 짝꿍을 그리워하는 모습이 잘 드러나기 때문입니다.

낱말 놀이터

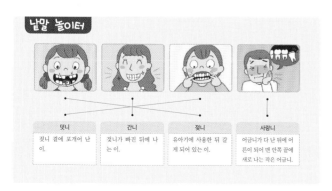

덧니	간니	젖니	사랑니
젖니 곁에 포개어 난 이.	젖니가 빠진 뒤에 나는 이.	유아기에 사용한 뒤 갈게 되어 있는 이.	어금니가 다 난 뒤에 어른이 되어서 맨 안쪽 끝에 새로 나는 작은 어금니.

②-46일차

1. ⑤

2. ④

3. ①

4.

(○)	( )	( )	( )

5. ⑤

6. 명주잠자리

7. ②

8. (1)○

9. [답] 개미귀신, 신기한

② 글쓴이가 이 편지를 통하여 가장 하고 싶은 말이 무엇인지 찾으면 주제를 알 수 있습니다. 글쓴이는 이 편지를 통하여 친구들에게 거짓말을 한 것을 사과하는 마음을 전하고 있습니다.

⑧ (가) 문단과 (나) 문단에서는 개미귀신을 설명하기 위하여 그림을 그리듯이 자세하게 설명하는 '묘사'의 방법을 사용하였습니다. (1)과 (2)의 글 중에 그림을 그리듯이 자세하게 묘사한 것을 찾도록 지도해 주세요.

⑨ 설명하는 글에서 중심 생각을 찾으려면 글 전체의 내용을 고려해야 합니다. 이 글에서 글쓴이는 제일 앞부분에 '개미귀신은 정말 신기한 곤충이다.'라고 밝히며, 개미귀신의 생김새, 감각 기관, 사는 방법 등을 설명하고 있습니다.

낱말 놀이터

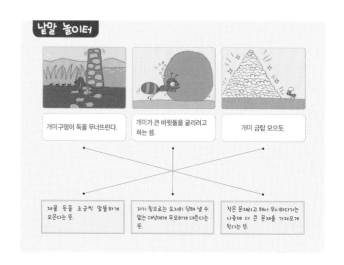

개미구멍이 둑을 무너뜨린다.	개미가 큰 바윗돌을 굴리려고 하는 셈.	개미 금탑 모으듯.

| 재물 등을 조금씩 알뜰하게 모은다는 뜻. | 자기 힘으로는 도저히 당해 낼 수 없는 대상에게 무모하게 대든다는 뜻. | 작은 문제라고 해서 무시하다가는 나중에 더 큰 문제를 가져오게 된다는 뜻. |

1. ④

2. ①, ⑤

3. ③

4. ②

5.
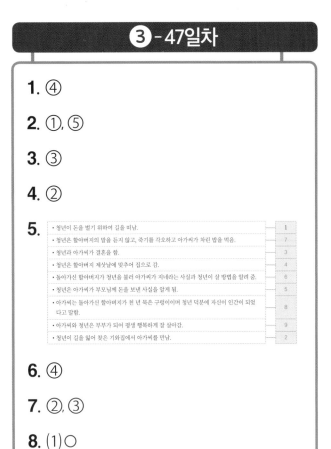

청년이 돈을 벌기 위하여 길을 떠남.	1
청년은 할아버지의 말을 듣지 않고, 죽기를 각오하고 아가씨가 차린 밥을 먹음.	7
청년과 아가씨가 결혼을 함.	3
청년은 할아버지 제삿날에 맞추어 집으로 감.	4
돌아가신 할아버지가 청년을 불러 아가씨가 지내는 사실과 청년이 살 방법을 알려 줌.	6
청년은 아가씨가 부모님께 돈을 보낸 사실을 알게 됨.	5
아가씨는 돌아가신 할아버지가 천 년 묵은 구렁이이며 청년 덕분에 자신이 인간이 되었다고 말함.	8
아가씨와 청년은 부부가 되어 평생 행복하게 잘 살아감.	9
청년이 길을 잃어 찾은 기와집에서 아가씨를 만남.	2

6. ④

7. ②, ③

8. (1) ○

⑦ 같은 작품을 읽더라도 사람에 따라 주제를 다르게 생각할 수도 있습니다. 그러나 각자 생각한 주제가 다 맞다는 것은 아닙니다. 작품의 전체적인 내용과 인물의 말과 행동 등을 고려하여 주제를 파악해야 합니다.

⑧ 「가난한 청년과 천 년 묵은 지네」와 같이 은혜를 갚는 주제의 이야기를 찾아야 합니다.

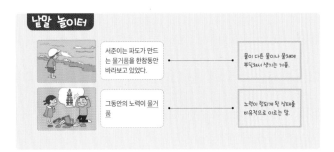

낱말 놀이터

서준이는 파도가 만드는 물거품을 한참동안 바라보고 있었다.	물이 다른 물이나 물체에 부딪쳐서 생기는 거품.
그동안의 노력이 물거품	노력이 헛되게 된 상태를 비유적으로 이르는 말.

1.
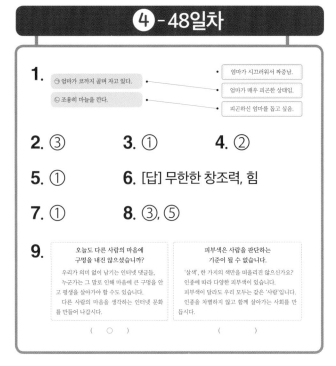

㉠ 엄마가 코까지 골며 자고 있다.	엄마가 시끄러워서 짜증남.
	엄마가 매우 피곤한 상태임.
㉡ 조용히 마늘을 깐다.	피곤하신 엄마를 돕고 싶음.

2. ③ **3.** ① **4.** ②

5. ① **6.** [답] 무한한 창조력, 힘

7. ① **8.** ③, ⑤

9.

오늘도 다른 사람의 마음에 구멍을 내진 않으셨습니까?	피부색은 사람을 판단하는 기준이 될 수 없습니다.
우리가 의미 없이 남기는 인터넷 댓글들, 누군가는 그 글로 인해 마음에 큰 구멍을 안고 평생을 살아야 할 수도 있습니다. 다른 사람의 마음을 생각하는 인터넷 문화를 만들어 나갑시다.	'살색', 한 가지의 색만을 떠올리진 않으신가요? 인종에 따라 다양한 피부색이 있습니다. 피부색이 달라도 우리 모두는 같은 '사람'입니다. 인종을 차별하지 않고 함께 살아가는 사회를 만듭시다.
(○)	( )

② 피곤함에 곤히 잠든 엄마 옆에서 혹시나 깨실까 조용히 마늘을 까는 말하는 이의 마음과 관련지어 이 시의 주제를 생각해 볼 수 있도록 지도해 주세요.

⑥ 어린 시절 놀림과 따돌림을 받던 흑인 소년이 어머니의 말을 통해 용기와 희망을 갖고 노력한 끝에 '신의 손'으로 칭송받는 의사가 되었듯이, 말이란 누군가에게는 힘과 용기를 줄 수 있으며, 자신 혹은 다른 사람의 삶을 바꿀 수도 있을 정도로 강력하고 놀라운 힘이 있다는 것이 이 글의 주제입니다.

⑦ 말의 힘을 강조한 속담을 찾아야 합니다. ①번의 '말의 씨가 된다'는 늘 말하던 것이 마침내 사실대로 되었을 때를 이르는 말이므로 이 글의 주제와 비슷한 뜻을 지닌 속담입니다.

⑧ 말로 다른 사람에게 용기를 준다거나 자신이나 다른 사람의 삶을 변화시킬 수 있다는 것과 같이 말의 힘에 대한 내용을 찾아야 합니다.

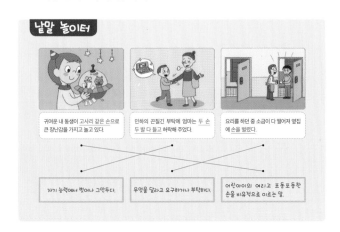

낱말 놀이터

귀여운 내 동생이 고사리 같은 손으로 큰 장난감을 가지고 놀고 있다.	민하의 끈질긴 부탁에 엄마는 두 손 두 발 다 들고 허락해 주었다.	요리를 하던 소금이 다 떨어져 옆집에 손을 벌렸다.
자기 능력에서 벗어나 그만두다.	무엇을 달라고 요구하거나 부탁하다.	어린아이의 여리고 포동포동한 손을 비유적으로 이르는 말.

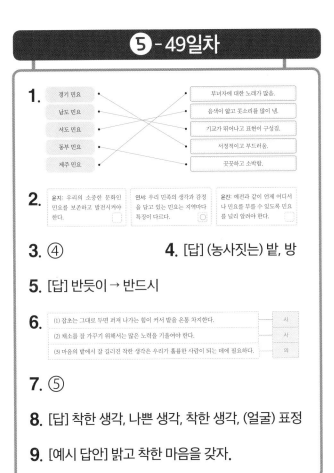

1.
- 경기 민요
- 남도 민요
- 서도 민요
- 동부 민요
- 제주 민요

- 부녀자에 대한 노래가 많음.
- 음색이 얇고 콧소리를 많이 냄.
- 기교가 뛰어나고 표현이 구성짐.
- 서정적이고 부드러움.
- 꿋꿋하고 소박함.

2.
윤지: 우리의 소중한 문화인 민요를 보존하고 발전시켜야 한다. ☐
연서: 우리 민족의 생각과 감정을 담고 있는 민요는 지역마다 특징이 다르다. ○
윤진: 예전과 같이 언제 어디서나 민요를 부를 수 있도록 민요를 널리 알려야 한다. ☐

3. ④   **4.** [답] (농사짓는) 밭, 방

5. [답] 반듯이 → 반드시

6.
(1) 잡초는 그대로 두면 퍼져 나가는 힘이 커서 밭을 온통 차지한다. — 사
(2) 채소를 잘 가꾸기 위해서는 많은 노력을 기울여야 한다. — 사
(3) 마음의 밭에서 잘 길러진 착한 생각은 우리 훌륭한 사람이 되는 데에 필요하다. — 의

7. ⑤

8. [답] 착한 생각, 나쁜 생각, 착한 생각, (얼굴) 표정

9. [예시 답안] 밝고 착한 마음을 갖자.

② 이 글은 지역별 민요의 특징에 대하여 설명하고 있습니다. 그러므로 글의 주제는 민요의 특징이 지역마다 다르다는 것입니다. 글에 민요를 보존하고 발전시켜야 한다든가 널리 알려야 한다는 내용은 제시되지 않았습니다.

⑥ 사실은 보고, 듣고, 한 일 등의 경험을 있는 그대로 적은 것이고, 의견은 그 사실에 대한 글쓴이의 견해나 주장을 적은 것입니다. 이 글에 나타난 글쓴이의 의견은 좋은 곡식과 채소를 기르듯이 '착한 생각을 갖자.'입니다.

⑦ 이 글은 착한 마음의 필요성에 대해 이야기하고 있습니다. 즉, 착한 생각을 하게 되면 곧 마음이 착한 생각으로 가득 차고, 표정도 좋아진다는 것입니다.

낱말 놀이터

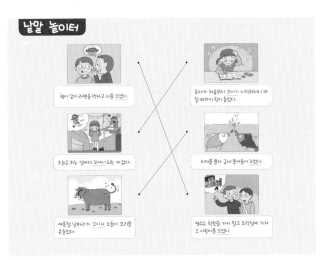

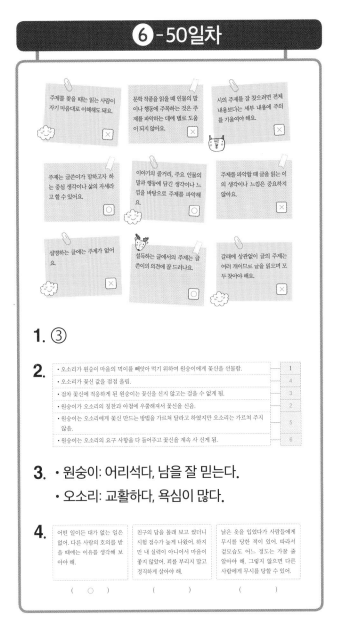

1. ③

2.
- 오소리가 원숭이 마을의 먹이를 빼앗아 먹기 위하여 원숭이에게 꽃신을 선물함. — 1
- 오소리가 꽃신 값을 점점 올림. — 4
- 점차 꽃신에 적응하게 된 원숭이는 꽃신을 신지 않고는 걸을 수 없게 됨. — 3
- 원숭이가 오소리의 칭찬과 아첨에 우쭐해져서 꽃신을 신음. — 2
- 원숭이는 오소리에게 꽃신 만드는 방법을 가르쳐 달라고 하였지만 오소리는 가르쳐 주지 않음. — 5
- 원숭이는 오소리의 요구 사항을 다 들어주고 꽃신을 계속 사 신게 됨. — 6

3.
- 원숭이: 어리석다, 남을 잘 믿는다.
- 오소리: 교활하다, 욕심이 많다.

4.
어떤 일이든 대가 없는 일은 없어. 다른 사람의 호의를 받을 때에는 이유를 생각해 보아야 해. (○)
친구의 답을 몰래 보고 썼더니 시험 점수가 높게 나왔어. 하지만 내 실력이 아니어서 마음이 좋지 않았어. 꾀를 부리지 말고 정직하게 살아야 해. ( )
낡은 옷을 입었다가 사람들에게 무시를 당한 적이 있어. 따라서 겉모습도 어느 정도는 가꿀 줄 알아야 해. 그렇지 않으면 다른 사람에게 무시를 당할 수 있어. ( )

③ 꽃신을 신으니 점잖고 훌륭해 보인다는 오소리의 칭찬에 우쭐해하는 원숭이의 행동에서 어리석고 남을 잘 믿는 원숭이의 성격을 알 수 있습니다. 또 먹이를 빼앗아 먹기 위하여 계획적으로 접근하여 원숭이에게 꽃신의 대가로 점점 더 많은 잣을 요구하는 오소리의 말과 행동에서 교활하고 욕심이 많은 오소리의 성격을 알 수 있습니다.

낱말 놀이터

(1) 성하는 큰 상을 받았지만 전혀 내색을 하지 않는 (겸손한 / 경솔한) 성격이다.

(2) 원우는 (겸손하게 / 경솔하게) 행동하다가 말실수를 하고 말았다.

(3) 체중을 적절하게 유지하기 위해서는 밤늦게 기름진 음식을 먹는 행동을 (지양 / 지향)해야 한다.

(4) 많은 사람들이 남한과 북한의 평화를 (지양 / 지향)하고 있다.

하루 한 장 독해 ❿권 제재 출처

일차	제재명	지은이	출처
3일-1쪽	강아지 농장? 강아지 공장!	이유미	『10대와 통하는 동물 권리 이야기』, 철수와 영희, 2017.
4일-1쪽	먹고살기 위해 목숨을 거는 사람들	임형준	『우리 함께 웃어요: 기아 없는 아름다운 세상을 위한 행복 나누기』, 찰리북, 2012
4일-2쪽	왜 사람들이 굶어 죽는 거지?		
5일-2쪽	동물원은 왜 생기게 되었을까?	이유미	『10대와 통하는 동물 권리 이야기』, 철수와 영희, 2017.
7일-2쪽	척추 옆굽음증 환자 10대 절반⋯⋯ 조기 발견 중요	KBS 한국방송공사	『뉴스 9』, 2011.10.27.
9일-2쪽	(가) 꿈의 북극 항로, 개척의 닻 올리다	이주환, 손영신	『부산일보』, 2008.3.17.
	(나) 북극 항로 개척, 좋은 일만은 아니야	조명희	『뉴스 한국』, 2009.9.3.
19일-2쪽	알라딘과 신기한 램프	바버라 G.워커 글, 박혜란 옮김.	『흑설 공주 이야기』, 뜨인돌출판㈜, 2014.
20일-2쪽	선물	댄 클라크 글, 류시화 옮김.	『마음을 열어 주는 101가지 이야기 1 - 서커스』, 인빅투스, 2015.
22일-2쪽	조그마한 기쁨	강휘생	『전학 온 아이』, 도리, 2004.
23일-2쪽	태국에서 온 수박돌이	아눗싸라 디와이 글, 이구용 옮김.	『태국에서 온 수박돌이』, 정인출판사, 2010.
24일-1, 2쪽	송아지 내기	이금이	『영구랑 흑구랑』, 현암사, 1991.
25일-2쪽	부처님 웃으시다	신충행	『100년 후에도 읽고 싶은 한국 명작 동화 Ⅱ』, 예림당, 2005.
30일-2쪽	좋은 친구를 사귀려면 좋은 인상을 주어라	필립 체스터피드 글, 박은호 옮김.	『아들아, 너는 미래를 이렇게 준비하렴』, 글고은, 2007.
31일-2쪽	별을 이고 온 아저씨	이금이	『쓸 만한 아이』, ㈜푸른책들, 2007.
32일-1쪽	보아라! 이토록 넓은 땅과 새로운 것들을!	고정욱	『늦깎이 시리즈 04 - 연암 박지원』, 대교, 2008.
32일-2쪽	구리 반지	강정규	『새가 날아든다』, ㈜푸른책들, 2010.
33일-1쪽	퀴리 부인	김영자	『퀴리 부인』, 삼성당, 2006.
34일-1쪽	(시) 행복한 일	노원호	『e메일이 콩닥콩닥』, 청개구리, 2016.
34일-2쪽	마지막 줄타기	이동렬	『마지막 줄타기』, 새남, 1989.
44일-2쪽	우리나라의 멸종 위기 동물	백은영	『지켜라! 멸종 위기의 동식물』, 뭉치, 2014.
45일-3쪽	(시) 내 가슴에	정혜진	『행복한 꽃밭』, 아동문예사, 2000.
45일-4쪽	(시) 봉숭아	김상옥	『분이네 살구나무』, 리젬, 2010.
	(시) 친구 생각	김일연	『우리 선생 뿔났다』, 루덴스, 2008.
	(시) 꽃눈	심후섭	『여름날 숲속에서』, 학이사, 2006.
48일-1쪽	(시) 마늘	남궁랑	『새들은 시험 안 봐서 좋겠구나』, 보리, 2007.
48일-2쪽	'신의 손'을 만든 말	박필	『당신의 말이 행복을 만든다』, 제네시스21㈜, 2003.
49일-1쪽	순수하고 자연스러운 겨레의 노래, 민요	안종란 외	『주니어 라이브러리 음악』, 교원, 2006.
50일-2쪽	원숭이 꽃신	정휘창	『원숭이 꽃신』, 효리원, 2009.

수학 학습

깊고 단단한 교육, 미래엔이 그리는

수학의 큰 그림

▶ 연산 완성

1~6학년 학기별[총12책]

하루에 한 장씩 쏙 뽑아 셈한다!

- 하루 한 장(4쪽), 50장 구성으로 10주 완성 연산 프로그램
- 수·연산, 도형·측정 영역까지 학교 수업에 맞는 구성
- 숨은 그림 찾기, 마무리 연산 퍼즐 등으로 수학적 창의력까지 완성

▶ 통합 기본서

1~6학년 학기별[총12책]

수학 실력의 중심을 꽉 잡는다!

- 학교 수업에 맞춰 개념과 유형을 한 번에!
- 하루 4쪽 학습으로 개념, 기본, 실전까지
- 실생활 문제를 단계별로 해결하며 개념 이해
- 서술형, 통합교과, 스토리텔링 문제로 수학적 사고력 강화

▶ 유형 기본서

1~6학년 학기별[총12책]

수학과 당당하게 맞짱 뜬다!

- 학교 수업에 맞춘 예습과 복습을 편리하게!
- 하루 4쪽 학습으로 개념별, 난이도별, 유형별 문제 공략
- 개념 익힘 → 유형 공략 → 문제 해결의 3단계 학습 구성
- 서술형, 통합교과, 스토리텔링 문제로 수학적 사고력 완성

▶ 사고력 기본서

**문제
해결의
길잡이**

원리 1~6학년 학기별[총12책]
심화 1~6학년 학년별[총6책]

원리
- 4단계 문제 해결 전략 학습
- 8가지 문제 해결 전략으로 처음 보는 문제도 척척 해결하기
- 수학의 영역별 구성으로 수학적 창의력 향상
- 어려운 문장제와 서술형 문제까지 자신감 상승

심화
- 문제 해결의 핵심 전략 완성
- 최고 수준의 문장제 및 서술형 문제도 척척 해결하기
- 교내외 각종 수학 경시대회를 완벽하게 대비
- 응용부터 심화 유형까지, 수준 높은 문제해결력 완성